W0294493

Obesidad, la pandemia silenciosa

Obesidad, la pandemia silenciosa

¿Qué consecuencias tiene y cómo podemos prevenirla?

Coordinado por Almudena García Carrasco

alienta
EDITORIAL

© Coordinado por Almudena García Carrasco

© Centro de Libros PAPF, SLU., 2023
Alienta es un sello editorial de Centro de Libros PAPF, SLU.
Av. Diagonal, 662-664
08034 Barcelona
www.planetadelibros.com

Primera edición: septiembre de 2023
Depósito legal: B. 12.845-2023
ISBN: 978-84-1344-266-2
Preimpresión: Realización Planeta
Impreso por Blackprint CPI

Impreso en España - *Printed in Spain*

La lectura abre horizontes, iguala oportunidades y construye una sociedad mejor. La propiedad intelectual es clave en la creación de contenidos culturales porque sostiene el ecosistema de quienes escriben y de nuestras librerías. Al comprar este libro estarás contribuyendo a mantener dicho ecosistema vivo y en crecimiento. En Grupo Planeta agradecemos que nos ayudes a apoyar así la autonomía creativa de autoras y autores para que puedan seguir desempeñando su labor. Dirígete a CEDRO (Centro Español de Derechos Reprográficos) si necesitas fotocopiar o escanear algún fragmento de esta obra. Puedes contactar con CEDRO a través de la web www.conlicencia.com o por teléfono en el 91 702 19 70 / 93 272 04 47.

PEFC
PEFC/14-38-00305
Certificado PEFC
Este libro procede de bosques gestionados de forma sostenible y fuentes controladas
www.pefc.es

El papel utilizado para la impresión de este libro está calificado como **papel ecológico** y procede de bosques gestionados de manera **sostenible**.

Sumario

Introducción

Una pequeña guía para entendernos cuando hablemos raro

Almudena García Carrasco

Es difícil escapar de la obesidad. Su incidencia aumenta cada día que pasa sin que seamos capaces de frenarla. Se ha convertido en una verdadera pandemia de la que sólo se libran unas pocas regiones, donde las cifras son algo menores, como Asia o algunas zonas del África Subsahariana. Si bien es cierto que cada región del mundo presenta unas cifras características en cuanto a población obesa, actualmente un tercio de los habitantes de la Tierra son obesos (casi el triple que en 1975) y afecta especialmente a mayores, mujeres y países de ingresos medios o bajos (principalmente en sus regiones urbanas).

Para que puedas asustarte con evidencias, en la página NCD Risk (<https://ncdrisc.org/data-visualisations.html>) puedes consultar unos mapas que comparan nuestro índice de masa corporal desde 1975 hasta la actualidad. Podrás comprobar que, con el paso del tiempo, los colores correspondientes a un menor índice de masa corporal (es decir, menor peso) han sido sustituidos por unos colores indicativos de un mayor índice de masa corporal (es decir, mayor peso), tanto en adultos como en niños.

¿Te has asustado? Pues no hemos hecho más que empezar.

Es difícil escapar de la obesidad porque está desencadenada por numerosos factores: genéticos, ambientales, conductuales, sociales... Y, sin embargo, solemos tener una visión extremadamente simplista del sobrepeso y la obesidad: el que está gordo es porque quiere. Si bien es cierto que los cambios en nuestros hábitos de vida (más sedentarismo, más comida ultraprocesada con muchas y muy ricas calorías...) han contribuido de manera nada despreciable al aumento del sobrepeso y la obesidad, las personas afectadas pueden estarlo, además, por otros motivos: fallo de la glándula tiroides, adicción a la comida, trastornos genéticos, algunos medicamentos y un largo etcétera. Sin embargo, estigmatizamos a todos los obesos por igual, los señalamos como personas sin voluntad en lugar de señalarlos como personas con una patología cualquiera. A nadie se le ocurriría culpabilizar a un hipertenso, ¿verdad? El pobre padece hipertensión, y ya está. Nadie achacaría su patología a su estilo de vida, a pesar de que éste puede condicionar el desarrollo de hipertensión. Por ejemplo, se sabe que el consumo de tres o más cafés al día significa comprar todas las papeletas para desarrollar hipertensión. Y sabemos que el consumo frecuente de hamburguesas compra todas las papeletas para ser obeso. Pero cuando caminamos por la calle o vemos un anuncio, ¿a quién señalamos con inquina? ¿Al gordo o al hipertenso? Si un amigo lucha por dejar su adicción al tabaco, cuenta con nuestro apoyo y con un sinfín de libros de autoayuda para tal objetivo. Pero si vemos a nuestra amiga desayunar dónuts con albóndigas ni se nos pasa por la cabeza que haya una posible adicción a la comida. En este último caso muy probablemente lo achaquemos a una falta de disciplina por su parte.

Veréis que a lo largo de todo el libro hemos dado una visión algo simplista de las causas de la obesidad y frecuentemente nos referiremos a ella como una patología derivada de un desbalance entre las calorías ingeridas y las calorías quemadas por ingesta de comida o falta de actividad física. No hemos pretendido engañar, simplemente hemos querido hacer más sencillo el mensaje. Tal vez debamos dejar el resto de las posibles causas desencadenantes de la obesidad para otro libro.

La obesidad es un problema actual, no porque antes no existiese, sino porque no era considerada un problema. Nuestros antepasados prehistóricos eran unos auténticos *realfooders* —tampoco tenían otra opción—, ya que la base de su dieta consistía en semillas, frutos y vegetales. Veremos cómo, a lo largo del tiempo, los cuerpos de nuestros antepasados fueron evolucionando al mismo tiempo que los cambios en su entorno y en su dieta, con capacidad para adaptarse al alimento que estuviese disponible. Así, tendremos algunos argumentos a favor de respaldar la idea de que estamos gordos porque mantenemos la misma genética que nuestros *tataratataratatara...* y *requetetarabuelos*: la capacidad de almacenar energía en forma de grasa les permitió resistir a ambientes hostiles donde la disponibilidad de alimento fue menor. Es una excusa, pero como iremos desgranando, no es suficiente para abandonarnos al sobrepeso.

Hasta aquí todo bien, pero nos volvimos sedentarios. Nuestros antepasados se entregaron a la buena vida: se asentaron en núcleos urbanos, cultivaron la tierra y criaron ganado. Atrás quedaron los tiempos en los que era necesario perseguir un mamut para sobrevivir.

De esta forma, sin necesidad de televisión ni de redes sociales, redujimos nuestros desplazamientos y, con ello, el gasto energético, al mismo tiempo que el alimento estaba garantizado. Las élites sociales eran las que menos necesidad tenían de moverse para buscar pan que llevarse a la boca, por lo que no es de extrañar que fueran los primeros en engordar. También el pan era lo que menos se llevaban a la boca, ya que su saneada economía les atiborraba de manjares como carnes, mantequillas y pasteles. Era cuestión de tiempo, por tanto, asociar los kilos de más con el estatus social.

Los primeros efectos de la obesidad son observables en momias del Antiguo Egipto que presentan aterosclerosis. De nada sirvió que, ya desde el mundo griego, Hipócrates recomendase encarecidamente la realización de ejercicio vigoroso a aquellos que quisieran adelgazar. Y si no, que se lo digan a Sancho I, el Craso, al que fue necesario coserle la boca y alimentarle sólo a base de líquidos para que, al menos, fuera capaz de subirse a su elegante corcel.

Ejemplos de personas obesas, como vemos, los podemos encontrar a lo largo de toda la historia, desde figuras femeninas representantes de la fertilidad hasta reyes orondos apodados directamente «el Gordo», por lo que muy probablemente no nos costase etiquetar a alguien como «delgado» u «obeso», pero en la actualidad contamos con unas herramientas más precisas para definir quién sí y quién no padece obesidad.

La obesidad consiste en la acumulación excesiva de masa grasa dentro del tejido adiposo.

Para poder determinar si una persona está en su peso ideal o no, con frecuencia se recurre al Índice de Masa Corporal (o IMC, calculado como el peso en kilogramos dividido entre la altura en metros al cuadrado). Todas aquellas personas que se pesen, se midan y realicen este cálculo, sabrán si están dentro de la franja de normopeso (IMC=20-24,99 kg/m^2), sobrepeso (IMC=25-29,99 kg/m^2) o si padecen obesidad en distintos grados (IMC≥30 kg/m^2) de acuerdo con las guías de la Organización Mundial de la Salud. Si bien es cierto que es el parámetro al que más se recurre, con el discurrir de los años se ha observado que es una medida incompleta ya que no todos los aumentos de peso pueden ser considerados como obesidad: un deportista que se dedique a la halterofilia incrementará su peso debido al aumento de masa magra (músculo) y sin embargo no tendrá ni un gramo de grasa. Aumentar de peso por retener líquidos tampoco es obesidad, por mucho que nos lo quieran hacer creer desde las clínicas de adelgazamiento fácil. Estas personas se pueden encontrar con que su IMC es elevado y, por tanto, podrían ser clasificadas como «obesas» cuando no es cierto. Por ello, es necesario recurrir a otras medidas complementarias, como el índice cintura-cadera, resultado de dividir el perímetro de la cintura entre el de la cadera en centímetros, ya que no sólo nos da información sobre la presencia de obesidad sino también sobre el tipo de obesidad que se padece:

- **Obesidad central, androide o en forma de manzana:** es fácil de reconocer porque es aquélla que sigue un patrón de «barriguita cervecera» y cuya presencia se ha asociado a un mayor riesgo cardiovascular. Su incidencia es mayor entre los varones.
- **Obesidad periférica, ginecoide o en forma de pera:** también llamada a lo largo de los siglos con el nombre tan amable de «cartucheras». Es más frecuente entre las mujeres y su presencia se asocia antropológicamente a la posibilidad de un embarazo (hay que mantener a las futuras generaciones bien alimentadas, por lo que es más difícil de eliminar).

Es desesperante escapar de la obesidad, es cierto. A veces somos demasiado autoexigentes y queremos llegar a todo eso que nos inculcan como correcto: queremos el cuerpo atlético de la modelo del anuncio, queremos la hamburguesa triple de carne de vacuno y doble de queso con salsa barbacoa del anuncio siguiente, queremos la bebida energética con un alto (y escondido) porcentaje de azúcar. Lo queremos todo y lo queremos ya. Sin esfuerzo. Sin someter a juicio la información que nos rodea, porque esa modelo no se ha comido esa hamburguesa, pero damos por hecho que sí, y que la muy ***** no ha engordado en el proceso. Y nos frustramos, y nos comemos una pizza para sentirnos mejor. Y engordamos. Y llegamos al trabajo y nos sentamos en una silla más cómoda que la de don Vito en las primeras escenas de *El Padrino*, y ahí nos quedamos atascados ocho horas al día. Y engordamos. Y volvemos a casa en coche porque estamos cansados. Y engordamos. Y llegamos cansados y estamos un ratín de un par de horas viendo series o consultando las redes sociales. Y engordamos. Y «anda, qué tarde se me ha hecho. Voy a abrir un paquete de lasaña para el microondas». Y engordamos. Y nos frustramos. Y engordamos. Y nos frustramos. Y cerramos el círculo. Y no entendemos cómo puede ser posible que cada vez perdamos de vista antes el ombligo, con lo bien que comemos y el ejercicio que hacemos. De esta forma, y como veremos más adelante en el capítulo dedicado a la psicología de la obesidad, hemos conseguido contribuir al porcentaje de población obesa sin apenas esfuerzo.

Si entramos en este juego de obesidad, autosatisfacción e inmovilidad, estaremos contribuyendo de manera activa a la pérdida de masa muscular y ósea, y no sólo a la ganancia de masa grasa. Nos atrofiaremos. Es decir, que recuperar la forma física desde un estado obeso no sólo implica luchar contra el acúmulo de grasa sino recuperar la atrofia de los sistemas que pueden ayudarnos a combatirla. Por eso comprobarás que no nos cansaremos de decirlo a lo largo de todo el libro: muévete, muévete, muévete. Da igual si haces marcha nórdica, si obligas al pobre perro a recorrer el Retiro cinco veces al día, cruzas el embalse de El Pardo a nado o haces pesas con latas de tomate en conserva. Muévete.

Si, a pesar de todo ello, sucumbes a la obesidad, tenemos malas noticias. La obesidad, si bien es cierto que es el resultado de un acúmulo de masa grasa, no es sólo eso. El compartimento corporal destinado a almacenar el exceso calórico en forma de grasa es el tejido adiposo, compuesto principalmente por unas células denominadas adipocitos (el verdadero reservorio de la grasa). Éste es el primer lugar donde almacenamos la grasa ya que es el lugar indicado para ello, pero, si nuestro tejido adiposo alcanza su máximo de expansión, estaremos perdidos porque la grasa se escapará de él y viajará a través de la sangre hasta otros órganos que no están destinados a almacenarla, con la consiguiente alteración de su fisiología. Este mecanismo es conocido como *lipotoxicidad* y lo iremos desgranando a lo largo de todo el libro.

Algunos pocos afortunados son conocidos como *obesos metabólicamente sanos*, ya que son individuos obesos que no presentan las complicaciones derivadas de la obesidad, pero ¿están realmente sanos o es sólo un estado transitorio?

Para el resto de los mortales, la grasa terminará inundando otros órganos. Los efectos que la obesidad ejerce sobre cada órgano dependen de la propia idiosincrasia de éstos y, sin embargo, encontramos algunos elementos que son comunes a todos ellos y que se repetirán de manera inevitable: adipoquinas, resistencia a la insulina, inflamación, fibrosis...

Las adipoquinas son las moléculas (hormonas y factores) por excelencia secretadas por los adipocitos. Aunque a simple vista pueda parecernos que el tejido adiposo no se parece a un riñón, ni un riñón a un corazón, todos viven en comunidad. Ninguno está aislado del resto, por lo que unos mínimos cambios en un determinado órgano con una determinada función pueden afectar a otro sin aparente relación. Así, el tejido adiposo es capaz de influir en él mismo y en otros órganos mediante las adipoquinas que viajan en el torrente circulatorio. Algunas de las más relevantes son la leptina o la adiponectina. La leptina es la adipoquina saciante por excelencia, ya que viaja hasta los núcleos hipotalámicos y promueve las señales de saciedad. Veremos cómo las neuronas de algunas personas obesas son resistentes a esta señal. Por su parte, la adiponectina tiene un efecto beneficioso ya que, entre otras funciones, disminuye la inflamación y la resistencia a la insulina, pero este efecto se pierde en estados de obesidad, ya que su expresión disminuye conforme aumenta la masa grasa del individuo.

Estas alteraciones, entre otras, serán responsables de un proceso muy ligado a la obesidad: la resistencia a la insulina. A nadie le extraña que un diabético necesite insulina. Su páncreas, responsable de producir insulina, no funciona bien y la glucosa en su sangre aumenta. En cuanto se administra insulina, la glucosa en sangre baja. ¿Por qué? Porque la mayoría de los tejidos del cuerpo no son capaces de captar la glucosa que está en la sangre a menos que reciban la señal de la insulina. Durante la obesidad, el páncreas sí es capaz de producir insulina, pero los órganos van a ser sordos a su señal, lo que hará que los niveles de glucosa en sangre aumenten.

Hablaremos también de inflamación, y mucho. Asociamos la inflamación a una zona que se enrojece y se hincha, y no es de extrañar porque ya los griegos se referían a ella como *empyresis* para hacer referencia a órganos que estaban hinchados y calientes, como si ardieran por dentro. Cuando hablamos de inflamación nos queremos referir a la infiltración de células del sistema inmunitario hacia los tejidos. Cuando nos hacemos una herida, se liberan moléculas que sirven para atraer a estas células de defensa, como los del *Titanic* lanzando bengalas. Para que las defensas puedan llegar cómodamente, es necesario que se produzca una vasodilatación en la zona (lo que genera el calor y el enrojecimiento). Esto hace que las células del sistema inmunitario abandonen la sangre y lleguen al tejido dañado, dispuestas a entregar su vida defendiéndonos de los agentes patógenos (con tantos soldados acumulados en la misma zona, no es de extrañar que la zona se hinche).

En el caso de la obesidad, se produce una inflamación de bajo grado, pero constante, donde las poblaciones de estos soldados presentes en el tejido adiposo se alteran. Como decíamos antes, todos los órganos están conectados, por lo que es fácil imaginar que aquéllos que se vean afectados por el acúmulo excesivo de grasa o por las alteraciones en el adiposo también van a presentar síntomas de inflamación.

Y la inflamación está muy relacionada con el término «fibrosis». Después de que nos hayamos lesionado, hayamos sangrado, llorado, desinfectado la herida y colocado una tirita de animalitos... ¿qué nos queda? Una horrorosa cicatriz, para siempre. Cuando nuestro cuerpo intenta sanar una herida, pone todo de su parte para reformar la zona lo mejor que sabe, pero a veces es imposible y nos coloca un parche de colágeno. En este caso, la única función que tiene el colágeno es la de actuar como masilla reparadora pero no puede reemplazar a las células propias del tejido. Así, en aquellos órganos donde la obesidad genere una muerte celular elevada, el cuerpo será incapaz de reemplazarlas con células propias de ese órgano y recurrirá a parchear la zona con colágeno. Esto deja al órgano cada vez más inútil para realizar sus funciones por lo que, si el proceso continúa, sólo cabrá reemplazarlo en un trasplante.

Somos plenamente conscientes de que el ejercicio sería un gran aliado frente a todos estos inconvenientes, pero... ¿qué le pasa al tejido muscular de una persona obesa? ¿Está en pleno uso de sus facultades para defender al organismo de la grasa o está tan alterado como para ayudar? En la guerra Grasa-Músculo, o ganas o engordas.

Durante un estado obesogénico, los primeros cambios que resultan más evidentes se producen en el sistema cardiovascular. Un individuo obeso es más grande, por lo que no es de extrañar que para nutrir su cuerpo necesite más sangre y un corazón más grande. Así, el primer cambio y más evidente fuera del tejido adiposo es un corazón hipertrofiado, pero que también es capaz de generar cambios en su función eléctrica, lo que contribuye a la aparición de arritmias. Además, la salud vascular también se ve afectada ya que la grasa se deposita en los vasos sanguíneos, lo que ocasiona su taponamiento y su endurecimiento.

La conexión entre el corazón y el riñón ya fue descrita por Robert Bright en 1836, por lo que es natural que un corazón alterado sea capaz de alterar un riñón que vive tranquilo (y viceversa), y más en un estado de obesidad. Dentro de la estructura renal, los glomérulos (las estructuras de filtración renales) de las personas obesas aparecen agrandados (el término técnico es «glomerulomegalia») ya que se ven forzados a filtrar ese volumen de sangre incrementado. Este estado se ve agravado por la hipertensión presente en la obesidad, ya que el tejido adiposo es capaz de generar todos los componentes que participan en el sistema renina-angiotensina-aldosterona, responsable de regular el tono vascular y donde el riñón desempeña un papel fundamental.

Con esta glomerulomegalia es difícil conseguir que los podocitos, células clave en la formación de la barrera de filtración en los riñones, se mantengan adecuadamente pegados. De esta forma, la barrera de filtración dejará de actuar como un filtro selectivo y podrán perderse con la orina algunas moléculas que deberían haber permanecido retenidas en la sangre.

Aunque a simple vista no lo parezca, el riñón mantiene una gran relación con el hueso ya que es la fuente de la forma precursora de la vitamina D, tan necesaria en éste. Pero ¿qué más da? Si el hueso es un palo que está siempre igual, ¿no? Pues no. El hueso está sometido a constantes cambios, a remodelaciones y a distintas fuerzas y, lo que es más interesante, mantiene una comunicación muy activa con otros tejidos, entre ellos el adiposo.

No hace falta ser grande para estar afectado por la obesidad. Igual que se afectan los huesos, se afectan los dientes. La obesidad es capaz de alterar la composición microbiana de la boca, lo que altera la acidez y promueve, junto con los altos niveles de glucosa, las caries y la pérdida de piezas dentales.

La boca es la entrada al aparato digestivo y, por tanto, al resto del organismo por lo que, al igual que unos dientes sanos, es importante mantener un intestino sano. Pero esto no es del todo posible en obesidad. Veremos que la obesidad no sólo tiene consecuencias a nivel morfológico en el aparato digestivo, que puede ocasionar, entre otras cosas, reflujo, sino que también afecta en gran medida a nuestra microbiota. Sí, sí, microbiota, que vamos a hablar mucho de ella. Lo que a veces denominamos «flora intestinal», aunque ya verás que dentro no hay precisamente flores...

¿En qué se parecen un intestino y un cerebro? Físicamente en poco. A nivel fisiológico tampoco son muy similares... ¿Entonces? Pues en que ambos tienen tanto control sobre nuestra ingesta que hemos venido a llamar al intestino «el segundo cerebro». Nos es fácil entender que el cerebro tenga funciones de control: «esto te gusta», «esto no», «quieres más hamburguesa», «quieres menos apio», «sigue comiendo, sigue, tienes más hambre»... Pero ¿sabías que el intestino es capaz de ejercer control sobre el cerebro? ¿Qué ocurre cuando la anarquía pilota nuestro cerebro? Veremos cómo la obesidad es capaz de dañar el cerebro de tal manera que puede contribuir a su deterioro y al desarrollo de demencia.

Otro de los órganos por excelencia afectados durante la obesidad es el hígado. No es de extrañar: cebar ocas da como resultado el *foie*, por lo que no es sorprendente que nuestro hígado también pueda convertirse en paté (pero no lo llamamos «paté» sino «hígado graso no alcohólico», para diferenciarlo del ocasionado por el consumo excesivo de bebidas espirituosas). Las células estrelladas del hígado, por ejemplo, responsables del almacén de vitamina A cuando están saludables, mutan en un estado obesogénico a miofibroblastos —la grasa las confunde— y se dedican a producir fibras de colágeno y a contribuir a la tan temida fibrosis.

No sólo el hígado puede ser graso, sino que su vecino el páncreas también. Los científicos, en un alarde de originalidad, han bautizado como «páncreas graso» al estado en el que se encuentra el páncreas durante un estado de obesidad, pero realmente saben poco de él. De lo que sí podemos estar seguros es de que la presencia de lípidos en el páncreas asegura el desarrollo de otras patologías como el adenocarcinoma pancreático.

No sólo de pan vive el hombre, y la obesidad no es capaz de alterar solamente órganos relacionados con la alimentación y la nutrición del cuerpo: el sistema reproductivo, tanto de hombres como de mujeres, también se ve afectado. En las mujeres, el exceso de grasa afecta a la calidad de los óvulos, de los embriones y del endometrio, por lo que dificulta la gestación. Por otro lado, debemos ser conscientes de que para formar nuevos ciudadanos necesitamos la aportación de una semilla masculina, cuya calidad también se ve afectada por los efectos de la grasa. Los efectos de la obesidad sobre las parejas son tan importantes que con que uno de los dos sea obeso el tiempo para concebir se alarga, y se incrementa en el caso de que ambos lo sean.

Hasta aquí sólo hemos hablado de los cuerpos de las personas obesas y de todas las complicaciones que sufren, pero ¿qué ocurre con su descendencia?

El embarazo es un proceso excepcional en el cuerpo de una mujer, pero, si ésta además es obesa, el riesgo se incrementa no sólo para ella sino también para el feto, ya que el riesgo de aborto es mayor que para una mujer normopesa. No es sorprendente, además, que la presión arterial tienda a ser mayor en mujeres obesas, factor clave en el desarrollo de preeclampsia,[1] y que sean propensas al desarrollo de diabetes gestacional, lo que dará lugar a bebés más grandes y con una mayor probabilidad de desarrollar diabetes cuando sean adultos. Pero los efectos de la obesidad sobre las nuevas generaciones no se detienen con el nacimiento, y no son sólo una cuestión de moléculas que vienen y van, sino que también debemos tener en cuenta el componente educacional.

A lo largo del libro daremos unas pinceladas sobre algunos grupos que también se ven afectados por la obesidad y que no solemos tener presentes en el imaginario colectivo: las personas con alteraciones genéticas y los niños. Los primeros, por desgracia, no pueden hacer nada por evitar su estado. De los segundos, somos responsables. Criar niños obesos suele ser el resultado de pautas obesogénicas dentro del ambiente familiar y dará como resultado adultos obesos. Es más, si un niño obeso se convierte en un adulto normopeso, su cuerpo seguirá experimentando en cierto grado las consecuencias de la obesidad.

Muy probablemente, después de leer todo esto, te estés agobiando y sientas que te falta el aire. Qué curioso, ése es otro síntoma que experimentan los tejidos durante la obesidad. Imagina qué ocurriría si la masa grasa crece, y crece, y crece, y crece... Pues que los vasos sanguíneos se comprimen, y se comprimen, y se comprimen. Es decir, el acúmulo de grasa dentro de una persona obesa consigue comprimir los órganos contra las paredes que encuentra (las costillas, por ejemplo), pero también los vasos sanguíneos que los inervan. De esta forma, el aporte de sangre (y, por tanto, de oxígeno) a estos tejidos puede verse comprometido. A nadie le gusta trabajar ahogándose, y a tus órganos tampoco. ¿Qué pasará entonces cuando tengan que cumplir con todas sus funciones, pero en una situación en la que el oxígeno escasea?

Como ves, hasta ahora no hemos hecho más que hablar de condiciones que le son completamente hostiles al organismo: falta de oxígeno, hormonas que se vuelven (y nos vuelven) locas, adipoquinas, inflamación...Todo carne de cultivo para la llegada del maligno: el cáncer. Sorprendentemente, la obesidad disminuye el riesgo de cáncer de mama en mujeres premenopáusicas, pero sin

1. Véase capítulo 16.

embargo aumenta el de cáncer colorrectal, hepático, pancreático, renal o esofágico.

No vivimos sólo de desgracias, por lo que también hemos querido dejar un espacio para la esperanza dedicando unos capítulos a los tratamientos disponibles para combatir la obesidad. Si a estas alturas es lo que más te apetece, es que nuestro trabajo está bien hecho.

Lo primero de todo: muévete. Tal vez decirlo una sola vez no sea suficiente: muévete, muévete, muévete, muévete. Muévete. En la medida de tus posibilidades, muévete, porque el ejercicio siempre es salud. El ejercicio y una dieta equilibrada serán los pilares fundamentales en la lucha contra los efectos de la obesidad, pero si no fuesen suficiente, contamos con otros complementos alimenticios que, si bien no han de constituir la base del adelgazamiento, y mucho menos sin supervisión profesional, pueden suponer una pequeña ayudita a la hora de alcanzar los objetivos de pérdida de peso.

Si todo ello fracasa, la última estación es la cirugía bariátrica que, como toda intervención quirúrgica, entraña unos riesgos. Además, para asegurar que funciona adecuadamente, el paciente debe poner de su parte y cumplir con las indicaciones de los profesionales.

Como ves, y salvo en casos excepcionales, la pérdida de peso no es una tarea banal por mucho que nos quieran hacer creer lo contrario. Perder peso es una lucha constante que implica la adopción de nuevos estilos de vida. No será fácil, pero será beneficioso.

1

La obesidad en la historia. Obesos de peso

Jesús Carrasco Vázquez

> Los hombres obesos corren mayor peligro de morir súbitamente que los flacos.
>
> HIPÓCRATES, *Aforismos*

La obesidad acompaña a la humanidad desde sus primeros tiempos. Famosas son las imágenes que nos han llegado desde el Paleolítico con representaciones de orondas figuras femeninas —que los especialistas denominan *Venus*— que permiten afirmarlo. En opinión del bioquímico José María Ordovás, se trata de un eufemismo para definir lo que realmente eran: «obesas mórbidas». Es una expresión contundente con la que rechaza la visión de tantos autores que quieren ver en estas estatuillas representaciones sobre la Fertilidad. En el trabajo que nos ocupa tanto da si eran gordas o imágenes de sagrados poderes que encarnan lo Femenino, que da vida y alimento, o Diosas Madres o Diosas, sin más, tanto da porque para el propósito de esta comunicación, el resultado es que eran obesas.

1.1. Obesidad y posición social

Dejando al margen el componente patológico asociado a ciertos individuos, tradicionalmente la obesidad y la posición social han ido de la mano, produciéndose entre ambas una ecuación de causalidad. Las imágenes hablan por sí mismas y nos han legado un testimonio de obesos con peso político en sus respectivas sociedades, obesos de peso. Es cierto que se podría argumentar que habría obesos pertenecientes a clases inferiores y que, por falta de medios o relevancia social, o por ambas, no nos han dejado constancia icónica de ellos. Se podría, no seré yo quien lo niegue, pero también afirmo que los textos que poseemos permiten aseverar que los grupos inferiores eran quienes pasaban calamidades y necesidades, y ambas características encajan mal con la obesidad.

De la asociación entre posición social y sobrepeso tenemos suficientes ejemplos en la historia desde tiempos pretéritos. Dejemos al margen las *Venus*. Tomemos como referencia el antiguo Egipto. Comprobaremos por las imágenes (pinturas o esculturas) que nos han llegado, que el sobrepeso estaba presente en la élite dirigente faraónica como, por ejemplo, la escultura de Hemiunu, visir del faraón Keops, de la cuarta dinastía (*c.* 2580 a. C.). En la Conferencia Internacional de Imagen Cardiovascular No-Invasiva, celebrada en mayo de 2011 en la ciudad de Ámsterdam, se presentaron los resultados obtenidos tras haber analizado por tomografía computarizada las arterias coronarias de una serie de momias y donde los autores del trabajo concluyeron que, sin descartar factores de predisposición genética y ambiental que pudieron favorecer el desarrollo de la enfermedad, lo cierto es que las momias estudiadas pertenecían a personas caracterizadas por una elevada posición social, permitiéndoles un consumo mayor de carnes y otros alimentos ricos en grasas, tales como mantequillas y pasteles, entre otros, lo que unido a una actividad más sedentaria debió contribuir a la formación de placas de ateroma. Significativo, por elocuente, fue el caso de la princesa Ahmose-Meryet-Amon, de la XVII Dinastía, que vivió entre 1580 y 1550 a. C., cuya momia evidenciaba ateroesclerosis en dos de las arterias coronarias, lo que hoy la hubiera hecho candidata a un *bypass*.

Ya lo alertaba Kagemni, allá en el Imperio Medio (del 2050 al 1750 a. C.), comer con exceso lleva a la obesidad:

> La glotonería es grosera y censurable. Un vaso de agua calma la sed. Un puñado de vegetales fortalece el corazón. Toma una sola cosa en

lugar de manjares. Un pedazo pequeño en lugar de uno grande. Es despreciable aquél cuyo vientre sigue codiciando después de que pasó la hora de comer. Se olvida de aquéllos que viven en la casa cuando devora.

1.2. Del mito al logos y de nuevo al mito

La Jonia, una región del Asia Menor, es tenida como la cuna de la civilización occidental, donde el mito dio paso al logos. Es obligado aludir a Hipócrates de Cos (*c.* 460 a. C.-*c.* 370 a. C.), tenido como inspirador de la ciencia médica, cuyas enseñanzas han estado presentes hasta la aparición de la moderna medicina. El griego también se ocupó de la obesidad. Dejando al margen su planteamiento-base a propósito de los cuatro humores que conforman la naturaleza del ser humano, sus observaciones sobre la obesidad y los remedios para combatirla se centraban en la actividad física: «Los obesos y aquéllos que desean perder peso deberían llevar a cabo unos fuertes ejercicios antes de la comida». La filosofía también echó una mano para combatir la obesidad; es obligado citar a Platón (427 a. C.-347 a. C.): el filósofo nos legó una sentencia para combatirla que sigue siendo recetada: equilibrio nutricional y moderación en la ingesta. Añadió, además, que la obesidad reduce la esperanza de vida.

En el Imperio romano los médicos de origen griego fueron la referencia, los más conocidos tuvieron como cuna de nacimiento el Asia Menor. Uno de ellos, de obligada alusión, fue Thessalus de Tralles, activo en el último tercio del siglo I, autor de un método denominado *metasincrisis*, un tratamiento que aplicaba a los casos severos, bien por crónicos, bien por recalcitrantes, consistente en cambiar la composición fundamental del organismo (*sincrisis*), prescribiendo la aplicación durante tres días de dieta vegetal combinada con vomitivos, que preparaban al organismo para una fase de una estricta alimentación, concluida la cual se aplicaban al paciente reconstituyentes. Partidario de esa técnica fue otro médico procedente del Asia Menor: Sorano de Éfeso (98-138), tenido como uno de los padres de la ginecología, era seguidor de la *metasincrisis* con el fin de cambiar el cuerpo y vencer la enfermedad, prescribiendo una panoplia de terapias que comprendían nuevos hábitos dietéticos, con purgantes y vomitivos incluidos, baños de sol y aplicación de masajes, sin olvidarse de la práctica de ejercicios vigorosos. El afamado Galeno de Pérgamo (129-*c.*201/216) supo diferenciar entre la obesidad moderada y la contraria, que hoy denominamos mórbida, fruto de un modo de vida censurable, inadecuada para mantener la buena salud. Los obesos mórbidos no eran del agrado del médico, estaban alejados de su propia experiencia de vida basada en una observada *hygieiné tekhné*, una manera de cuidar del propio organismo para evitar que llegue a enfermar. Galeno, al igual que sus ilustres predecesores, era partidario de hacer sudar a los obesos como fórmula para reducir peso, sin olvidarse de prescribir una dieta baja en calorías, aunque suficiente para saciar su apetito.

El fracaso de la sociedad clásica y el triunfo del cristianismo como ideología rectora de la vida de las personas volvía a poner al mito por encima del logos durante una larga etapa de la historia de la humanidad: la Edad Media. Esos pensadores cristianos recuperaron el idealismo platónico; particularmente activo en ello fue el obispo de Hipona, san Agustín (354-430), a través de los filósofos neoplatónicos, en especial de Plotino (205-270).

El empirismo, basado en el método de la razón y el análisis, dejaba paso al idealismo y, allí donde los clásicos describían la obesidad como un desequilibrio indeseado para la salud, los cristianos, que también la censuraban, le asignaban una calificación moral tratándola como un pecado *capital*, un vicio, una mala conducta, y recetaban como disciplina la templanza.

El saber clásico desapareció irremediablemente de Europa occidental con las invasiones/migraciones bárbaras, pero pervivió en el Imperio romano de Oriente o Imperio bizantino, en dura pugna, primero con los árabes, cuya expansión fue imparable, y luego con los turcos, ante los que sucumbió en 1453. Los árabes supieron aglutinar el conocimiento clásico junto con lo aprendido de India y China; el resultado fue el atesoramiento de un saber en múltiples disciplinas que, para el caso de Europa, nos llegó por la frontera meridional del Mediterráneo, tanto por el sur de Italia como de España. Famosa fue la Escuela de Medicina de Salerno, traída a modo de ejemplo. De ese conocimiento se benefició un rey leonés de nombre Sancho I, apodado el Craso (935-966), nieto de la reina Toda de Pamplona (876-958), tía carnal del califa cordobés Abderramán III (891-961). Según se nos cuenta, el leonés tenía una obesidad tan acusada que le impedía montar a caballo. Subió al trono en el 956 pero las intrigas de la corte forzaron su destitución en el 958; lo recuperó dos años después y ese tiempo de exilio se corresponde con la visita a Córdoba, acompañado de su abuela, donde solicitaron ayuda para tratar su obesidad. Del paciente se ocupó el médico judío Hasday Ben Shaprut, quien impuso un drástico tratamiento. Según nos cuentan le cosió la boca para que sólo se alimentara con líquidos, también le pautó paseos y baños de vapor. Radical solución, pero el paciente requería un tratamiento de choque, ya que al parecer pesaba más de 200 kilos logrados merced a una ingesta de alimentos cuantiosa: se dice que comía diecisiete veces al día. Se ve que para el cristiano Sancho el pecado de la gula no era un asunto que le preocupara demasiado. Con un tratamiento tan drástico los resultados se tenían que dejar sentir y el depuesto monarca leonés logró reducir su peso a la mitad. Su nueva figura (¡ya podía montar a caballo!) y las intrigas políticas, le devolvieron el trono y en él se sentó en el 960. Falleció seis años después, a la edad de treinta y un años.

Fuera de nuestras fronteras también tenemos noticias de monarcas de peso, como el carolingio Carlos el Gordo (839-888), el capeto Luis VI el Gordo (1081-1137) o el normando Guillermo el Conquistador, duque de Normandía y por conquista, rey de Inglaterra (1028-1087), un personaje del que se decía que su silueta parecía la de una preñada, lo que puede dar idea de su volumen. En los ejemplos citados las noticias que nos han llegado hacen justicia a los apodos, aunque, de ello, no podemos inferir que siempre sea así, al menos en los casos de los romanos Lucio Licinio Craso (140 a. C.-91 a. C.) y Marco Licinio Craso (115 a. C.-53 a. C.), cuyos respectivos cognomen no se corresponden con los bustos que nos han llegado, más parece que heredaron el cognomen de algún antepasado obeso.

Figura 1.1. Serie metálica de los reyes de Francia. Luis VI el Gordo

Fuente: CGB, CC BY-SA 3.0 <https://creativecommons.org/licenses/by-sa/3.0>, via Wikimedia Commons.

Pero no pensemos que la obesidad sólo estaba al alcance de los monarcas. También había individuos que, perteneciendo a la sociedad del privilegio, se alimentaban en relación directa con su posición social, como recientemente ha puesto de manifiesto el profesor Pip Patrick. Tras estudiar los restos de religiosos de tres abadías medievales inglesas, ha concluido que eran notoriamente gordos debido a una ingesta rica en proteínas complementadas con grasas saturadas, lo que debió facilitar que los monjes genéticamente más propensos a la obesidad hallaran en el monasterio la dieta ideal con la que incrementar su figura.

1.3. El arte como espejo

Aristóteles señalaba que «el arte imita a la naturaleza», así pues, *mutatis mutandis* podemos considerar las obras pictóricas como un reflejo de la sociedad que representan. Tomemos, pues, el arte como espejo. Fijémonos en distintos cuadros de la Última Cena de Jesucristo, para saber si las porciones alimenticias fueron aumentando con el tiempo. Eso hicieron los investigadores Brian y Craig Wansink en 2010, y observaron que, a medida que avanzaba el mundo moderno, las raciones dibujadas iban aumentando. Aunque el método empírico propuesto por los Wansink sea discutible por carecer de valor universal pues, muy probablemente, los artistas debieron reproducir las mesas de los comitentes, miembros del grupo del privilegio que les encargaban las pinturas y, por tanto, no serían reflejo de la mesa media de la sociedad de su tiempo, tampoco debemos rechazar el método de investigación y, por ello, aceptamos la evidencia de que las porciones de comida aumentaron con el tiempo. Teniendo presente estos considerandos, bien podemos afirmar que las obras pictóricas que nos han llegado, sobre todo desde el Renacimiento, pueden ser tenidas como un buen exponente de las representaciones; me refiero, fundamentalmente, a los cuadros de obesos de peso, físico y político, que lucen orondas siluetas, a través de las cuales hoy tenemos una idea cabal de su sobrepeso u obesidad, según casos.

No se trata de hacer una relación exhaustiva de personajes destacables pero, puestos a citar, quizá de entre los más afamados gruesos de quienes tenemos noticia se puedan destacar a Enrique VIII (1491-1547), rey de Inglaterra, como atestigua el retrato de Hans Holbein *el Joven*, pintado en 1540, cuando el monarca inglés tenía cuarenta y nueve años.

A Federico I de Sajonia (1529-1595), príncipe protestante alemán, integrante de la Liga de Esmalcalda, que luchó en Mühlberg (1547) contra el emperador Carlos V, Tiziano le pintó en 1548 tras la batalla. Su retrato representa la imagen de una persona notoriamente gruesa, tanto que el soldado español Juan Núñez de Alba, partícipe en la lucha, dejó escrito de él que era «muy gordo [y] acostumbraba a andar siempre en un carro, [aunque] aquel día andaba en un caballo mediano y doblado».

Otro obeso de peso fue Alessandro dal Borro (1600-1656), militar y noble toscano; el retrato que nos ha llegado, atribuido a Charles Mellin, pintado en 1630, nos lo presenta con una desbordante silueta.

Los nobles citados pueden ser considerados —en realidad casi se podría afirmar con rotundidad— insertos en el canon de su tiempo; una época en la que la obesidad era tenida como modelo de salud y belleza, aunque fuera moda que algunos discutían, como el veneciano Luigi Comaro en su *Discorsi della vita sobria*, publicado en 1558. Basada en su propia experiencia, señalaba que se había acostumbrado a no satisfacer plenamente ni su apetito ni su consumo de alcohol. También Cervantes tenía algo que decir y lo hacía a través de don Quijote cuando aconsejaba a Sancho moderación en la ingesta: «Come poco y cena más poco, que la salud de todo el cuerpo se fragua en la oficina del estómago». Pero luchaban contra una tendencia que huía de la frugalidad, al menos entre los acomodados, una moda en la que el arquetipo de belleza y sensualidad lo definían las curvas: sólo hay que ver las pinturas. Las imágenes de figuras femeninas nos demuestran que la belleza estética gustaba de orondas formas, donde los pliegues celulíticos se exhibían con toda normalidad y exuberancia. Ahí están las *Tres Gracias* de Rubens para ratificarlo, o las modelos utilizadas en su *Juicio de Paris*. Rembrandt también nos legó mujeres de generosas formas, así lo ratifica su *Judit en el banquete de Holofernes*; Tintoretto y su *Susana en el baño*; Tiziano y la *Venus de Urbino* es otro ejemplo más. En suma, son numerosos los paradigmas cuya cita sólo refrendaría lo que va expuesto.

Hablábamos al principio de un monarca hispano, y ahora otro nos ayudará a ir poniendo final a este pequeño trabajo, me refiero a Carlos IV de Borbón (1748-1819), hijo de Carlos III (1716-1788) y de Amalia de Sajonia (1738-1760). Si comparamos los cuadros de padre e hijo, veremos que el progenitor se mantuvo delgado durante toda su vida; por el contrario, el hijo, que de joven presentaba delgada silueta —con diecisiete años lo pintó Mengs, ver *Carlos IV siendo Príncipe de Asturias*—, ya había perdido su grácil figura con cuarenta y un años, como se observa en el cuadro de Goya, *Carlos IV de rojo*. No pensemos que Carlos IV fue una excepción, un caso similar le sucedió a Federico Christian de Sajonia (1722-1763); pintado con diecisiete años por la veneciana Rosalba Carriera, lo muestra delgado, aunque su rostro ya delatara una tendencia al sobrepeso que se convirtió en obesidad sólo doce años después, como se aprecia en la pintura de Mengs, *Retrato del Príncipe Elector Federico Christian de Sajonia*, realizada en 1751, cuando el noble tenía veintinueve años de edad. Un caso semejante a los citados, otro obeso de peso, sería el del papa Pío IX (1792-1878), cuya silueta fue ganando kilos a medida que crecía en edad, como es notorio en el icónico retrato que en 1871 le hiciera George Peter Alexander Healy.

Podríamos seguir enunciando obesos notorios, pero sólo tendríamos una relación nominal de personas que el arte, en tanto que imitador de la naturaleza, nos permite conocer y, en ocasiones, comprobar la evolución observada por los propietarios de aquellos cuerpos, desde su juventud hasta la senectud, desde gráciles figuras a orondas formas. Personajes que formaron parte de las élites dirigentes en sus respectivas sociedades, individuos que pertenecían al grupo del privilegio, lo que nos lleva a inferir que se daba una relación de causalidad entre obesidad y posición social.

Actualmente, esta relación entre obesidad y estatus social sigue presente en la tribu bodi, en Etiopía. Al contrario que las tribus vecinas, formadas por soldados fibrosos, la tribu bodi está compuesta por pastores que poseen vacas. Los hombres ingieren durante tres meses una mezcla de leche y sangre de vaca para poder ganar peso y aumentar el tamaño de sus barrigas. Una vez al año, durante la fiesta de año nuevo, la barriga de todos estos hombres es medida y el que tenga la barriga más grande de toda la tribu será nombrado rey por un día y le será otorgada la muchacha más guapa (la cual debe ser delgada y grácil) como esposa. De esta forma, la tribu bodi relaciona el tamaño de la barriga del hombre con la capacidad de alimentar a su futura familia, ya que más vacas implican poder tomar una mayor cantidad de la mezcla antes descrita y, por tanto, una barriga mayor.

LA OBESIDAD EN LA HISTORIA

Obesos de peso

OBESIDAD Y POSICIÓN SOCIAL

Tradicionalmente se ha relacionado la obesidad con una posición social elevada, ya que las clases más desfavorecidas, forzadas a los trabajos más intensos sin apenas sustento, tenían menos probabilidad de desarrollarla.

LAS CONSECUENCIAS DE LA OBESIDAD YA ESTABAN PRESENTES EN EL ANTIGUO EGIPTO

A través de una tomografía computarizada se han observado signos de aterosclerosis en momias de elevada posición social.

HIPÓCRATES Y SU LUCHA CONTRA LA OBESIDAD

Se dio cuenta de que algo no iba bien con la obesidad cuando dijo «Los hombres obesos corren mayor peligro de morir súbitamente que los flacos» y después aconsejó: «Los obesos y aquéllos que desean perder peso deberían llevar a cabo unos fuertes ejercicios antes de la comida».

LOS PRIMEROS TRATAMIENTOS ADELGAZANTES

Ya incluían planes de tres días de dieta vegetal combinada con vomitivos previos a una dieta reconstituyente, baños de sol y aplicación de masajes, sin olvidarse de la práctica de ejercicios vigorosos.

¡QUE LE COSAN LA BOCA!

Que se lo digan a Sancho I el Craso, que se vio sometido a este tratamiento para adelgazar y poder subir de nuevo a su bello corcel.

2

¿Por qué engordamos? El troglodita que aún llevamos dentro

Almudena García Carrasco

Somos muy modernos, ¿verdad? Con nuestros smartphones, nuestros coches eléctricos y nuestras conversaciones con la inteligencia artificial. Y claro, para acompañar tanta modernidad necesitábamos un nombre que demostrase tal nivel de inteligencia por lo que nos autodenominamos *Homo sapiens sapiens*. Dos veces *sapiens*. Tres ya hubiera sido considerado vanidad.

Es cierto que el mundo externo va a una velocidad de vértigo, el progreso a veces nos come, pero el mundo interno (y no me refiero a tu mundo espiritual sino a tus genes) apenas ha cambiado. Seguro que más de una vez te han dicho lo mucho que te pareces a tu padre o a tu abuela, pero tal vez hubiera sido más correcto decirte cuánto te pareces a tu *tataratataratatara*... tatarabuelo el troglodita, ése que todavía llevas dentro.

Muy probablemente tu cara ahora mismo sea un poema porque estarás pensando: «¡Anda que no ha llovido desde entonces!». Para tus genes, en realidad, no tanto. Las cosas de palacio van despacio, y las de la genética, también.

2.1. Cambio en el menú

La obesidad existía en el Paleolítico tal y como lo atestigua el arte de aquella época. No sabemos cuál era su incidencia, pero se cree, debido al estilo de vida de estas sociedades, que no debía de ser muy alta.

El Paleolítico se caracterizó por fundamentarse en una sociedad de cazadores-recolectores, es decir, grupos nómadas en busca constante de alimento. Su dieta dependía, por tanto, del medio ambiente, de los cambios climáticos y de su habilidad con herramientas primitivas de piedra. Estas condiciones cambiantes y adversas hacían que mantener unos depósitos grasos (es decir, engordar) constituyese una garantía de supervivencia y facilitase la reproducción.

Si tenemos en cuenta los componentes de su dieta y su vida en constante ajetreo, esto no era tarea fácil. Su fuente de alimento fue evolucionando desde vegetales, semillas y pequeños frutos a pequeñas piezas de caza, cuyo tamaño creció con el perfeccionamiento de las herramientas. Además, la revolución del fuego permitió el cocinado de los alimentos, con la consiguiente mejora en su masticabilidad y digestibilidad. Así lo atestiguan los dientes en los cráneos encontrados hasta la fecha, así como la composición bacteriana que mostraban.

Con este panorama, lo raro era acumular grasa, un bien por entonces preciado. Es por ello por lo que se ha relacionado a las *Venus* con la fertilidad. Tras haber estudiado cien figuras procedentes de esta época, los investigadores determinaron que sólo siete de ellas mostraban a las mujeres en un avanzado estado de gestación, mientras que veinticuatro estaban delgadas, quince eran normopesas y cincuenta y una presentaban sobrepeso u obesidad. En un período donde la malnutrición dificultaba la concepción, cierto grado de obesidad parecía relacionarse con la facilidad para procrear.

Tras este período, entre los 6.000 y los 4.000 años a. C., dio comienzo el Neolítico, que duró hasta aproximadamente el 3000 a. C. Es en este período cuando se generalizan los asentamientos humanos, ya que ahora las sociedades fundamentan su alimentación en la agricultura y la ganadería. Esta nueva economía de productores es capaz de generar un excedente de alimentos que evita los grandes desplazamientos. La actividad física ya no es constante, sino que está destinada a esta producción, por lo que es una actividad periódica y programada.

Esta nueva sociedad de agricultores y ganaderos, además, cambió radicalmente su dieta —como se desprende del estudio de las bacterias contenidas en sus dientes—, que se enriqueció en carbohidratos, debido a la producción de cereales, y se aseguró el aporte de carne mediante la domesticación de vacas y cebúes a partir de uros salvajes.

2.2. El genotipo ahorrador

La revolución neolítica, es decir, el paso de una sociedad de cazadores-recolectores a una de agricultores y ganaderos llevó entre 6.000 y 10.000 años. Un período breve si los comparamos con los 300.000 años en total que nos han traído hasta hoy y que no han sido suficientes para que nuestros genes se adapten a nuestro nuevo estilo de vida.

Es por eso por lo que tu cuerpo siente la necesidad de almacenar calorías, porque tiene aprendido que nunca se sabe. Para ello, cuenta con el tejido adiposo blanco, que, como veremos más adelante con más detalle, actúa de alacena donde se almacenan en forma de grasa todas las calorías que no has utilizado para moverte. Esta grasa no sólo actúa como reserva energética, sino que también sirve de aislante térmico y mecánico.

No es de extrañar, por tanto, que la evolución favoreciese la selección de aquellos individuos con unos genes que permitiesen una mayor facilidad para almacenar grasa. Esta hipótesis se conoce como el «genotipo ahorrador» y fue propuesta por el genetista James Neel en 1962. Desde entonces, los investigadores siguen buscando a todos esos genes responsables de facilitar la acumulación de grasa.

De todos los genes participantes propuestos, tal vez el más popular sea PPARγ ya que, entre sus funciones en la regulación del metabolismo lipídico, se encuentra la formación de depósitos grasos.

2.3. Además de unos genes anticuados, ¿qué otros factores causan obesidad?

¡Puf! Unos cuantos. Necesitaríamos un libro entero para poder hablar de todos ellos como se merecen, pero intentaremos hacer un resumen para que te hagas una idea.

Actualmente se considera la obesidad como una enfermedad multifactorial, cuya aparición puede verse condicionada por la dieta, la actividad física, el estado emocional, el estatus socioeconómico...

Engordamos, es decir, acumulamos grasa, porque se produce un desbalance energético entre las calorías que ingerimos y las que gastamos. Si el número de calorías que entra en el cuerpo es superior al que quemamos, tendremos un excedente de energía que el cuerpo guarda en forma de grasa (por si mañana no encontramos un mamut que cazar). Ahora bien, las causas por las que ese desbalance energético se genera son múltiples y variadas.

Uno de los principales factores responsables del desbalance energético, como buenos trogloditas acomodados que somos, procede de una elevada ingesta de alimentos muy calóricos (los que suelen ser los más ricos y nos generan más placer) y una reducción en nuestra actividad física.

Actualmente, la comida basura es más accesible que otro tipo de alimentos: está por todas partes, es más barata, requiere una preparación menor y está compuesta por elementos hipercalóricos que nos dan una agradable sensación de bienestar. Y si no te lo crees, no tienes más que comparar un apio con una hamburguesa. A esto debemos añadirle, claro, las bebidas azucaradas que no suelen ser percibidas como un problema. Es decir, nuestro ojo sí nos hace conscientes de si la porción de comida es más grande o más pequeña, pero nos invisibiliza la cantidad de azúcar ingerido en las bebidas. Y si a esto le añades el bombardeo al que estamos sometidos por la publicidad (no, nadie anuncia apios), es difícil escapar de este tipo de alimentos.

Además, somos más sedentarios. Nuestra actividad física se está reduciendo desde el Neolítico, lo cual es completamente perjudicial, no sólo porque no contribuye a que quememos el exceso calórico, sino porque perdemos todos los aspectos beneficiosos del ejercicio, como verás más adelante. El uso del coche y, cada vez más, de las pantallas, contribuye a ello. Por ejemplo, se ha observado el doble de personas afectadas por sobrepeso u obesidad entre aquéllos que veían la tele al menos tres horas al día frente a aquéllos que no la veían. Esto, además, lleva asociado otros comportamientos, ya que ahora sabemos que un mayor tiempo delante de una pantalla lleva asociado un mayor consumo de aperitivos hipercalóricos, como patatas fritas (no solemos comer apios mientras echamos una partida en la Play).

Esta gestión que hacemos de nuestra dieta y nuestra actividad física puede haber sido (mal) aprendida o puede venir condicionada por nuestro entorno, que pueden favorecer que engordemos. Es lo que se conoce como ambiente obesogénico.

Ahora sabemos, como veremos más adelante, que los niños que tienen padres obesos tienen una alta probabilidad de desarrollar obesidad durante la infancia debido a los hábitos aprendidos en casa. Además, las personas con un estatus socioeconómico más bajo tienen más probabilidad de desarrollar obesidad, por motivos económicos y educacionales.

El entorno también favorece que engordemos o no. Ahora sabemos que el diseño urbano contribuye (o no) a la aparición de sobrepeso u obesidad: aquellas barriadas que están diseñadas de tal manera que tienen supermercados y parques cerca, favorecen la actividad física (y no te hablo de correr una hora para prepararte una maratón, sino de ir a comprar el pan caminando). Por el contrario, los barrios sin espacios verdes o cuyos recursos queden demasiado lejos, obligan a sus vecinos a utilizar un medio de locomoción para desplazarse.

Otros factores cuya investigación está en alza debido a su función como obesógenos —que favorecen la obesidad— son algunos disruptores endocrinos[2] como contaminantes o plásticos. Su porcentaje de participación en el desarrollo de obesidad aún está por determinar.

El estrés tampoco ayuda. Nuestro cerebro tiene aprendido que si hay un peligro acechando (se acerca un tigre dientes de sable), no podemos pararnos a comer, hay que salir pitando. Por tanto, deduce que si estamos comiendo es porque estamos a salvo. Por ello es normal que cuando nuestros niveles de estrés se elevan, muchas veces intentemos bajarlos comiendo. Es nuestra forma de

2. Los disruptores endocrinos son un conjunto de moléculas con una estructura similar a la de nuestras propias hormonas, por lo que pueden actuar en nuestro organismo de una forma similar a como lo harían éstas, ya que nuestro cuerpo no es capaz de distinguirlos.

decirle a nuestro cerebro que se relaje. Ahora que sabes esto, no te extrañará que te diga que los grupos con unos mayores niveles de estrés presentan una mayor incidencia de sobrepeso y obesidad. Por ejemplo, las personas que viven en un barrio conflictivo.

Es por este motivo que se ha acuñado el término «hambre emocional» para referirnos a aquellos momentos en los que comemos para gestionar emociones como el estrés o la tristeza. Seguro que el hambre te parece una cuestión física. De hecho, no hay más que escuchar rugir a tu estómago. Esto no es así del todo y, como veremos más adelante, el que ruge es tu cerebro.

La etnia/raza también contribuye a la obesidad. Así, la incidencia de obesidad más alta se localiza entre las mujeres latinas, mientras que la más baja se encuentra en los asiáticos de origen no latino. Asimismo, patologías como el hipotiroidismo, algunos fármacos y algunas alteraciones genéticas que veremos más adelante, también contribuyen a la obesidad.

2.4. Y ENTONCES, ¿QUÉ COMO?

Seguro que muchas veces has oído eso de «lo normal». Cuando le preguntamos a una persona: ¿cuántos refrescos bebes? Lo normal. ¿Cuánta fruta has comido? Lo normal. ¿Cuánto has dormido? Lo normal.

Pero si le pidiésemos a esta persona concretar con cifras sus respuestas, tal vez se aleje de «lo normal». Por tanto, ¿qué y cuánto necesitamos de cada cosa en nuestra dieta?

- **Grasas:** también conocidas como lípidos. Actúan como almacén de energía y como aislante térmico y mecánico. Nuestra ingesta diaria de grasas debería suponer como mucho el 30 por ciento del aporte calórico. De éstas, las grasas saturadas deberían suponer menos de un 10 por ciento (y si son trans menos del 1 por ciento) y se debería priorizar el consumo de grasas no saturadas, como las que encontramos en el aceite de oliva o alimentos ricos en omega 3.
- **Hidratos de carbono:** pueden ser azúcares simples, como la glucosa, o complejos, como el almidón. Constituyen una

fuente de energía rápida y son preferibles los segundos a los primeros, ya que no generan picos de glucemia en sangre debido a su absorción más lenta en el intestino. La Organización Mundial de la Salud (OMS) recomienda que la ingesta de azúcares libres sea inferior al 10 por ciento (aunque mucho mejor si se acerca al 5 por ciento). La ingesta de carbohidratos debería proporcionar la mayor parte de las necesidades energéticas y suponer entre el 55 y el 75 por ciento de la ingesta calórica diaria.

- **Proteínas:** son múltiples y con funciones muy diversas, entre las que destacan su función en la comunicación celular (transmiten mensajes dentro de la propia célula o entre células) y la función estructural. El cuerpo puede reciclarlas: las disgrega en sus elementos fundamentales, los aminoácidos, y reutiliza éstos para la fabricación de nuevas proteínas. Por tanto, a lo largo del día apenas perdemos proteínas (sólo la que se genera por la descamación de la piel y las mucosas), por lo que el aporte diario es bajito. La OMS recomienda que aportemos 0,75 gramos de proteína al día por cada kilo que pesemos, es decir, entre un 10 y un 15 por ciento del aporte calórico diario.
- No te olvides de las **frutas y** las **verduras**, por lo menos 400 gramos al día.

2.5. La revolución, será paleolítica o no será

Como ya has visto, los homínidos del Paleolítico consumían muchos más vegetales que carne y se movían mucho más que las sociedades posteriores, que se asentaron y comenzaron a dar prioridad al cultivo y consumo de cereales.

Las implicaciones que estos cambios tuvieron en la salud de nuestros antepasados han sido investigadas y se ha concluido que las sociedades de cazadores-recolectores tenían una esperanza de vida superior y una menor incidencia de enfermedades degenerativas, como la anemia o la osteoporosis, ya que el consumo de cereales redujo el aporte nutritivo. Otros investigadores apuntan que no les daba tiempo a desarrollar enfermedades degenerativas porque se morían antes. Sin embargo, cuando se compara sociedades actuales industrializadas frente a las que aún son cazadoras-recolectoras, las tasas de obesidad y patologías asociadas como la hipertensión, la resistencia a la insulina y la aterosclerosis se reducen.

Es por ello por lo que actualmente se habla mucho de la paleodieta, es decir, una dieta que se asemeje lo más posible a aquélla de nuestros ancestros y que, según se ha calculado, debería incluir un 22 por ciento de grasa, un 41 por ciento de carbohidratos y un 37 por ciento de proteína. Para que te hagas una idea, una dieta americana actual aporta un tercio de las calorías en forma de grasa, la mitad como carbohidratos y un 15 por ciento como proteínas.

Cuando se investigan en profundidad los efectos de la paleodieta se observa, por un lado, una reducción en el peso corporal, en la circunferencia de la cintura y en la presión sanguínea, así como una mejor tolerancia a la glucosa que la conseguida con la dieta mediterránea. Algunos autores proponen que la reducción en el riesgo cardiovascular observado al implementar una paleodieta se debe, fundamentalmente, a haber dejado de consumir alimentos ultraprocesados (más que a la propia composición de la dieta en sí).

Debemos ser cautos con estos datos, ya que los posibles beneficios de la paleodieta todavía continúan en investigación (por ejemplo, los beneficios sobre la salud ósea todavía no han sido adecuadamente estudiados) y necesitamos, sobre todo, estudios a largo plazo. La paleodieta, además, no deja de ser una interpretación moderna de la alimentación del Paleolítico, un período demasiado largo como para que existiera una única dieta. Determinar de manera precisa qué comían nuestros antepasados y en qué proporción es también difícil. Tal vez éstos sean algunos de los motivos por los que podemos encontrar tantas paleodietas modernas y tan variadas. Por otra parte, el consumo de cereales (tan denostado en la paleodieta) no tiene por qué ser perjudicial (ya que son ricos en vitaminas del grupo B). De hecho, durante el Paleolítico ya se consumían algunos tipos de granos y semillas. Además, hay que tener en cuenta que muchas de las personas que promocionan este tipo de dieta, más que enrolarse en ella, lo que han hecho ha sido dar una visión «paleo» a una dieta de base occidental, por lo que, de momento, no te lances a la piscina sin antes consultar con un nutricionista.

¿POR QUÉ ENGORDAMOS?

El troglodita que aún llevamos dentro

LA SOCIEDAD DE CAZADORES-RECOLECTORES

Las sociedades del Paleolítico eran cazadores-recolectores y, por tanto, nómadas. Es decir, comían cuando podían y recorrían largas distancias en busca de alimento.

LA REVOLUCIÓN NEOLÍTICA

Con el Neolítico llegaron la agricultura, la ganadería y, por tanto, los asentamientos. Ya no era necesario recorrer largas distancias para conseguir alimento y nos volvimos sedentarios.

EL GENOTIPO AHORRADOR

En 1962, el genetista James Neel propuso que engordamos debido a que todavía conservamos prácticamente intactos los genes de aquella época, que favorecen la acumulación de grasa para sobrevivir.

PERO ¿CUÁNTO NECESITAMOS DE CADA COSA?

La OMS nos recomienda que, del aporte total calórico diario, menos del 30 por ciento proceda de la grasa, entre un 55 y un 75 por ciento de los carbohidratos y un 10-15 por ciento de proteínas.

LA PALEODIETA

La paleodieta, una dieta que busca asemejarse a la dieta seguida por los homínidos del Paleolítico, está en auge pero todavía será necesaria una investigación más profunda en cuanto a sus posibles efectos beneficiosos.

3

Psicología de la obesidad. Del revés

Ester Blanco Arranz

La obesidad tiene *su propia historia por contar*. Aunque no seamos conscientes de ello, en muchas ocasiones, la obesidad está ligada a eventos difíciles de afrontar: la sobreingesta puede venir como forma compensatoria, como manera de regular el estrés, como síntoma ciclotímico...

Asimismo, nuestro estilo de vida, cada vez más sedentario, hace que aumentemos de peso al mismo tiempo que la sociedad impone un culto a la delgadez, lo que se traduce en diferentes trastornos como la anorexia o la bulimia nerviosas. El sobrepeso suele ser un antecedente en un tercio de estas enfermedades.

3.1. Epidemiología y etiopatogenia

En la etiopatogenia de la obesidad participan factores genéticos y epigenéticos junto a un ambiente que facilita su expresión.

La obesidad tiene consecuencias psicológicas a corto y largo plazo, además de darse de manera frecuente como comorbilidad en los trastornos de tipo afectivo. La ansiedad, en especial aquella ligada a «estados emocionales negativos», está presente en la etiopatogenia del sobrepeso y la obesidad como predisposición individual pero también familiar, como factor desencadenante pero también favoreciendo el desarrollo y mantenimiento de ésta.

La obesidad tiene una historia en muchas ocasiones ligada a situaciones difíciles de afrontar, situaciones que actúan como *de-*

sencadenantes de la enfermedad y que se ven reforzados por factores *mantenedores* que cronifican el problema como, por ejemplo, la utilización de la alimentación como consuelo o compensación, malos hábitos, para calmar la ansiedad o el estrés, etcétera.

De esta manera las diferentes situaciones vividas por una persona están mediadas por su forma de afrontamiento, y ésta por su estado emocional que ha demostrado su relación con la alimentación en diferentes estudios, llegando incluso en el caso de Schachter y Rodin (1974) a desarrollar «la teoría emocional de la obesidad», que argumenta que «no sólo los obesos son más reactivos frente a los estímulos externos relacionados con la alimentación, sino que además comen más que los no obesos en respuesta a estados emocionales negativos como la ansiedad, el miedo, el aburrimiento, la tristeza...».

Cuando la ingesta aporta a la persona emociones positivas o evita las negativas, ésta se convierte en una forma de afrontamiento de las situaciones estresantes, en un recurso recurrente. Esto es así por diferentes causas: por un lado, puede ser un recurso aprendido, pero por otro, también puede ser una conducta reforzada a nivel de neurotransmisores. Cuando al ingerir un alimento aumentan nuestros niveles de serotonina (neurotransmisor directamente relacionado con el control de las emociones y el estado de ánimo), por ejemplo, la persona se encuentra mejor y «aprende» a gestionar una situación difícil a través de la conducta de comer. También puede darse la circunstancia de que la conducta de comer sea una forma de escape o evasión, de manera que comiendo la persona evite alguna situación problemática para ella.

Aquí os mostramos algunos ejemplos del funcionamiento de los factores de mantenimiento:

- **Comer para consolarse.** Las personas con obesidad suelen padecer de rechazo social, lo que los lleva a aumentar la ingesta que a su vez aumenta el rechazo y la falta de aceptación, situación que compensan consolándose con una mayor ingesta, produciéndose un refuerzo negativo; podríamos describirlo como «un círculo vicioso».
- **Mecanismo de defensa: «ser un gordo feliz».** Las personas con obesidad pueden evitar así deprimirse salvando su

mala imagen física con sus virtudes en los ámbitos social, familiar, académico o laboral... Salvaguardan algunos aspectos de su autoestima con esta compensación, pero conlleva un coste: el aumento de la ingesta.
- **Insatisfacción corporal.** En los momentos más depresivos la insatisfacción aumenta, y con ella la posibilidad de perder el control. El deseo por adelgazar se puede volver obsesivo, aumenta el nivel de estrés y ansiedad y con ello la posibilidad de usar la ingesta para calmarse, como medio para modular el estrés.

De este modo las diferentes causas de la obesidad se ven reforzadas o mantenidas de múltiples maneras, conformando así una patología completa.

3.2. Aspectos psicosociales

Nuestra sociedad está sometida a mensajes ambivalentes y contradictorios en relación con la alimentación y el peso. Por un lado, se transmite que el cuerpo delgado (sobre todo en la mujer) es lo más atractivo y saludable, te convierte en una persona exitosa y feliz. Y por otro, se nos envía el mismo mensaje con figuras curvilíneas y además se nos publicita que determinados tipos de alimentos ricos en carbohidratos como helados o pizzas nos hacen felices.

De esta manera nos encontramos con caminos ambivalentes y contradictorios para alcanzar la felicidad, el éxito, la popularidad... lo que afecta de manera directa y principal a la población infanto-juvenil, más vulnerable por la etapa evolutiva de crecimiento en la que se encuentran, que les hace más susceptibles de desarrollar un trastorno de conducta alimentaria.

La familia, como primer agente socializador, desempeña un papel crucial en el desarrollo de las personas, en cómo nos relacionamos con la alimentación, cómo reaccionamos ante los mensajes de la sociedad, de los medios de comunicación... por lo que resulta ser un factor protector... o no. Las familias están compuestas a su vez por individuos igualmente influenciados por la sociedad, que pueden promover de manera más o menos estricta hábitos saludables o inclinarse hacia unos hábitos más sedentarios. Es decir, el estilo de vida de una familia, su forma de alimentarse, de divertirse y reunirse, los horarios, las relaciones entre ellos... puede propiciar la obesidad de sus miembros.

3.3. Obesidad, imagen corporal y trastornos de conducta alimentaria (TCA)

El concepto de la imagen corporal no es simple, se trata de un constructo que ha ido evolucionando. Es posible que el primero en definirlo fuera Schilder, que lo hizo como «la imagen que forma nuestra mente de nuestro propio cuerpo, es decir, el modo en que nuestro propio cuerpo se nos manifiesta». En definitiva, la imagen corporal va más allá de una «copia exacta sobre nosotros mismos», se trata más bien de cómo nos observamos o percibimos (y nunca nos vemos tal como somos al milímetro, dependemos de la precisión con la que lo hacemos), y más importante si cabe, cómo nos hace sentir esa autoobservación, las emociones que nos despierta esa visión, y qué comportamiento tenemos al respecto, por ejemplo, rechazo, evitación, aceptación...

La imagen corporal es una variable importantísima en los trastornos derivados de la obesidad o los TCA en su conjunto, ya que en la mayoría de los casos los pacientes presentan una imagen distorsionada de sí mismos. Hay gran cantidad de estudios que han trabajado en la relación entre obesidad e imagen corporal, y han confirmado que la satisfacción corporal está relacionada con el IMC, ya que las personas con obesidad presentan una mayor insatisfacción.

La insatisfacción con respecto a nuestra imagen corporal viene determinada, entre otros factores, por la percepción que tenemos de ella. La percepción distorsionada de nuestra imagen aumenta el riesgo de sufrir un TCA. Muchos estudios han confirmado que tanto la población obesa como pacientes con anorexia y/o bulimia sobreestiman las dimensiones de su cuerpo.

De todo esto podemos concluir la relación existente entre obesidad, imagen corporal y trastornos de conducta alimentaria, ya que todos ellos presentan variables comunes que incluso pueden ser causa y consecuencia unas de otras.

3.4. El papel de las dietas

El seguimiento de dietas, especialmente las restrictivas, sin supervisión profesional, desempeña un papel central en los problemas relacionados con la alimentación y el peso, y constituye un factor de riesgo en los TCA. En este tema también ejerce una significativa influencia la sociedad, los medios de comunicación y la industria que las rodea. Hay multitud de dietas en internet, más o menos publicitadas por personajes reconocidos, marcas comerciales, etcétera.

Una vez iniciada una dieta, entran en juego una serie de factores, normalmente frustrantes, como el bajo mantenimiento en el seguimiento de la dieta, la dificultad en la pérdida de peso, la relación con episodios posteriores de sobreingesta, la falta de cambios en los hábitos no sólo de alimentación sino de vida... que concluyen no ya en una vuelta al origen sino en un aumento de peso y, en el proceso, el posible desarrollo de patología asociada a un TCA, con el consiguiente riesgo.

Sería más o menos el siguiente proceso:

Figura 3.1. El riesgo de desarrollo de un trastorno de la conducta alimentaria puede iniciarse con el ciclo que aquí se representa

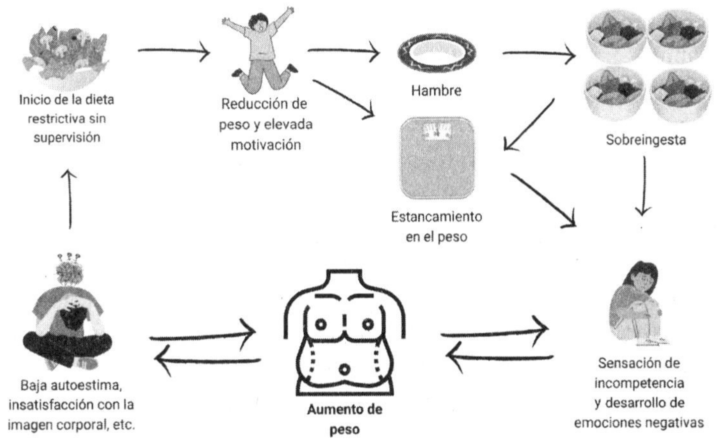

Fuente: Elaboración propia.

Además de lo expuesto, las dietas pueden poner en marcha otros factores de riesgo, a nivel físico, psicológico y social, que conlleven una afectación global en la vida de la persona, convirtiendo el peso, la dieta o la imagen corporal en el ámbito central de sus vidas, donde todo gira alrededor, dejando de asistir a eventos de familiares o de amigos para no «saltarse la dieta», dedicando horas y horas a la investigación sobre la ingesta y el aporte calórico de los alimentos; en definitiva, dejan de realizar otras actividades para «dedicarse a la dieta», lo cual aísla a la persona y propicia su obsesión por el tema, y todo lo que conlleva.

Cabe mencionar en este apartado que muchos tratamientos para la obesidad llevan consigo el seguimiento de una dieta, pero aquí la palabra clave es «tratamiento», es decir, la persona con obesidad se pone en manos de profesionales (lo mejor es un equipo multidisciplinar: nutricionista, médico, psicólogo, entrenador deportivo, enfermera...) que supervisan cada parte del proceso, no sólo en cuanto a ingesta calórica sino que, conocedores del proceso, tienen en cuenta los riesgos que puede subyacer en el seguimiento de la dieta y los manejan para que el paciente logre sus objetivos saludables sin poner en riesgo su salud física y psicológica.

3.5. Obesidad infanto-juvenil: evaluación y complicaciones

La creciente incidencia de la obesidad infanto-juvenil y con ella la insatisfacción corporal, conllevan una tendencia al deseo de adelgazar, lo cual constituye en suma un riesgo para el desarrollo de un TCA, cuya aparición se observa cada vez a menor edad. Un 21,4 por ciento de los niños de entre cinco y nueve años presenta sobrepeso; a ello se suma un 15,3 por ciento de niños con obesidad.

El sobrepeso es un antecedente en un tercio de los casos de anorexia nerviosa en la adolescencia y una consecuencia a largo plazo en la bulimia nerviosa, así como el trastorno por atracón que cursa habitualmente con obesidad.

En el establecimiento del diagnóstico de obesidad en población infanto-juvenil, a diferencia con la población adulta, se hace necesario el empleo de unos valores estandarizados de IMC en función de la edad y el sexo respecto a unas referencias poblacionales conocidos como «puntos de corte».

Una vez establecido el IMC del paciente, en la evaluación se tendrán en cuenta diferentes aspectos. Aquí exponemos un breve esquema de éstos:

- **Características de la ganancia ponderal.** El inicio y el patrón de la ganancia de peso, síntomas y enfermedades asociadas, influencia de la ganancia de peso en la conducta del niño, etcétera.
- **Hábitos nutricionales y actividad física**, es decir, el estilo de vida del paciente. La mayor parte de los casos de obesidad infanto-juvenil son secundarios a la existencia de un desequilibrio entre la ingesta y el consumo energético, ya que ingieren más calorías de las que consumen debido generalmente a la falta de actividad física.
- **Antecedentes familiares.** Enfermedades que puedan estar relacionadas, además de los hábitos nutricionales y de actividad que tenga la familia. No podemos olvidar que estamos hablando de un tipo de población muy dependiente de la estructura familiar, no es habitual encontrarse con un adolescente deportista en una familia sedentaria (y viceversa). Los hábitos de la unidad familiar son, como vimos anteriormente, una variable muy importante en el origen de las afecciones de los miembros más jóvenes.
- **Antecedentes personales.** Enfermedades o situaciones que hayan podido conllevar el aumento de peso en el paciente.

El objetivo de la evaluación es encontrar el origen de la obesidad para así poder poner en marcha las mejores opciones de tratamiento en cada caso particular, teniendo en cuenta todas las variables que puedan estar influyendo tanto en la ganancia como en el mantenimiento del peso.

El impacto psicosocial en esta población es innegable, causando un estigma social y un elevado nivel de estrés psicológico originado por la discriminación, ya desde edades tempranas, por ejemplo, haciendo que un niño no sea elegido para el equipo porque es muy lento o «torpe» o siendo considerado el «gracioso de la clase» y no el «guapo».

En cuanto a la presencia de trastornos psiquiátricos, los resultados de diferentes estudios son contradictorios, pero sí se relacionan con síntomas depresivos y ansiosos, además de la relación ya mencionada con los TCA y su especial influencia en la población infanto-juvenil.

3.6. Obesidad y psiquiatría

La psicopatología desempeña un papel importante tanto en el desarrollo de la obesidad, o por lo menos en algunas de sus manifestaciones, como en las consecuencias sociopersonales que tiene presentar obesidad en la sociedad actual.

Se sabe que alrededor del 50 por ciento de las mujeres y del 30 por ciento de los hombres obesos sufre atracones y mayores niveles de impulsividad y compulsividad, así como irritabilidad, labilidad emocional, baja autoestima, comorbilidad depresiva, ansiedad y trastornos afectivos.

El estado de ánimo, la ingesta y la impulsividad poseen factores comunes o están relacionados con la serotonina, así como la obesidad mórbida suele presentar un patrón de conducta adictiva similar al de otras adicciones.

Se observan también mayores alteraciones psicológicas, sobre todo en la personalidad y la ansiedad, en adultos que han padecido de obesidad infantil.

Los rasgos de personalidad que se pueden encontrar en las personas con obesidad son muy variables y heterogéneos e incluyen rasgos depresivos, ansiosos, pesimistas, evitativos, alexitímicos, baja autoestima, evitación, timidez, dependencia, impulsividad...

Los niños y los adolescentes con obesidad suelen presentar, por lo común, una menor autoestima y una mayor presencia de sintomatología depresiva y ansiosa, así como una mayor vulnerabilidad para el desarrollo de trastornos de personalidad y una mayor comorbilidad con problemas sociofamiliares. Asimismo, la obesidad puede ser uno de los factores que influyen como desencadenantes en el desarrollo de un TCA, así como también se ha visto asociada a otras enfermedades psiquiátricas como el trastorno oposicionista-desafiante o trastornos depresivos.

En muchos pacientes con obesidad la imagen corporal se ve alterada, sobre todo en los que han padecido de obesidad desde la infancia y en la población femenina. En ocasiones la sobreingesta que conduce a la obesidad se debe a una respuesta a tensiones emocionales o como sustitutivo gratificante ante conflictos personales, pudiendo presentarse como conducta o como síntoma de una enfermedad mental subyacente, o como simple adicción a la comida.

Los diferentes estudios realizados durante los últimos cincuenta años han constatado la relación bidireccional existente entre la obesidad y los trastornos psicopatológicos, en la que se observan dificultades a nivel emocional y psicológico en personas con obesidad y obesidad en pacientes con patología psiquiátrica de diferente índole.

3.7. Tratamiento e intervención en población infanto-juvenil y adulta

Como hemos visto en el origen, curso y mantenimiento de la obesidad influyen factores genéticos, biológicos, psicológicos, comportamentales, cognitivos y socioambientales. Por ello, se requiere un abordaje integral para conseguir el éxito en la intervención de estos pacientes, con la implicación de diferentes profesionales de la salud, dando una respuesta coordinada.

Desde la perspectiva psicológica, vamos a presentar algunos de los tratamientos que han dado lugar a una mayor investigación, atendiendo a diferentes criterios, estipulados por organizaciones nacionales e internacionales. En general, en la base de casi todos los tratamientos que han sido propuestos está la consecución del objetivo del cambio en el estilo de vida del paciente, prestando atención en el proceso a todas las variables implicadas en la patología y que hemos venido describiendo en este capítulo.

En el proceso de selección de un tratamiento debe tenerse en consideración, además del IMC y de los problemas de salud asociados que presente el paciente, los intentos previos de pérdida de peso, enfermedades que pueda presentar, comorbilidad y estado psicológico.

La implicación del paciente en el tratamiento es fundamental, por ello es de vital importancia valorar si está preparado para iniciar la intervención y el nivel de motivación que presenta al respecto, ya que se trata de intervenciones largas que pueden llevar consigo momentos de elevada frustración. Asimismo, es muy importante la edad del paciente, pues obviamente la manera de trabajar dista mucho entre un paciente de ocho años, uno de dieciséis u otro de cuarenta y tres.

La evaluación individual es fundamental para escoger la mejor intervención en cada caso. En la evaluación hay que atender a diferentes áreas del paciente, implicadas en el proceso: biomédica, hábitos de alimentación, ingestas problemáticas, actividad física y hábitos de vida, área psicológica, etcétera. Cada una de estas áreas cuenta con diferentes métodos de evaluación que sirven a los profesionales para valorar y programar el plan de intervención más adecuado en cada paciente.

El objetivo fundamental que se persigue mediante la intervención psicológica es un cambio en los patrones alimentarios y de actividad física del sujeto, de forma que se restaure el balance energético. La hipótesis en la que se apoyan la mayoría de los programas de tratamiento es que, si se produce inicialmente un cambio significativo en la alimentación y posteriormente un cambio en la dieta y, además, en los patrones de actividad física y estos cambios se consolidan automatizándose y llegando a formar parte de los hábitos cotidianos del paciente, la pérdida de peso se producirá más lentamente pero también de forma más permanente.

Las intervenciones psicológicas que han demostrado una mayor evidencia de eficacia han sido la *terapia conductual* y la *terapia cognitivo-conductual*.

La terapia conductual ofrece a los pacientes un conjunto de técnicas para facilitar el cambio de estilo de vida, potenciando la adhesión a nuevas pautas alimentarias y a la práctica continuada de actividad física. Las técnicas más comunes que se emplean son: autorregistro de la alimentación, de la actividad física y del peso, control de estímulos, cambios en el estilo alimenticio, educación sobre nutrición, incremento de la actividad física, resolución de problemas, manejo de contingencias, reestructuración cognitiva, apoyo social y entrenamiento en estrategias para la prevención de recaídas.

El objetivo del tratamiento cognitivo-conductual de Cooper y Fairburn no sólo es producir la pérdida de peso, sino también ayudar a los pacientes a aceptar y valorar cambios más modestos en el peso y en su apariencia. La forma de intervención debe ser individual y el terapeuta debe personalizar el tratamiento ajustándolo a las características del paciente. Esta intervención está creada para intentar abordar las dificultades que presentaban los pacientes para mantener la pérdida de peso.

En definitiva, las intervenciones psicológicas tienen como inicio una exhaustiva evaluación que ponga de relieve todos los problemas y variables que afectan al paciente, para configurar un plan de intervención que consiga un cambio en su estilo de vida, en sus esquemas cognitivos y su gestión emocional, de manera que mantenga a lo largo del tiempo la pérdida de peso conseguida, así como unos hábitos saludables.

PSICOLOGÍA DE LA OBESIDAD

Del revés

LA OBESIDAD PUEDE TENER UN COMPONENTE EMOCIONAL

La obesidad puede ser aprendida y puede estar ligada a situaciones difíciles de afrontar: para regular el estrés, como síntoma ciclotímico...

LA SOCIEDAD IMPONE UN CULTO A LA DELGADEZ

Esto puede desencadenar en trastornos de la conducta alimentaria (TCA). El sobrepeso es un antecedente en un tercio de estos pacientes.

LA FAMILIA DESEMPEÑA UN PAPEL CRUCIAL

Es el primer factor socializador, por lo que un estilo de vida obesogénico dentro de la familia se transmitirá a sus miembros.

LA IMAGEN CORPORAL ESTÁ ALTERADA EN LOS PACIENTES CON UN TCA

Las personas con obesidad presentan una mayor insatisfacción corporal y sobreestiman sus dimensiones corporales. Esto puede constituir la base para desarrollar un TCA.

LA SOCIEDAD TIENE CONSECUENCIAS SOCIOPERSONALES

Alrededor del 50 por ciento de las mujeres y del 30 por ciento de los hombres obesos sufre atracones y mayores niveles de impulsividad, así como irritabilidad, labilidad emocional, baja autoestima, comorbilidad depresiva, ansiedad y trastornos afectivos.

4

Alteraciones locomotoras en la obesidad. Tu cuerpo, tu jaula

Laura Bonilla Barba

La adaptación al medio no ha sido fácil para el ser humano a lo largo de su historia. Una de las piezas clave necesarias para su evolución ha sido una adecuada disponibilidad de energía a través de los alimentos, que era utilizada en la supervivencia de la especie en un ambiente hostil.

Como hemos visto en un capítulo anterior, a nivel biológico seguimos anclados en la prehistoria. Estamos diseñados para consumir y gastar 3.000 kcal/día, el equivalente a caminar unos 20 kilómetros diarios. Sin embargo, en los últimos cincuenta años se ha producido un cambio en el medio ambiente del ser humano, ya que actualmente sólo gastamos de media el 40 por ciento de la energía para la que estábamos diseñados. La obesidad, por tanto, no se ve sólo influida por una mala alimentación sino por una actividad física escasa. Puede dar lugar a alteraciones físicas y mecánicas en el sistema musculoesquelético de las que se suele hablar poco a nivel general, pero que son más que conocidas en el ámbito de la fisioterapia. A continuación, iremos desgranando las principales secuelas y sus características.

4.1. Sarcopenia

La sarcopenia es un término derivado de las palabras griegas *sarx* ['carne'] y *penia* ['pérdida'], y hace referencia, por tanto, a la pérdida de masa muscular esquelética. A un nivel más microscópico, la sarcopenia es el resultado de una reducción de las unidades motoras (es decir, la unión de una neurona que transporta la información necesaria para activar una fibra muscular) y la consiguiente atrofia de las fibras musculares.

Para que puedas visualizarlo mejor, piensa en un carro tirado por caballos. El carro representa a la fibra muscular y los caballos a las neuronas encargadas de transmitir esa «señal» o, en este caso, la energía necesaria para mover el carro que están tirando. ¿Imaginas qué pasaría con un carro que, en vez de ser tirado por diez caballos, tenga que ser movido por uno solo? Algo similar ocurre con la sarcopenia: disminuir el número de unidades motoras (caballos) implica una mayor dificultad para mover los músculos (carro), lo que deriva en una pérdida de masa muscular por inactividad.

Figura 4.1. Sarcopenia

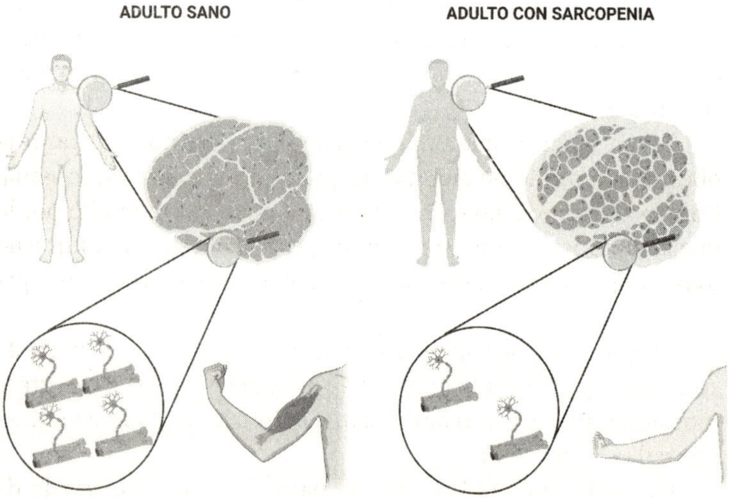

Fuente: Creado con BioRender.com.

A pesar de que la pérdida de masa muscular nos pueda parecer fácil de ver, el diagnóstico de sarcopenia es difuso, ya que ésta va asociada a una serie de criterios que marcarán el grado de la misma. Éstos son: la disminución de fuerza muscular, disminución de la cantidad y calidad del músculo y la disminución de la capacidad física.

Debido a su difícil diagnóstico, muchas veces los pacientes acuden a consulta por otras patologías asociadas a la obesidad (hipertensión, hígado graso, enfermedad cardiovascular...) porque los síntomas pueden confundirse con otro tipo de patologías que también manifiesten fatiga y debilidad como síntomas principales. Por tanto, suelen tratarse los problemas asociados por separado de aquéllos propios de la sarcopenia en casos de obesidad, atribuyéndose la pérdida muscular en numerosas ocasiones a la edad avanzada o al estrés.

Aun así, no está exclusivamente relacionada con el envejecimiento, ya que la masa muscular aumenta durante la adolescencia y la edad adulta, llegando a su pico máximo a los treinta años. Por lo general, los pacientes que padecen sarcopenia tienen más de sesenta años y un estilo de vida sedentario, con hábitos alimentarios poco saludables, tabaquismo y/o alcohol. En el envejecimiento se da una pérdida gradual de masa muscular y un aumento de la masa grasa, acompañado, por tanto, de aumento del peso corporal.

Esta pérdida de masa muscular se observa también durante la obesidad, aunque no siempre se puede considerar sarcopenia. Como ya sabemos, no todo es blanco o negro y es por ello por lo que la sarcopenia puede presentarse con la obesidad, aunque no todas las personas obesas sean sarcopénicas, ni todas las sarcopénicas son obesas.

La obesidad sarcopénica se define como la coexistencia de sarcopenia y obesidad, donde se da un aumento de la masa grasa (obesidad) junto a la disminución y la funcionalidad de la masa muscular (sarcopenia).

Normalmente, el IMC se usa para determinar el grado de obesidad, pero no es un buen indicador de obesidad sarcopénica en los adultos, menos aún en pacientes durante la vejez, porque no tiene en cuenta la pérdida de masa muscular que se da de manera natural con el aumento de la edad.

La debilidad muscular relacionada con la sarcopenia da como resultado una disminución de la actividad física y un aumento de la inflamación, la cual afecta negativamente al tejido graso, que aumenta, y que provoca que se mezcle con el tejido muscular y se desencadene una respuesta inflamatoria. Sería como una pescadilla que se muerde la cola: a menor actividad física, menor gasto de energía, mayor debilidad y aumento de la respuesta inflamatoria, las cuales incitan a que la actividad física sea menor.

La obesidad sarcopénica es una nueva categoría de obesidad en los adultos y existe evidencia de que se asocia con niveles más altos de factores de riesgo cardiovascular y un mayor riesgo de mortalidad que la obesidad o sarcopenia por separado. Como podrás imaginar, la interacción entre sarcopenia y la tendencia al alza de la obesidad en una población que envejece está emergiendo como un importante problema de salud pública.

4.2. Afectación del sistema osteoarticular y muscular

La obesidad ejerce numerosos impactos sobre el organismo, no sólo a nivel molecular, sino que también es responsable del deterioro de la movilidad, afecta negativamente al descanso y al desempeño de las actividades de la vida cotidiana y altera la percepción del dolor. De manera generalizada, aquellas personas que presentan obesidad o sobrepeso perciben su estado de salud general y el dolor corporal de manera más intensa y negativa que la población no obesa.

Para entenderlo, debemos recurrir a definir qué es la carga pasiva corporal, o aquel peso que el cuerpo soporta para mantenerse en pie. En personas con obesidad, su masa se ve aumentada, por lo que se incrementa esa carga y se afecta la estructura, densidad e incluso disposición de los huesos. Podríamos visualizarlo imaginando un puente: la carga pasiva es aquélla que hace que éste se mantenga en pie y, en una persona obesa, tenemos que pensar que existe un atasco de vehículos sobre él. Si nos imaginamos los coches yendo y viniendo sobre la estructura del puente, al final quedará afectada por la suma de fuerzas en distintas direcciones.

Ahora sabemos que, al aumentar la masa grasa corporal, ésta puede ser relacionada como un factor de riesgo para padecer problemas óseos. La obesidad se correlaciona con problemas de movilidad y más riesgos de padecer caídas que en la población no obesa, aumentando por tanto el riesgo de fracturas.

El aumento de la masa grasa puede alterar y ser causante de diversas enfermedades inflamatorias, como la artritis reumatoide, patología que cursa con dolor, deformidad y dificultad en los movimientos de una articulación. Comparando un grupo de obesos frente a otro normopeso, en ambos, en presencia de la enfermedad, se ha observado un aumento en el número de articulaciones inflamadas y mayor presencia de dolor en aquellas personas obesas, es decir, la inflamación viene modulada por la cantidad de masa grasa que tienen los pacientes con artritis reumatoide. En personas obesas hay un incremento de masa en el tejido adiposo, que deriva en un aumento de producción de sustancias inflamatorias que aceleran el desgaste articular. Además, cuanta mayor carga soporte una articulación, mayor presión recibirá y, por tanto, tendrá más probabilidades de desgastarse.

Figura 4.2. La obesidad afecta al sistema musculoesquelético

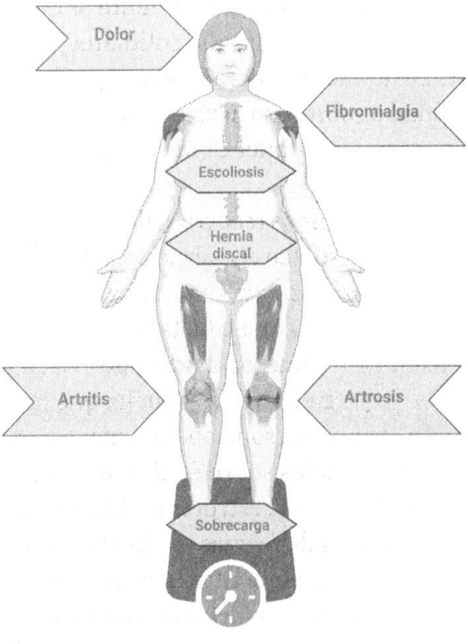

Fuente: Creado con BioRender.com.

Respecto a la artrosis, o desgaste de las superficies articulares, no está únicamente asociada a factores mecánicos como pasa en las articulaciones del tren inferior. Es fácil pensar que las rodillas de una persona obesa van a tener que soportar un trabajo extra, ¿verdad? Se afecta de manera notable el riesgo de padecer procesos degenerativos en rodillas, ya que el aumento de sólo 5 kilos de peso corporal llega a incrementar un 35 por ciento el riesgo de padecer problemas articulares en ellas. Independientemente de cómo sea de severa la imagen radiológica, tener un IMC superior a 30 kg/m^2 garantiza la aparición de dolor en rodillas. Además, debido al proceso inflamatorio que desencadena la propia obesidad, podemos observar la aparición de artrosis en aquellas articulaciones que incluso no soportan carga, como es el caso de las manos.

La obesidad es un factor contribuyente al aumento de prevalencia de la degeneración discal, que conlleva a la reducción del espacio entre dos vértebras por aplastamiento del disco intervertebral, acompañándose en algunos casos con la formación de osteofitos o salientes de hueso dentro de la articulación como proceso reparativo, llegando en ocasiones a provocar estrechamiento en el canal medular. Es importante que no te alarmes, ya que no deja de ser un proceso natural que con el paso de los años toda la población termina padeciendo. Sin embargo, el problema surge en personas obesas ya que esta degeneración ocurre de manera más abrupta.

Existe una fuerte evidencia que determina que la obesidad se correlaciona con la aceleración del desgaste de los discos intervertebrales de la región lumbar, lo que deriva en la aparición de dolor en esa región que puede estar o no acompañado de dolor ciático o irradiado. Inicialmente se creía que el estrés mecánico producido por el exceso de carga sobre la columna y sobre los discos lumbares era la causa principal de aparición de los síntomas arriba descritos; sin embargo, estudios recientes lo relacionan más con la presencia de un estado inflamatorio crónico, común en personas obesas, insuficiencia en la vascularización del disco o que esté relacionado con factores genéticos. El disco intervertebral de por sí cuenta con un sistema avascular, es decir, no dispone de un sistema de capilares propios que le provean de nutrientes, sino que capta de manera indirecta, mediante un mecanismo de difusión, los procedentes de la vascularización vertebral, lo que lo hace muy vulnerable a la isquemia. Si se interrumpe o se dificulta el aporte de sangre y nutrientes a las vértebras, los discos intervertebrales serán los principales afectados al estar en segunda línea de perfusión.

La pérdida de masa muscular en el tronco y en las extremidades inferiores suponen un riesgo de padecer dolor lumbar; sin embargo, no existe un consenso claro de que la obesidad sea la causante directa de aparición de dolor lumbar, aunque sí puede retrasar la recuperación.

4.3. Otras afectaciones

La obesidad se ha encontrado estrechamente relacionada con la fibromialgia, ya que cerca del 32-50 por ciento de estos pacientes presentan además obesidad, y el 21-28 por ciento tienen sobrepeso. Se define la fibromialgia como dolor musculoesquelético difuso, crónico y que afecta a varias regiones del cuerpo. Para su diagnóstico se exploran mediante la palpación diversos puntos, de los cuales al menos once de los dieciocho totales deben dar síntomas. Además, la fibromialgia se asocia con la alteración del patrón de sueño, fatiga crónica, cefaleas, alteraciones cognitivas y alteraciones gastrointestinales, entre otras.

La obesidad genera la persistencia de la enfermedad e incluso la hace más severa, observándose además que influye en que el dolor y la fatiga sean mayores. No es de extrañar, por tanto, que se haya observado en los pacientes obesos o con sobrepeso un aumento de la sensibilidad en la presión de los puntos de dolor de la fibromialgia y una disminución de la fuerza muscular.

La obesidad también puede dificultar que una persona realice un trabajo manual con mucho detalle, pequeño o minucioso, ya que afecta de manera directa al proceso de integración sensorial mediante la realización de una tarea de coordinación visomotora, es decir, aquellas habilidades de procesamiento de información visual acompañado del movimiento motor fino o, para que lo entiendas mejor, la habilidad que nos permitiría realizar actividades en las que empleemos de manera simultánea los ojos con las manos. Un ejemplo sería pintar, jugar a videojuegos e incluso seguir una clase de ejercicio mientas miras al profesor e intentas calcar sus movimientos. La coordinación vista-movimiento tiene una función importante para poder sincronizar con la función ejecutiva, es decir, es necesaria para poder realizar con éxito tareas simples como el agarre. Son necesarias las habilidades de coordinación adecuada entre la velocidad y la precisión del movimiento ya que, si se presentan dificultades a este nivel, las actividades básicas de la vida diaria se verán mermadas (alimentarse, vestirse). No es de extrañar, por tanto, que las personas obesas presenten una alteración en la precisión del movimiento y dificultades para mantener el balance entre la velocidad y la precisión en el control del movimiento.

El equilibrio, definido como la capacidad de mantener el centro de gravedad dentro de la base de sustentación, requiere de una adecuada detección a nivel sensorial para que sea integrada por nuestro sistema nervioso central y que como resultado dé una respuesta de acomodación y adaptación al estímulo. Tradicionalmente se ha considerado como una respuesta automática de nuestro cuerpo, pero ahora se sabe que la atención desempeña un papel importante en el control de la postura.

El exceso de masa grasa modifica la geometría corporal, por lo que afecta de manera directa a la biomecánica y genera limitaciones en el movimiento, lo que lo hace más propenso a la lesión. Es por eso por lo que el equilibrio se ve afectado en personas obesas frente a no obesas, e incluso se ve agravada en mayor medida cuando retiramos el estímulo visual y se cierran los ojos.

4.4. Obesidad infantil

Se calcula que en torno a un 13 por ciento de la población de edades comprendidas entre ocho y diecisiete años son obesos y que un 40 por ciento presentan sobrepeso. Durante la pubertad, la masa grasa aumenta considerablemente en el sexo femenino, hasta un 13 por ciento, mientras que en el sexo masculino disminuye cerca del 4 por ciento, representando el 25 y el 20 por ciento del peso corporal en mujeres y hombres jóvenes, respectivamente.

Aunque el IMC es el método más empleado para medir la obesidad ya que presenta una buena correlación con la masa grasa, en el caso de los niños sería más indicado basar la medición en la circunferencia de la cintura y el índice de conicidad, que son capaces de determinar la cantidad de grasa localizada que existe en la parte más central del cuerpo.

El gasto energético en los niños crece hasta el final de la pubertad, ya que además durante el crecimiento aumenta la masa muscular de manera notable. Sin embargo, el nivel de actividad física está disminuyendo entre los adolescentes, entre otros motivos por el impacto que la televisión, los móviles y las tablets ejercen sobre esta población.

La niñez es un período clave para la diferenciación de los estilos de vida y está marcada por la actividad física de los progenitores. Por norma general, aquellos niños que son más delgados realizan actividad física durante más de dos horas, mientras que los niños con tendencia a la obesidad no llegan a la hora de entrenamiento físico. Está comprobado que, a mayor actividad, mayores son las aptitudes al esfuerzo (coordinación y resistencia).

No es de extrañar, por tanto, que la obesidad en los niños acarree numerosas complicaciones, tales como:

- Peor desarrollo motor grueso, también definido como aquellas habilidades que se adquieren de manera innata para poder moverse de manera armoniosa, sincronizando sus músculos de tal modo que pueda caminar y mantenerse erguido. Igualmente, aquellos niños que se mantienen activos, ya sean obesos o no, tienen unos resultados mejores en cuanto a agilidad que aquéllos que son sedentarios.
- El rendimiento es hasta un 25 por ciento menor en niños con obesidad, pues movilizan peor la masa grasa que los niños de complexión delgada.
- Aparecen complicaciones respiratorias y trastornos en el sueño debido a que los niños obesos tienden a dormir menos horas durante la noche y tener poca actividad durante el día, favoreciendo la aparición de la disnea por esfuerzo, definida como la sensación de falta de aire cuando se realiza un esfuerzo.

Respecto a las complicaciones o comorbilidades asociadas a la obesidad infantil del aparato locomotor, las más frecuentes son las siguientes:

- Afectación de extremidades inferiores por sufrir mayor carga mecánica, especialmente tobillos y rodillas, las cuales producen dolor por microlesiones. Incluso se producen desalineaciones en las piernas, por lo que se reparte la carga de manera desigual. De esta manera se genera tensión en las articulaciones y desgaste en el cartílago, zona que amortigua las superficies articulares generando patología degenerativa e incluso un mal patrón de la marcha.
- Afectación de la cadera ya que sufre fuerzas en forma de cizalla, presente en cerca del 80 por ciento de los niños obesos. El alto peso corporal favorece que la cabeza femoral se deforme y tiene difícil solución, ya que las ayudas externas o férulas de descarga ayudan poco en obesos.
- Riesgo de sufrir fracturas ante un traumatismo, por la disminuida masa ósea en comparación con el tamaño del cuerpo.
- Afectación en la estructura de los pies por el aumento de la carga total que cae sobre ellos, que provoca un excesivo estrés sobre los mismos, lo cual aumenta la posibilidad de tener pies planos. Alteran el equilibrio estático y la marcha, generando dolor desde la columna lumbar en cadena hasta el propio pie. A veces incluso ese exceso de carga sobre el pie plano puede llegar a generar que la fascia plantar aumente de grosor y se desencadene una fascitis plantar secundaria.
- Afectación de la postura por el exceso de grasa localizado en el abdomen, modificando el centro de gravedad.
- La obesidad favorece la inflamación, por lo que es común observar tendinopatías incluso en población joven. Otra vez como consecuencia de un origen mecánico por la carga en exceso que soportan los tendones (en el caso del aquiles, rotuliano y plantar) e incluso en zonas sin carga, como en el hombro, empeoran el pronóstico.

La edad infantil es un período en el cual se suceden cambios en el organismo de manera constante, y en el que cualquier trastorno es decisivo (en este caso el de padecer obesidad), porque en un futuro determinarán la aparición de trastornos asociados al desarrollo.

Aquellas afecciones que generan algún tipo de malformación en el tejido musculoesquelético persisten con toda seguridad durante la edad adulta si no se logran corregir a tiempo. Sin embargo, el riesgo de padecer comorbilidades es evitable si se trata en esta edad, por lo que, de poder corregirse en fases tempranas, supondrá un menor impacto en la edad adulta. Algo parecido pasa cuando se crea el vidrio con la técnica de moldeado, donde la mezcla se encuentra a altas temperaturas y es maleable, como ocurre en la niñez, momento de introducir cambios para repercutir de manera positiva o negativa en la edad adulta.

ALTERACIONES LOCOMOTORAS EN LA OBESIDAD

Tu cuerpo, tu jaula

OBESIDAD SARCOPÉNICA

La sarcopenia (o pérdida de masa muscular) es una afectación muy común en pacientes con obesidad. La cantidad de músculo que se pierde es sustituida por grasa, dando lugar a debilidad generalizada del organismo.

AFECTACIÓN ÓSEA

El incremento de masa grasa trae consigo problemas en los huesos: inflamación de las articulaciones (artritis reumatoide), desgaste de las superficies articulares (artrosis), desgaste de los discos intervertebrales... Son el comienzo de procesos inflamatorios que acabarán convirtiéndose en dolor.

DOLORES MUSCULARES

Ante la pérdida de masa muscular y/o presencia de afectación ósea, aparecen las molestias musculares: desde lumbalgia hasta dolor de rodillas, pasando por el dolor de manos.

OTRAS AFECTACIONES

Hay estudios que relacionan la obesidad con la fibromialgia, haciendo que el dolor y la fatiga sean mayores que en población no obesa.
Los problemas de coordinación y equilibrio también se hacen más notables en situación de obesidad.

OBESIDAD INFANTIL

Es el momento clave para definir el estilo de vida saludable. En estas edades podemos encontrar disminución del rendimiento al esfuerzo, problemas respiratorios y afectaciones musculares de las extremidades inferiores.

5

Obesidad y tejido adiposo. El despertar de la grasa

Almudena García Carrasco

Cartucheras, barriguita cervecera, michelines... Los depósitos grasos no necesitan presentación. Han sido identificados y caracterizados de manera popular a lo largo de los tiempos, según su localización o sus connotaciones, unas veces han sido motivo de orgullo social y otros han generado la eterna necesidad de deshacernos de ellos. Pero ¿sabemos realmente cómo se comporta el tejido adiposo, ese inquilino a veces incómodo?

Como ya sabrás, el tejido adiposo actúa como almacén de grasas (conocidas de manera más técnica como *lípidos*). Esta acumulación de lípidos se realiza en las células propias del tejido adiposo, denominadas adipocitos, y cumple varias funciones que iremos desgranando a continuación, tales como constituir un reservorio de energía en forma de grasa, actuar como aislante térmico y mecánico y, en algunos casos, puede incluso llegar a actuar como fuente de calor. Tradicionalmente se creía que el adiposo era un tejido bastante soso, inactivo, y que simplemente constituía un almacén donde poder retirar de la circulación la energía ingerida con la última hamburguesa, pero, nada más lejos de la realidad, es un tejido metabólicamente muy activo, responsable de la homeostasis energética del organismo y capaz de influir en otros órganos mediante la liberación de unas moléculas denominadas adipoquinas.

5.1. Clasificación y características básicas

El tejido adiposo puede clasificarse atendiendo a distintos criterios. Si realizamos la clasificación por su histología, hablamos de tejido adiposo blanco, tejido adiposo marrón y tejido adiposo beige. Recibieron este nombre por el aspecto que presentan al ser observados al microscopio. Así, el tejido adiposo blanco está compuesto por adipocitos que almacenan lípidos en una gran gota lipídica en el centro de la célula, de tal manera que es capaz de desplazar el resto del contenido celular a la periferia, tal y como ocurre cuando el metro está muy lleno y terminas encajonado en un rincón del vagón. Debido a que la mayor parte de la superficie (¡hasta un 90 por ciento!) está ocupada por esta gran gota lipídica, cuando lo observamos al microscopio tiene un aspecto... blanco. Siempre que hablamos de sobrepeso, obesidad, «he engordado 2 kilos...», «¡he adelgazado 50 gramos!», estamos haciendo referencia a nuestro tejido adiposo blanco, ya que es el responsable de las funciones de almacenaje y aislamiento que comentábamos anteriormente.

Este tejido adiposo blanco, a su vez, se puede clasificar en función de su localización. Podemos hablar, por tanto, de tejido adiposo subcutáneo, localizado bajo la epidermis, o visceral, que se encuentra recubriendo las vísceras. A pesar de que ambos tejidos adiposos son blancos, estos depósitos no se comportan de la misma manera y, además, están sometidos a un marcado dimorfismo sexual, es decir, que se comportan de manera distinta en hombres que en mujeres. Así, las mujeres presentan una marcada tendencia a tener un mayor tejido adiposo subcutáneo que se acumula en el pecho, los muslos y los glúteos (las conocidas popularmente como «cartucheras»). A pesar de las connotaciones algo negativas que estos depósitos puedan recibir en un plano estético en la actualidad, lo cierto es que su desarrollo favorece la sensibilidad a la insulina y previene la diabetes de tipo 2 (¡pero esto no es motivo para hacerlos crecer!). En contraposición, los hombres desarrollan un mayor tejido visceral en la zona del abdomen (es decir, la «barriguita cervecera» en la que no tiene por qué verse implicado este zumo de cebada). Este tejido tiene una mayor capacidad de lipolisis,[3] por lo que es más fácil que esta grasa se «deshaga» y se vierta a la circulación. Es responsable, al contrario que el tejido adiposo subcutáneo, de una mayor tendencia a liberar factores proinflamatorios, aumentar la resistencia a la insulina, a desarrollar diabetes tipo 2, dislipidemia o hipertensión.

Figura 5.1. Comparación entre el tejido adiposo blanco y el marrón

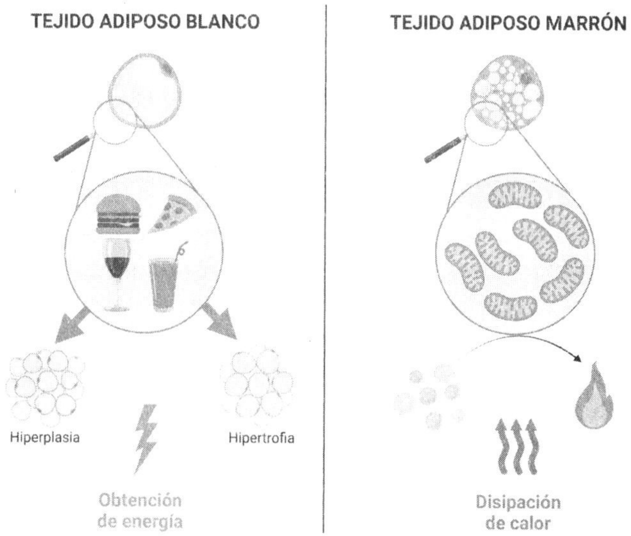

Fuente: Creado con BioRender.com.

El tejido adiposo marrón, por su parte, presenta un aspecto «oscuro» al ser observado al microscopio. Los adipocitos, al contrario que en el blanco, no presentan una única gran gota lipídica, sino que están constituidos por varias gotas lipídicas de pequeño tamaño. Además, cuentan con numerosas mitocondrias. Éstas son los orgánulos celulares responsables de generar energía mediante la combustión por oxidación de sustratos tales como los lípidos. En el caso del tejido adiposo marrón, estas mitocondrias

3. Proceso por el cual los lípidos almacenados se escinden en unidades más pequeñas que pueden ser metabolizadas para obtener la energía contenida en su estructura.

son distintas a las que presentan el resto de las células del organismo, las cuales son capaces de generar energía mediante una cadena transportadora de electrones y la generación de un gradiente de protones y electrones. En el caso de las mitocondrias del tejido adiposo marrón decimos que están «desacopladas», de tal manera que la oxidación de sus sustratos (el combustible) no genera energía, sino calor sin necesidad de temblor. La elevada irrigación de este tejido le permite transmitir este calor a la sangre y que sea repartido al resto del organismo. No es de extrañar, por tanto, que sea un tejido presente de manera especial en los animales sometidos a hibernación. En los humanos está altamente presente en los recién nacidos y se va perdiendo a medida que crecemos. También está presente en el adulto, aunque en un porcentaje menor.

Por último, el tejido adiposo beige presenta características intermedias entre ambos. Hace referencia a la aparición de adipocitos marrones dentro del tejido adiposo blanco, por lo que en inglés se denomina beige o *brite* (de *brown in white*). Se les conoce también como adipocitos marrones inducibles ya que pueden aparecer tras un mecanismo de marronización del tejido adiposo blanco, inducido, entre otros factores, por el frío.

El tejido adiposo no sólo está compuesto por los adipocitos, que en realidad sólo representan un 20-40 por ciento del total de células, sino que también incluye la fracción vascular del estroma, compuesta por preadipocitos (precursores de los adipocitos diferenciados), células madre, células endoteliales y sus precursores, y células del sistema inmunitario tales como macrófagos y linfocitos, entre otras.

5.2. Fallo en la expansión del tejido adiposo: lipotoxicidad

Como habrás podido comprobar a lo largo de tu vida, el tejido adiposo crece. Toda la energía que no has quemado procedente de la última pizza carbonara se almacenará en forma de lípidos en el tejido adiposo. ¿Esa hamburguesa con refresco extragrande y patatas con salsa barbacoa? Al adiposo. ¿El bollo del desayuno con chocolatito por dentro? Al adiposo. ¿Las patatas cuatro salsas con las tres cervezas del aperitivo? Eso es. Al adiposo.

De esta manera tu cuerpo va acumulando en el tejido adiposo toda la energía excedente, como si en lugar de deshacerte de la broza la metieras debajo de la alfombra. El problema es que el tejido adiposo, al igual que la alfombra, tiene una capacidad finita de almacenaje. Si guardas la basura bajo la alfombra lo peor que puede pasar es que un día no quepa más, te veas obligado a repartirlo por toda la casa y la visita ponga mala cara ante la falta de higiene. En el caso de tu cuerpo, las consecuencias son algo más nefastas...

La capacidad de expansibilidad del tejido adiposo es característica de cada individuo y viene determinada por factores como el número de preadipocitos y las capacidades lipogénica y vasculogénica de dicho tejido. Así, el tejido adiposo puede expandirse mediante dos mecanismos: acumulando lípidos en los adipocitos ya existentes (hipertrofia) o generando adipocitos maduros nuevos a partir de los preadipocitos (hiperplasia). Inicialmente, una dieta rica en grasa estimulará la hipertrofia de los adipocitos, pero si se mantiene en el tiempo finalmente se podrá observar la hiperplasia del tejido adiposo.

La capacidad de remodelación de la matriz (es decir, del entorno) del tejido adiposo también desempeña un papel fundamental. Esta matriz está compuesta fundamentalmente por colágeno sometido a procesos de síntesis y degradación para poder adaptarse a la evolución del tejido adiposo. En el caso de que esta remodelación no sea posible (por ejemplo, la insulina es capaz de inhibir la degradación de colágeno), los adipocitos en expansión quedarán comprimidos por una matriz rígida, lo que puede ocasionar su ruptura y que viertan su contenido celular al medio que los rodea. Para poder limpiar toda esta porquería que acaba de salir, se recluta a los macrófagos, células del sistema inmunitario que promueven la inflamación del tejido.

Una vez alcanzado su límite máximo de expansión, el tejido adiposo fracasará en su tarea principal como almacenador de lípidos y éstos se verán obligados a migrar a otros tejidos que no están preparados para recibirlos, como el hígado (donde darán lugar a un hígado graso), el riñón (donde generarán un riñón graso), el páncreas (donde generarán un páncreas graso), etcétera. Estos depósitos ectópicos de lípidos interferirán en el normal funcionamiento de estos órganos, como veremos en los próximos capítulos, mediante un proceso denominado lipotoxicidad.

Figura 5.2. Lipotoxicidad

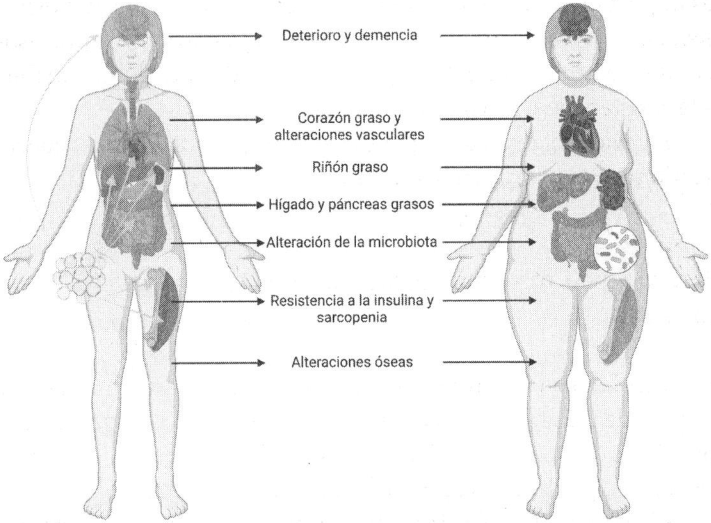

Fuente: Creado con BioRender.com.

De esta forma, los ácidos grasos libres, que ahora circulan de manera exacerbada, son capaces de activar la respuesta inflamatoria en el tejido adiposo y en los macrófagos. Cuando los lípidos alcanzan otros órganos ajenos al tejido adiposo se ponen en marcha respuestas de estrés: se genera estrés del retículo[4] y se activa la respuesta a proteínas desplegadas,[5] lo que activará la muerte

4. El estrés del retículo endoplásmico es un fenómeno que tiene por objetivo detener la síntesis proteica y evitar así la acumulación de proteínas mal plegadas. Un estrés del retículo mantenido en el tiempo está relacionado con patologías inflamatorias y degenerativas.

5. La respuesta a proteínas mal plegadas (o UPR por sus siglas en inglés, *Unfolded Protein Response*) se activa cuando se acumulan proteínas mal plegadas o desplegadas en el retículo endoplásmico. Su objetivo consiste en detener la síntesis proteica y aumentar la de chaperonas en-

celular programada o apoptosis. Los lípidos que se encuentran alrededor de las mitocondrias pueden llegar a alterar su función al ser oxidados por las especies reactivas de oxígeno que éstas producen.

Una vez que los lípidos han alcanzado otros órganos, también es importante tener en cuenta la composición de estos depósitos. Así, las dihidroceramidas pueden controlar, entre otros procesos, la muerte celular, mientras que las ceramidas pueden contribuir a la resistencia a la insulina.

La evidencia nos dice que es más importante cómo el cuerpo gestiona la grasa que cuán obeso sea.

5.3. Alteraciones en el metabolismo del tejido adiposo

Aunque la principal función del tejido adiposo sea el almacenamiento de grasa, también cumple con otras funciones de vital importancia como el control de la homeostasis energética. Es decir, regula el equilibrio energético del cuerpo.

¿Recuerdas la pizza, las patatas y el refresco que te has comido en el apartado anterior? Decíamos que toda la energía que contienen, especialmente en forma de grasa y azúcares, y que no has quemado va a terminar almacenada en forma de grasa en el adiposo (sí, los azúcares al final también terminan convertidos en grasa), pero ¿cómo? Pues una vez que los alimentos han sido masticados y digeridos, sus nutrientes llegan al intestino donde serán absorbidos. En el caso de los alimentos con un alto contenido en grasa, necesitamos de la participación de las sales biliares. Éstas son las encargadas de emulsionar las grasas, es decir, rompen las grandes gotas de grasa en gotículas más pequeñas que puedan ser absorbidas fácilmente por el intestino. Una vez que los lípidos han atravesado el intestino, van a alcanzar la sangre que los distribuirá por el organismo. Pero esto no es tan sencillo pues la sangre es eminentemente acuosa mientras que la grasa... es grasa. Son in-

---

cargadas de recuperar el plegamiento correcto. Si esto no es posible, programará la muerte celular.

miscibles, o sea, que no se mezclan. Para conseguir que los lípidos viajen a través de la sangre, el cuerpo recurre a las lipoproteínas, de las cuales sabes más de lo que crees, pues seguro que has oído hablar de aquello de «colesterol bueno» y «colesterol malo». Hay varios tipos de lipoproteínas, de las cuales vamos a conocer a los quilomicrones. Éstos son grandes vesículas que se forman en el intestino y cuya función principal es vehiculizar los lípidos (triglicéridos y colesterol) hasta el hígado y otros tejidos.

Una vez que los quilomicrones han alcanzado el tejido adiposo, se adhieren a sitios de fijación en el endotelio de los capilares. Aquí, la enzima denominada lipoproteína lipasa o LPL, por sus siglas en inglés (*Lipoprotein Lipase*) es capaz de hidrolizar los triglicéridos que éstos contienen en sus componentes básicos: glicerol y ácidos grasos. Ahora los quilomicrones pasan a ser llamados remanentes de quilomicrones, más pequeños y ricos en ésteres de colesterol y que serán captados por el hígado.

El hígado es fundamental en este tráfico de lipoproteínas, pues no sólo las «recibe», sino que también es capaz de sintetizarlas. Puede sintetizar y liberar VLDL (por sus siglas en inglés —*Very Low Density Lipoprotein*— o lipoproteína de muy baja densidad), que incluyen fundamentalmente triglicéridos sintetizados por el hígado y ésteres del colesterol y que serán captados por los tejidos. Y, por último, las LDL y HDL. Las LDL (del inglés *Low Density Lipoprotein* o lipoproteínas de baja densidad) transportan colesterol a los tejidos que cuentan con receptores de LDL, mientras que las HDL (del inglés *High Density Lipoprotein* o lipoproteínas de alta densidad) eliminan de las células el exceso de colesterol y lo devuelven al hígado, el único capaz de eliminarlo convirtiéndolo en ácidos biliares. Las LDL son lo que popularmente se conoce como «colesterol malo», porque va hacia las células, mientras que las HDL son el «colesterol bueno» porque lo retira de las células. ¡Y eso que el colesterol que transportan es la misma molécula en ambos casos!

Como ves, el tráfico de lípidos en el organismo no para, sea desde la dieta o reconduciéndolos desde otros órganos.

Pues ahora que ya conoces el plano de tráfico de lípidos mejor que el de autobuses, podemos retomar qué ocurre en el tejido adiposo cuando capta estos ácidos grasos procedentes de la degradación de los triglicéridos. Pueden ocurrir dos cosas: que los utilice o que los almacene. En este último caso, los adipocitos captarán los ácidos grasos y volverán a reesterificarlos para formar, de nuevo, triglicéridos, la forma de almacenaje de lípidos por excelencia. A este proceso se le denomina *lipogénesis*. Aunque la capacidad lipogénica del tejido adiposo es muy inferior a la del hígado, ésta aumenta durante estados obesogénicos. Es decir, cuando el consumo energético aumenta puede estimular la síntesis de triglicéridos en el tejido adiposo en un intento por almacenar de forma correcta el exceso de grasa. Los triglicéridos se incorporarán a las gotas lipídicas de los adipocitos, que se correlacionan con el grado de obesidad. Este mecanismo compensatorio no se mantiene de manera indefinida (de hecho, aparece disminuido en pacientes con obesidad mórbida), sino que terminará disminuyendo para prevenir una expansión incontrolada del tejido adiposo.

En caso de que el tejido adiposo necesite movilizar las reservas grasas, ocurrirá el proceso contrario, es decir, la lipolisis: los triglicéridos almacenados serán hidrolizados de nuevo en ácidos grasos por acción de la lipasa sensible a hormonas y de la triacilglicerol lipasa (o HSL y TGL, *Hormone Sensitive Lipase* y *Triacyglycerol Lipase*, respectivamente, por sus siglas en inglés). Estos ácidos grasos podrán ser liberados a la sangre y transportados hasta otros órganos, que los utilizarán como combustible mediante su oxidación en la mitocondria.

Respecto a la lipolisis, exacerbada en la obesidad, la expresión de la TGL y de la HSL aparece reducida tanto en estados obesogénicos como de resistencia a la insulina. Este proceso se produciría en individuos sanos en un estado de necesidad energética, ya que se movilizan las reservas de lípidos hacia su oxidación, al contrario que en un individuo obeso. Aunque la lipolisis se puede ver reducida durante la obesidad al producirse una reducción en la sensibilidad a las catecolaminas en el tejido adiposo, no es suficiente para compensar el aumento basal de este proceso en individuos obesos, lo que favorece un flujo constante de ácidos grasos libres al torrente circulatorio.

5.4. Inflamación

Te acabas de dar con el pico de la mesa en la cabeza. ¡Vaya golpe y vaya chichón! Pero ¿qué es un chichón? ¿De qué está relleno? ¿Estás mutando? En realidad, no. Cada vez que tenemos una lesión (un golpe, una herida...), una parte de nuestro cuerpo se ve afectada. En el caso de una herida abierta, pueden entrar bacterias, mientras que si nos damos un golpe puede ser que alguna célula que otra o algún capilar se hayan roto en el proceso. Por unas causas o por otras, lo cierto es que empieza a acumularse basura, residuos, en la zona afectada que es necesario limpiar. Para ello, tenemos todo un ejército de células pertenecientes al sistema inmunitario: macrófagos, linfocitos T, linfocitos B... que se van a encargar de protegernos de posibles infecciones y de eliminar cualquier resto que no deba estar ahí. Con tantos sujetos concentrados en la misma zona, no es de extrañar que aquello crezca y dé lugar a lo que conocemos como inflamación.

Inflamación viene del latín *inflammatio* ['encender', 'hacer fuego'] y suele llevar asociado el enrojecimiento y calentamiento de la zona afectada, ya que los vasos sanguíneos se dilatan para favorecer la llegada de las células del sistema inmunitario. No es de extrañar, por tanto, relacionarla con una hinchazón, como en un chichón, pero lo cierto es que la inflamación no tiene por qué verse de manera tan evidente. A partir de ahora, en la vida y en el libro, deberás tener en cuenta que la inflamación hace referencia a una situación en la que las células del sistema inmunitario se acumulan en una zona.

Esto es lo que pasa durante la obesidad en el tejido adiposo, pero también en todo el cuerpo, tal y como leerás en otros capítulos.

La inflamación que se produce en la obesidad no tiene las mismas características que un proceso agudo, es decir, no es una respuesta rápida y marcada, sino que es de bajo grado, pero constante. De hecho, los factores inflamatorios que se vierten a la sangre no sobrepasan los valores subclínicos, por lo que mediante una analítica no veríamos nada anómalo. Y, sin embargo, está ahí.

La inflamación en obesidad se considera iniciada ya en el intestino. Tenemos millones de inquilinos en nuestro intestino y, literalmente, no podemos vivir sin ellos. No sólo es importante su presencia, sino su tipo. Cada vez se publican más artículos que estudian la microbiota (es decir, la composición de organismos que tenemos alojados en el intestino) y el papel fundamental que desempeña en el establecimiento y el desarrollo de muchísimas enfermedades (algunas de las cuales ni siquiera parecen tener relación a simple vista con un intestino). En el caso de la obesidad, el sistema endocannabinoide permite aumentar la permeabilización del intestino, por un lado, mientras que la presencia de bacterias tipo Gram – aumentan la producción de una molécula proinflamatoria, el lipopolisacárido (o *Lipopolysaccharides*, LPS por sus siglas en inglés).

Cuando se inicia una dieta rica en grasa, los primeros soldados que aumentan en número dentro del tejido adiposo son los neutrófilos. Su función consiste simplemente en liberar factores quimiotácticos, es decir, señales que atraigan a otras células del sistema inmunitario (como los macrófagos), por lo que su aumento es sólo transitorio.

Una vez que los macrófagos han detectado esas señales de humo, acuden rápidamente a la llamada. Su número no sólo se incrementa dramáticamente en el tejido adiposo de las personas obesas, sino que también esta población se polariza. Es decir, en un estado de salud, la mayoría de estos macrófagos son de tipo antiinflamatorio, pero durante la obesidad aumenta drásticamente el número de macrófagos proinflamatorios. Los macrófagos, como su nombre indica, se dedican a comer (o dicho de manera más técnica, a fagocitar). Por tanto, no es de extrañar que estén especialmente presentes en las estructuras con forma de corona: cuando un adipocito crece, y crece, y crece (es decir, se hipertrofia) y muere, su contenido lipídico escapa de su interior. Los macrófagos, que son los robots aspiradores del cuerpo, se tragan esos restos lipídicos liberados por los adipocitos necrotizados. Lo deja todo limpito, es cierto, pero en este proceso se convierten en las denominadas células espumosas,[6] que secretan factores inflamatorios (como la IL-6 o TNF-α, que ya te sonarán). Estos macrófagos también participan en la hipertrofia y muerte de otros adipocitos, por lo que se genera un ciclo sin fin de muerte, destrucción, despliegue de robots aspiradores, limpieza y vuelta a empezar.

6. Las células espumosas te sonarán por estar implicadas en la formación de placas de ateroma.

En el tejido adiposo también encontramos linfocitos. Algunos de ellos poseen marcadores que no se encuentran en ningún otro tejido, es decir, son exclusivos del tejido adiposo. Las células T CD4+, un tipo de linfocito, participan en la polarización de los macrófagos (de antiinflamatorio a proinflamatorios), ya que la leptina liberada por los adipocitos estimula la producción de interferón en los linfocitos.

A lo largo del capítulo hemos hablado de la acumulación de derivados lipídicos, los depósitos ectópicos en otros órganos, el estrés del retículo, la respuesta a proteínas mal plegadas, las especies reactivas de oxígeno y la alteración de las mitocondrias. Todos ellos son factores capaces de activar la muerte celular por piroptosis, uno de los tipos de muerte celular con un alto componente inflamatorio que no hará otra cosa que contribuir (aún más) al estado inflamatorio propio de situaciones obesogénicas.

5.5. Alteraciones en la función endocrina

Tal y como has leído al inicio de este capítulo, el tejido adiposo puede comunicarse con otros órganos mediante la liberación de adipoquinas.

La adipoquina por excelencia es la leptina. El tejido adiposo libera leptina, que viaja hasta regiones cerebrales tales como el hipotálamo, el hipocampo y el tronco del encéfalo, donde regula la sensación de saciedad mediante la estimulación de neuronas anorexigénicas, la termogénesis, el gasto energético, y la homeostasis y metabolismo de glúcidos y lípidos. Sus niveles aumentan según aumenta la masa grasa del individuo, lo que nos llevaría a pensar que las personas obesas deberían presentar unas señales de saciedad más elevadas, pero no es así. Los pacientes obesos presentan resistencia a la leptina, es decir, las neuronas no son capaces de responder a ella. Al mismo tiempo, por mucha leptina que produzca su tejido adiposo, el paso de ésta hacia el líquido cerebroespinal se reduce en un 80 por ciento.

La resistina también ve incrementados sus niveles junto con los de masa grasa, lo que deriva en un aumento del reclutamiento de leucocitos al tejido adiposo y contribuye, por tanto, a la inflamación de éste. La adiponectina, por su parte, tiene un papel protector al estimular la diferenciación de preadipocitos y facilitar la expansión del tejido adiposo. Por desgracia, sus niveles disminuyen en la obesidad.

El tejido adiposo también es capaz de liberar moléculas proinflamatorias. La interleuquina 6 (o IL-6) participa en esta disminución de los niveles de adiponectina. El tejido adiposo visceral es capaz de sintetizar y liberar el 30 por ciento de la IL-6 circulante, por lo que... a más grasa visceral, mayores niveles de IL-6. Es, también, responsable de disminuir la síntesis de receptores de insulina, por lo que contribuye a la resistencia a esta hormona. Los niveles de factor de necrosis tumoral alfa (*Tumor Necrosis Factor Alpha*, TNF-α por sus siglas en inglés, otra de las moléculas inflamatorias por excelencia) también aumentan junto con la masa grasa del individuo.

Pero no acaba aquí la cosa. El cuerpo cuenta con un sistema denominado sistema renina-angiotensina-aldosterona que implica a varios órganos (riñón, hígado, pulmones...) y cuyo objetivo es el control de la presión sanguínea, entre otros. Ante una pérdida de líquidos corporales, como en una hemorragia, este sistema se activa y da lugar a un aumento del tono vascular y de la reabsorción de sodio y agua. Con ello, la presión sanguínea se restablecerá. Maravilloso. Pero resulta que el tejido adiposo es capaz de producir prácticamente todos los factores implicados en este sistema y, por tanto, de activarlo. Este sistema también puede activarse mediante el ácido úrico, el cual es producido por el tejido adiposo.[7] También. Todo ello conduce a la hipertensión observada en la obesidad.

5.6. Obesos metabólicamente sanos y delgados metabólicamente obesos

Como bien has leído a lo largo de este capítulo, y como leerás en los próximos, la obesidad no sólo nos afecta en el número que marca la báscula sino que tiene asociadas una serie de alteraciones metabólicas: dislipidemia (aumento de los triglicéridos en sangre con una

7. Esta producción de ácido úrico por parte del tejido adiposo se ve incrementada mediante el consumo de fructosa, presente, por ejemplo, en refrescos.

disminución de las HDL), resistencia a la insulina, diabetes e incluso síndrome metabólico, el cual se define como la presencia de al menos tres de los siguientes síntomas: obesidad central (acumulada en el abdomen), hipertensión, triglicéridos altos en sangre, bajos niveles de HDL en sangre, hiperglucemia (niveles altos de glucosa en sangre). Sin embargo y de manera sorprendente, un número reducido y afortunado de pacientes obesos no desarrollan estos síntomas, por lo que han recibido el nombre de obesos metabólicamente sanos. Es decir, son personas obesas pero su cuerpo no manifiesta ninguna de las alteraciones del tejido adiposo que hemos visto anteriormente. Todavía queda por dilucidar si los obesos metabólicamente sanos son una subpoblación dentro de la población de personas obesas o si se encuentran en el camino de desarrollar alteraciones metabólicas: al realizar un seguimiento de una población de obesos metabólicamente sanos durante 4-20 años, se observó que el 30-50 por ciento de ellos al final derivaron en obesos con complicaciones metabólicas debido, entre otros factores, a una disminución en la sensibilidad a la insulina o a un aumento de la adiposidad ligada a la edad. Es importante señalar que, aunque es cierto que estas personas están *metabólicamente* sanas, un estado obesogénico nunca supondrá un estado saludable, pues el sobrepeso y la obesidad pueden acarrear otras consecuencias, tales como daños articulares debido al peso extra que ha de soportar el esqueleto.

Aunque todavía no existe un criterio único para categorizar a los obesos metabólicamente sanos, el más utilizado los define como aquellos pacientes obesos que presentan como máximo dos componentes de los cinco que pueden caracterizar el síndrome metabólico. Debido a esta falta de criterio único, no se puede calcular la incidencia de obesos metabólicamente sanos entre la población obesa, pero lo que sí sabemos es que hay más obesos metabólicamente sanos entre las mujeres que entre los hombres; entre la población joven; en personas cuyo IMC no supera los 35 kg/m^2 y en personas con ascendencia europea. Algo es algo. Aquellos pacientes que no pertenezcan a estos grupos tienen más riesgo de desarrollar complicaciones metabólicas con el tiempo.

Si comparamos el tejido adiposo de las personas obesas y de los obesos metabólicamente sanos, encontramos algunas diferencias. Por ejemplo, ambas poblaciones tienen un total de masa grasa similar pero la distribución varía entre ellas: los obesos metabólicamente sanos tienen un menor porcentaje de tejido adiposo visceral y un menor contenido intrahepático de triglicéridos. En cuanto a su tejido adiposo subcutáneo abdominal, se ha observado que la adipogénesis aparece estimulada, con unos adipocitos más pequeños que en la población obesa con complicaciones metabólicas. La inflamación también aparece disminuida en los obesos metabólicamente sanos, mientras que sus niveles de adiponectina son significativamente más altos.

En contraposición a éstos encontramos a los delgados metabólicamente obesos, que fueron definidos por Ruderman como individuos cuyo peso corporal está dentro de la normalidad, pero presentan alteraciones metabólicas asociadas a la obesidad. Constituyen entre el 5 y el 45 por ciento de las personas normopesas y pueden presentar hiperinsulinemia, hipertrofia de los adipocitos o hipertrigliceridemia. Este grupo todavía requiere de una mayor investigación y un mayor consenso, especialmente en la unificación de criterios para su caracterización.

5.7. El tejido adiposo marrón para revertir la obesidad

Es duro pasar frío, ¿verdad? Hacemos todo lo posible por evitarlo, nos abrigamos con el último modelo de forro polar de colores chillones, nos hacemos un té caliente (mucho menos calórico que un chocolate con churros por mucho que te apetezca), y arrimamos las manos a cualquier fuente de calor que podamos. A veces esto no es suficiente, y el cuerpo se ve obligado a sacar la artillería pesada. Si todo lo anterior no funciona, lo primero que nos ocurre es que comenzamos a tiritar. Con esta activación muscular, conseguimos generar calor, pero a veces tampoco es suficiente. Si bien es cierto que el temblor aparece en primer lugar, llega un punto en el que desaparece y es sustituido por la termogénesis sin temblor de la que, como veíamos al inicio del capítulo, es responsable el tejido adiposo marrón al contar con mitocondrias desacopladas.

Tras la exposición al frío, la termogénesis en el tejido adiposo marrón se activa mediante señales que nacen en el hipotálamo y que son transmitidas a través del sistema nervioso simpático. La noradrenalina es la primera responsable en activar este proceso en los adipocitos marrones.

El tejido adiposo marrón no se libra de las alteraciones sufridas durante la obesidad. Al igual que el tejido adiposo blanco, muestra una inflamación de bajo grado que, junto con un aumento de factores proinflamatorios, contribuye a que disminuyan los niveles de UCP-1 (del inglés *Uncoupling Protein*) y con ello la termogénesis.

Como hemos visto, el tejido adiposo marrón es capaz de generar calor a partir de la oxidación de triglicéridos, sin que los niveles de ácidos grasos libres aumenten en la sangre. No es de extrañar, por tanto, que el tejido adiposo marrón haya estado en el centro de todas las miradas a la hora de resolver la obesidad. Ya en los años treinta del siglo pasado a alguien se le ocurrió estimular la termogénesis en este tejido mediante la administración del compuesto 2,4 dinitrofenol, un desacoplador de la respiración mitocondrial. La idea era buena, el problema es que esta molécula no era específica del tejido adiposo marrón, sino que alcanzaba todos los tejidos y desacoplaba las mitocondrias de todo el cuerpo por lo que comenzaron a aparecer efectos secundarios importantes y tuvo que ser retirado. Desde entonces se han probado (y se siguen probando) moléculas que permitan estimular de manera específica la termogénesis en el tejido adiposo marrón. Los resultados hasta el momento no han sido muy prometedores. Por otra parte, la inducción de la marronización del tejido adiposo blanco (para conseguir generar un tejido adiposo beige) tampoco parece ser la panacea. Los resultados obtenidos con ratones de experimentación no son reproducibles en humanos, tal vez por las diferencias entre las especies, tal vez porque algunas de las vías estudiadas no son exclusivas del tejido adiposo, o porque la termogénesis en humanos no es lo suficientemente alta como para compensar el acúmulo energético.

A falta de encontrar la piedra filosofal, lo único que nos queda es pasar frío: el tejido adiposo marrón humano se estimula con temperaturas medias, en torno a los 16 °C o metiendo una mano en agua fría (en torno a los 20 °C). Si estos métodos pueden contribuir a reducir la obesidad o la resistencia a la insulina asociada a ella, todavía está por ver, por lo que de momento debes continuar manteniendo un estilo de vida saludable. Por tu bien.

OBESIDAD Y TEJIDO ADIPOSO

El despertar de la grasa

EL TEJIDO ADIPOSO ALMACENA GRASA

Es el principal tejido encargado de almacenar el exceso de calorías ingeridas en forma de grasa, que será movilizada cuando se necesite.

LIPOTOXICIDAD

Cuando el tejido adiposo no puede almacenar más grasa, ésta se escapa a otros órganos que no están preparados para almacenarla, lo que altera su función.

LA OBESIDAD ALTERA LAS FUNCIONES DEL TEJIDO ADIPOSO

Un almacenamiento exagerado de grasa en el tejido adiposo blanco conlleva la alteración de sus funciones: aumenta la síntesis de grasa y la inflamación, disminuye su utilización y se alteran los factores secretados.

TEJIDO ADIPOSO MARRÓN

Puesto que el tejido adiposo marrón es capaz de generar calor mediante la combustión de grasa, se ha sugerido que su estimulación pueda convertirse en parte de la terapia antiobesidad.

OBESOS METABÓLICAMENTE SANOS

Algunas personas, a pesar de su obesidad, no muestran complicaciones metabólicas derivadas de ello, aunque se cree que esta situación es temporal y terminarán desarrollándolas.

6

Obesidad y músculo. Guerra de titanes

María Teresa Barrús Ortiz

6.1. Fisiología de la fibra muscular esquelética

El conjunto de los músculos esqueléticos representa el 40 por ciento del peso del cuerpo y están formados por células musculares que se denominan fibras musculares esqueléticas (células de gran tamaño, alargadas y cilíndricas que se disponen en paralelo al eje longitudinal del músculo). Las fibras forman fascículos, entre los que hay depósitos de colágeno, proteínas elásticas, nervios, vasos sanguíneos y tejido adiposo que proporciona el combustible.

Las fibras musculares esqueléticas están controladas por neuronas llamadas *motoras somáticas*. Estas neuronas son excitatorias porque producen la contracción muscular: cuando la neurona motora libera moléculas estimuladoras, las fibras se contraen, cuando deja de liberarlas los músculos se relajan. Para que se produzca la contracción, los sarcómeros se acortan debido a que los filamentos delgados se deslizan sobre gruesos consumiéndose energía en el proceso.

Ahora que ya conoces la estructura básica y cómo se contraen los músculos revisaremos los tipos de fibras que podemos encontrar en ellos y cómo hemos de alimentarlas para que funcionen adecuadamente (y no nos falte excusa para realizar ejercicio físico). Las fibras musculares consumen una gran cantidad de energía que obtienen de diferentes fuentes combustibles: fosfocreatina (un aminoácido), glucosa (un azúcar muy simple) y ácidos grasos (grasa muy simple).

Cuando se lleva a cabo un ejercicio intenso las fibras musculares realizan glucolisis anaerobia, es decir, oxidan parcialmente la glucosa en ausencia de oxígeno con lo que obtienen energía en cantidad pequeña, pero a gran velocidad, por lo que el rendimiento es limitado en el tiempo. En cambio, cuando el ejercicio es moderado y/o se está en reposo las fibras musculares realizan glucolisis aerobia (la oxidación de la glucosa en presencia de oxígeno) o beta oxidación (la oxidación de ácidos grasos en presencia de oxígeno). Cuando la glucosa y los ácidos grasos se oxidan en presencia de oxígeno, el ejercicio se puede realizar durante más tiempo y con menor intensidad, ya que se obtiene mucha más energía, aunque el proceso sea más lento.

Existen diferentes tipos de fibras musculares esqueléticas que se distinguen por la manera en la que consumen energía y en el tipo de trabajo que realizan: fibras de contracción lenta o tipo I; fibras oxidativo-glucolíticas de contracción rápida o tipo IIA; y fibras glucolíticas de contracción rápida o tipo IIB.

Figura 6.1. El músculo está compuesto por distintos tipos de fibras

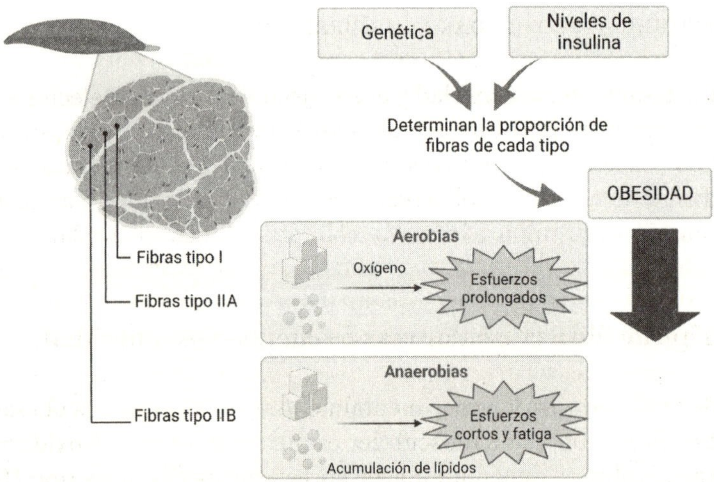

Fuente: Creado con BioRender.com.

Las fibras tipo I o de contracción lenta nos permiten mantener la postura, ponernos de pie y caminar. Así, las fibras de tipo II utilizan la energía más rápidamente, el músculo se contrae más deprisa y es capaz de hacer un esfuerzo dos veces más deprisa que las anteriores. Como era de esperar, están especializadas en la realización de movimientos rápidos, delicados y precisos. Por su parte, las fibras oxidativo-glucolíticas o tipo IIA tienen características de los dos tipos: tienen un tamaño intermedio y una mayor resistencia a la fatiga que las fibras exclusivamente glucolíticas.

Las fibras de tipo I y tipo IIA son aerobias: están ricamente vascularizadas (de hecho, se las denomina rojas debido al color que aporta tanta sangre), por lo que pueden realizar esfuerzos más prolongados.

Las fibras de tipo IIB forman los músculos blancos, ya que no cuentan con una alta irrigación, por lo que son glucolíticas anaerobias y producen H^+ (ácido) durante la producción de energía, por lo que pueden realizar esfuerzos durante un tiempo corto ya que sufren fatiga con mayor rapidez.

6.2. Alteraciones de la función del músculo esquelético debidas a la obesidad

Curiosamente, la obesidad y el envejecimiento tienen efectos similares sobre la fisiología muscular. Tal y como veremos a continuación, en las personas obesas la capacidad de los músculos está disminuida: disminuye la fuerza realizada por área de la sección muscular y disminuye la fuerza realizada por masa muscular.

Tipo de fibra muscular más frecuente en la obesidad

Se ha determinado experimentalmente que las personas obesas tienen menos fibras musculares esqueléticas de tipo I-oxidativas-aerobias y tienen un mayor porcentaje de fibras de tipo II-anaerobias-glucolíticas que las personas que tienen un peso normal o son delgadas, es decir, tienen una mayor proporción de fibras fácilmente «fatigables». No es de extrañar, por tanto, que esto dé lugar a que las personas con menor porcentaje de fibras de tipo I puedan ser más propensas a sufrir sobrepeso y obesidad, y a que las personas con sobrepeso u obesidad que tienen más fibras de tipo I pierdan peso más fácilmente.

Todavía no se conoce si la disminución del número de fibras de tipo I es consecuencia del desarrollo de la obesidad o si, por el contrario, la obesidad es una consecuencia de que la persona tenga menor número de este tipo concreto de fibras musculares.

Se sabe también que la variedad de tipos de fibras que presentan los músculos de un individuo está en parte determinada genéticamente pero también está condicionada por otros factores, como la concentración de insulina en el plasma (insulinemia). Así, se ha determinado experimentalmente que las personas con mayor insulinemia tienen un mayor porcentaje de fibras de tipo II en sus músculos. Estas fibras no usan lípidos como combustible para obtener energía y tienden a desarrollar resistencia a la insulina, un fenómeno que se explicará más adelante en este capítulo. Podemos adelantar que en las personas obesas se produce resistencia a la insulina y aumenta el número de fibras de tipo II en los músculos; como consecuencia aumentará el acúmulo de lípidos intramusculares, ya que no son usados como combustibles para obtener energía. La acumulación de lípidos en los tejidos produce alteraciones en los tejidos (lipotoxicidad) que predispone a la resistencia a la insulina.

Influencia de la obesidad en la capacidad contráctil de la fibra muscular y en el desarrollo de fuerza y fatiga muscular

La obesidad no produce alteraciones que impidan la contracción de los músculos esqueléticos, pero si se comparan con personas de peso normal, las personas obesas tienen una fuerza muscular en valor absoluto mayor, una fuerza respecto al peso corporal menor, una fuerza respecto a la cantidad de masa magra similar y una fuerza respecto al tamaño del músculo similar o algo mayor.

Sin embargo, la función global del músculo esquelético no es la adecuada debido a que el exceso de masa de tejido adiposo implica el desplazamiento de una mayor masa corporal y una gran dificultad para coordinar los movimientos. Como consecuencia, las personas obesas tienen menor capacidad de desarrollar actividades motoras complejas que requieran mover o sostener el cuerpo.

Las personas obesas más jóvenes son las que tienen menores dificultades para la realización de actividades físicas y, a medida que aumenta la edad, la función global de la musculatura disminuye. Sin embargo, si se realiza actividad física y deporte a lo largo de la vida esta disminución es menor o no aparece. Por lo tanto, existe una adaptación favorable de la función muscular al exceso de peso siempre que se mantenga la actividad física con una frecuencia e intensidad adecuadas a lo largo de la vida.

Parece pues que los distintos componentes del sistema musculoesquelético se van adaptando al aumento de masa corporal: los músculos encargados de mover el cuerpo y levantar pesos (los músculos extensores del tronco y de las piernas) se adaptan al exceso de peso y aumentan la fuerza desarrollada; la resistencia de los tendones aumenta, ya que los músculos desarrollan más fuerza y los someten a una mayor tensión; además, las personas obesas tienden a disminuir el rango de movimientos con el fin de reducir el estrés sobre las articulaciones; para ello los músculos se adaptan realizando los esfuerzos con longitudes menores.

El aumento de peso debido al aumento de la masa grasa corporal actúa como una carga externa que estimula de forma positiva al músculo esquelético: un mayor número de fibras musculares son estimuladas por las neuronas que las controlan para realizar el esfuerzo superior al trasladar una masa corporal aumentada. En el caso de los músculos de las extremidades inferiores, el exceso de peso produce una carga con un efecto similar al producido por el entrenamiento de resistencia. Sin embargo, este efecto no se observa en los músculos de las extremidades superiores.

Los estudios muestran que el aumento del índice de masa corporal y de la adiposidad está asociado a un aumento del volumen de músculo esquelético en las personas más jóvenes; probablemente este efecto sea debido a un incremento de la secreción de hormonas y citoquinas con efecto anabolizante (aumento de la síntesis de proteínas).

Papel de la inflamación y del aumento de la cantidad de tejido adiposo debidos a la obesidad en la función muscular

Como veremos a lo largo de distintos capítulos, la obesidad es una patología en la que aumentan las citoquinas proinflamatorias circulantes y que, por tanto, afecta a todos los órganos del cuerpo. Entre otros muchos factores, los ácidos grasos saturados consumidos en exceso son responsables de estimular los procesos inflamatorios patológicos. Así, en la obesidad, el tejido adiposo, incluido el intramuscular, produce citoquinas con actividad inflamatoria (interleuquina-6 o IL-6; factor de necrosis tumoral alfa o TNF-α).

Las citoquinas activan a las células del sistema inmunitario (macrófagos, linfocitos T) que forma parte del músculo, a células sanguíneas, a las propias fibras musculares y al tejido adiposo que se localiza entre las fibras musculares (tejido adiposo intramuscular) y alrededor del músculo (tejido adiposo perimuscular). Las células del sistema inmunitario activadas abandonan la circulación, se internan en el interior del músculo, localizándose principalmente en el tejido adiposo y lo activan de tal manera que, a su vez, produce citoquinas proinflamatorias. Las células del sistema inmunitario activadas también secretan citoquinas proinflamatorias. Éstas producen una disminución de la síntesis de proteínas al mismo tiempo que aceleran su degradación dentro de las células. Por tanto, al disminuir la cantidad de proteínas en las células musculares, disminuye la masa muscular y la fuerza. No es de extrañar que se haya observado en animales de experimentación obesos que los músculos presentan una menor capacidad de regeneración como consecuencia de ese estado inflamatorio.

Otras consecuencias del incremento en la biosíntesis de las citoquinas proinflamatorias son el aumento del estrés oxidativo y el desarrollo de resistencia a la insulina del músculo esquelético. Como veremos más adelante, la resistencia a la insulina ocurrirá en otros órganos además del músculo esquelético y la persona obesa finalmente desarrollará diabetes tipo 2.

Como todos los órganos de nuestro cuerpo, las fibras musculares esqueléticas también sintetizan y secretan citoquinas que tienen efectos en el propio músculo (acción local) o en otros tejidos a través de la sangre (acción sistémica). Estas citoquinas producidas en el músculo esquelético se llaman *mioquinas*. Las fibras musculares sintetizan y secretan mioquinas cuando el músculo se contrae, está activo porque realizamos actividad y, generalmente, tienen efecto antiinflamatorio y favorecen el uso de la glucosa y los lípidos. Es decir, la actividad muscular tiene un efecto beneficioso para el funcionamiento de los órganos en general y, por lo tanto, es beneficioso para la salud. Si estos argumentos te parecen insuficientes para convencerte de los beneficios de la actividad física, a continuación, tienes unos ejemplos más detallados:

- La IL-6 aumenta la sensibilidad a la insulina (que estimula el uso de la glucosa) y disminuye la inflamación.
- La adiponectina presenta efecto antiinflamatorio.
- La IL-15 aumenta la producción y secreción de adiponectina por el tejido adiposo, con lo que tiene un efecto antiinflamatorio mediante este mecanismo. Sin embargo, hay que tener en cuenta que la obesidad disminuye la producción de adiponectina y de IL-15 en el músculo, con lo que su efecto antiinflamatorio beneficioso también es menor.
- La irisina aumenta la cantidad de la proteína de membrana que transporta la glucosa al interior de las células y estimula la transformación de tejido adiposo blanco a marrón.

Vía de señalización de la insulina en las fibras musculares esqueléticas: resistencia a la insulina

Tras una comida aumenta la glucemia. Esta alta concentración de glucosa en sangre es detectada por el páncreas que libera insulina como respuesta. La insulina viaja en la sangre y se une a su receptor en la membrana plasmática de las células que lo expresan, como los miocitos. Los procesos que ocurren dentro de los miocitos tras la unión de la insulina a su receptor se denominan *vía de señalización de la insulina*. Se trata de un complejo sistema de activación en cascada de proteínas (como un efecto dominó) desde las proximidades del complejo insulina-receptor en la membrana plasmática hacia el citosol. Esta activación en cadena lleva información al interior de la célula, la amplifica y termina en el cambio metabólico celular ordenado por la hormona, es decir, se promueve la captación de glucosa sanguínea y la síntesis de glucógeno.

Para que la captación de la glucosa pueda tener lugar, una vez que el receptor de insulina ha sido activado y se ha transmitido el mensaje al interior celular, es necesario que los transportadores de glucosa se transloquen (es decir, se muden) a la membrana plasmática. A estos glucotransportadores se les denomina GLUT (en el caso del músculo encontramos concretamente el transportador GLUT4). Estos transportadores se almacenan en vesículas y se fusionan con la membrana cuando la insulina se une a su receptor, quedando expuestos en la membrana plasmática de tal manera que son atravesados por la glucosa desde la sangre al miocito.

Figura 6.2. La insulina es una hormona necesaria en la captación de la glucosa

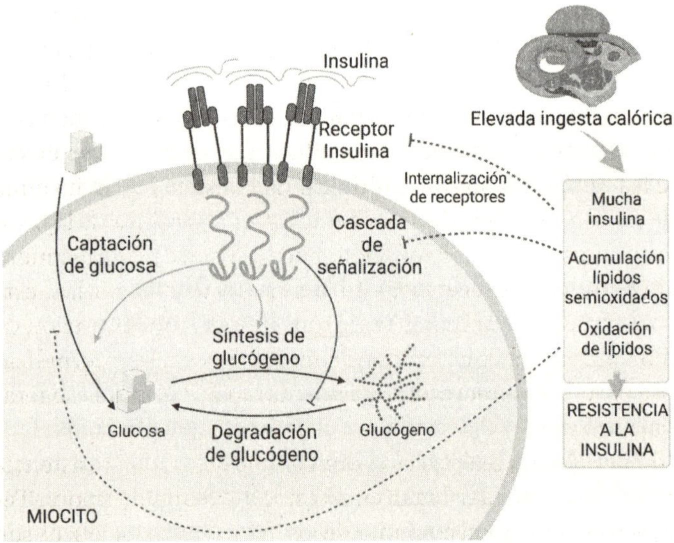

Fuente: Creado con BioRender.com.

Una vez en el interior de la célula, la glucosa tiene dos destinos: ser usada como combustible o formar glucógeno, un polímero que actúa como una reserva de glucosa para los momentos en que se precise glucosa rápida y abundante pero que no se capte en cantidad y a velocidad suficiente de la sangre. La insulina promueve la activación de la enzima que participa en la síntesis de glucógeno (glucógeno sintasa) e inhibe la enzima que la degrada (glucógeno fosforilasa).

6.3. Mecanismo de resistencia a la insulina en el músculo esquelético

Cuando los tejidos no responden a la insulina, decimos que existe resistencia a la insulina y la definimos como una situación en la que, a la concentración normal de insulina en el plasma, los tejidos diana no dan lugar a una respuesta hipoglucemiante coordinada: no disminuye la producción de glucosa endógena (a partir del glucógeno); no disminuye la lipolisis (uso de lípidos de reserva); no se capta suficiente glucosa plasmática, por lo que no se forma glucógeno. Como consecuencia se precisa más cantidad de hormona para hacer el efecto y aumenta su concentración en ayuno, lo que dará lugar a un estado de hiperinsulinemia (altas concentraciones de insulina en sangre que buscan compensar la falta de efecto de esta hormona).

Las causas por las cuales la insulina deja de ejercer su efecto sobre las células diana son múltiples. La resistencia a la insulina puede ser consecuencia de una alteración en el receptor de la insulina o en la cascada de señalización; puede deberse a una disminución del número de receptores en la membrana plasmática: este efecto podría ser consecuencia de una elevada concentración de insulina plasmática que produce como respuesta la internalización de parte de los receptores para evitar una respuesta exagerada a la hormona.

El músculo esquelético es el órgano que desarrolla resistencia a la insulina en primer lugar en obesidad y diabetes tipo 2. Teniendo en cuenta que el conjunto de los músculos esqueléticos son grandes consumidores de glucosa y que constituyen uno de los órganos más grandes del cuerpo humano, cuando desarrollan resistencia a la insulina se produce un gran impacto en la glucemia, que aumenta hasta valores patológicos: si la glucosa no puede ser internalizada por las células, permanecerá en la sangre en altas concentraciones (un estado que se conoce como diabetes).

6.4. Hipótesis que explican el desarrollo de la resistencia a la insulina en obesidad

Depósito ectópico de lípidos y lipotoxicidad

El acúmulo fisiológico de lípidos ocurre en el tejido adiposo. Como ya se ha visto en capítulos anteriores, los depósitos ectópicos de lípidos se producen en otros órganos ajenos al tejido adiposo que no están preparados para actuar como almacén de grasa, lo que interfiere con su normal funcionamiento.

En la situación de abundancia de lípidos que ocurre en la obesidad, los músculos no pueden usar todos los que están a su disposición y se produce la oxidación incompleta de parte de ellos dando lugar a ácidos grasos parcialmente oxidados que se acumulan en la mitocondria. Este acúmulo produce una disminución de la actividad de AKT (proteína implicada en la cascada de señalización de la insulina) y un aumento de la producción de especies reactivas de oxígeno (aumenta el estrés oxidativo): mediante ambos mecanismos disminuye el efecto de la insulina.

Además, la oxidación de los lípidos genera moléculas como el diacilglicerol, que se forma en exceso y activa una quinasa (nPKC),[8] que fosforilaría componentes de la cascada de señalización de manera errónea, por lo que los inactivaría y disminuiría la acción de la insulina al entorpecer la transmisión del mensaje desde el receptor de insulina hacia el interior celular. También se ha observado la formación en exceso de ceramidas constituidas por ácidos grasos saturados de cadena larga que inhiben la actividad quinasa del receptor de la insulina y aumentan la inhibición por desfosforilación de AKT, por lo que mediante estos mecanismos disminuye la acción de la insulina.

Además, también se ha observado que la resistencia a la insulina puede ser debida a que estos depósitos ectópicos de lípidos

8. Las quinasas son enzimas responsables de la fosforilación (es decir, añaden grupos fosfato) de otras proteínas. Estas fosforilaciones permiten activar dichas proteínas y continuar con la cascada de señalización y la transmisión del mensaje en el interior celular.

disminuyan la translocación de GLUT4 a la membrana, el transporte y el uso de la glucosa por los miocitos.

Otros procesos celulares afectados por el exceso de nutrientes

La sobrecarga metabólica de nutrientes, en general, y de lípidos, en particular, altera otros procesos celulares que afectarán a la vía de señalización de la insulina, disminuyendo la respuesta de la célula.

Se ha observado que aumenta la activación de un proceso implicado en la destrucción de proteínas anómalas y en el ajuste de la síntesis de proteínas a la capacidad que la célula tiene en cada momento para sintetizarlas, denominado UPR (del inglés *Unfolded Protein Response*, o respuesta a proteínas mal plegadas). Este proceso se activa cuando la estructura celular donde se forman las proteínas (el retículo endoplásmico) acumula proteínas mal formadas, defectuosas. Esta situación se llama *estrés de retículo.*

Pues bien, en los obesos se activan estas vías y esto disminuye la activación de la vía de señalización de la insulina por inhibición de IRS1 (otra de las proteínas implicadas en la cascada de señalización).

Este mecanismo que explica la resistencia a la insulina se ha descrito en el tejido adiposo blanco, en el hígado de personas obesas y en modelos animales de obesidad; sin embargo, no está claro que ocurra en el músculo esquelético.

Alteración de la función mitocondrial

En poblaciones humanas en las que se desarrolla resistencia a la insulina (envejecimiento, hijos de diabéticos tipo 2, prediabéticos, obesos) se ha observado una tendencia al almacenamiento de lípidos junto con una disminución de su oxidación como consecuencia de una disminución de la capacidad oxidativa de las células debido a que tienen menos mitocondrias y a que presentan daños estructurales en ellas. Para comprender esta consecuencia de la obesidad en el nivel de la actividad mitocondrial hay que tener en cuenta que la mayor o menor actividad de las mitocondrias depende de la concentración de ATP (energía), cuánta energía tiene la célula en cada momento y no que haya más o menos moléculas combustibles. Si no falta ATP, las mitocondrias usarán más lípidos para sintetizarlo y se acumularán.

Al contrario de lo descrito en el párrafo anterior, también se ha observado una mayor oxidación de lípidos en la resistencia a la insulina. Este aumento del metabolismo oxidativo aumentaría la producción de especies reactivas de oxígeno y de moléculas antioxidantes.

Un aumento crónico de lípidos en los miocitos es compensado por un aumento de su oxidación y una disminución de la oxidación de la glucosa. La célula favorece el catabolismo de los lípidos como fuente de energía. Sin embargo, la demanda de ATP no se encuentra aumentada, lo que pone un límite al aumento de la oxidación de lípidos y éstos se acumulan en la célula. La oxidación aumentada de los lípidos incrementa la formación de especies reactivas de oxígeno y éstas producen daños en las mitocondrias y disminuyen su actividad. La disminución de la actividad de las mitocondrias aumenta la tendencia de balance energético positivo, aumenta la acumulación de lípidos y la resistencia a la insulina.

6.5. Efectos del ejercicio y de la restricción calórica sobre las alteraciones producidas por la obesidad en el músculo esquelético

Existe una relación inversa entre la cantidad de ejercicio físico realizado y el peso corporal. Los individuos menos activos tienen mayor tendencia a ganar peso. Realizar ejercicio es beneficioso, ya que permitirá disminuir la masa corporal (masa grasa e índice de masa corporal) pues se gastarán más calorías que las que son ingeridas.

El ejercicio aeróbico aumenta el consumo de oxígeno y el metabolismo basal (aunque este efecto no se observa en todos los individuos y no siempre en obesidad), lo que significa que se gasta más energía y se consumen «grasas» acumuladas en el tejido adiposo aun estando en reposo. El entrenamiento de fuerza está asociado al incremento del consumo energético en reposo y a un consumo energético mayor en actividades aeróbicas, por lo que será necesario incluirlo en un programa adecuado de ejercicio.

La actividad física también:

- Aumenta la concentración de las hormonas catecolaminas en plasma, por lo que aumenta el consumo de glúcidos y lípidos en el ejercicio y la fuerza de contracción muscular.
- Disminuye el aumento de peso y el aumento de la masa grasa que se observa con la edad.
- Aumenta los efectos de la restricción calórica; es muy beneficiosa porque disminuye más la masa grasa y mantiene más esta disminución que la restricción sola.
- Generalmente no aumenta el apetito y tiende a disminuir la apetencia por las grasas.
- Uno de los efectos más destacables del ejercicio es la mejora de los indicadores de salud a pesar de que no se consiga bajar peso o la pérdida sea pequeña (90 minutos, 55 por ciento VO_2máx,[9] 4-5 veces por semana).
- Aumenta la sensibilidad a la insulina (también ocurre si no se realiza restricción calórica).

Las personas obesas tienen unas limitaciones para la realización de ejercicio, que van disminuyendo a medida que pierden tejido adiposo y peso:

- Aunque la intensidad del ejercicio favorece la pérdida de peso, aumenta el riesgo de lesiones por sobrecarga o de sufrir un accidente vascular. Es mejor incrementar la duración y el número de sesiones a intensidades moderadas. En cualquier caso, gozarán de mejor salud.
- Presentan intolerancia al calor, lo que requiere muy buena hidratación y la realización de ejercicios de agua en el verano.

9. VO_2máx es la cantidad máxima de oxígeno que el organismo puede absorber, transportar y consumir en un tiempo determinado.

- Presentan una movilidad dificultada, que se puede mejorar con el uso de apoyos y cambios en la ejecución del ejercicio.
- Presentan un mayor riesgo de lesiones por sobrecarga; esto hace necesario un cuidadoso calentamiento, el uso de calzado adecuado, evitar ejercicios de impacto, realizar ejercicios en el agua, aumentar la duración y disminuir la intensidad.
- Suelen sufrir dolor lumbar debido al mal estado de la musculatura abdominal y paravertebral.
- Presentan alteraciones del equilibrio por la falta de uso de los músculos y disminución de la actividad de los propioceptores.
- Aparece disnea debido a la debilidad de los músculos respiratorios; es conveniente dividir el ejercicio en tiempos cortos repetidos para aumentar las capacidades cardiorrespiratorias progresivamente.

OBESIDAD Y MÚSCULO

Guerra de titanes

ALTERACIONES EN LA COMPOSICIÓN DEL MÚSCULO

La concentración de insulina en el plasma influye en la distribución de los diferentes tipos de fibras musculares. Las personas con obesidad tienen más fibras tipo II, que no usan lípidos como combustible, y sufren mayor fatiga.

ALTERACIONES EN EL FUNCIONAMIENTO DEL SISTEMA MUSCULAR

El exceso de tejido adiposo dificulta la función del músculo esquelético: se dificulta el desplazamiento de la masa corporal y la coordinación de movimientos, se consigue menos estabilidad, aparece sobrecarga de articulaciones, etc.

EL PAPEL DE LA INFLAMACIÓN

La obesidad genera un estado de inflamación global que puede afectar a la función del músculo. No obstante, la actividad muscular tiene un efecto beneficioso, ya que la contracción del músculo produce citoquinas antiinflamatorias.

RESISTENCIA A LA INSULINA

El músculo es el órgano por excelencia donde se produce la resistencia a la insulina, situación en la que los tejidos diana de esta hormona no desarrollan la respuesta indicada, haciendo necesaria más cantidad de hormona para generar ese mismo efecto.

EFECTOS BENEFICIOSOS DEL EJERCICIO

El ejercicio físico es la mejor intervención en la obesidad pues permite: disminuir la masa corporal, la masa grasa y el apetito por masa; a la vez que permite aumentar la masa muscular y fuerza de contracción muscular, el consumo de glúcidos y lípidos en el metabolismo y la autoestima.

7

Obesidad y sistema cardiovascular. Un corazón que no cabe en el pecho

Marta Martínez Casales

7.1. ¿Qué es el sistema cardiovascular?

Seguro que has oído hablar de nuestro sistema cardiovascular, sobre todo cuando empezamos a hacernos mayores y empiezan a surgir cosillas como la tensión alta, pero ¿sabes realmente cómo funciona este sistema?

Algo indispensable en nuestras casas es el agua y, afortunadamente, todos tenemos al abrir el grifo, pero ¿cómo llega el agua ahí? Cuando nos duchamos o tiramos de la cadena, ¿por dónde se va? Pues bien, nuestras casas tienen un sistema de tuberías por el que llega el agua a nuestros grifos, un sistema de desagüe por el que se va el agua que desechamos y, aunque no lo veamos, una bomba con un motor que se encarga de impulsarla por las tuberías para que pueda llegar hasta nuestro grifo. Normalmente, esto es un circuito abierto en el que recibimos el agua de un depósito y, una vez usada, va a una fosa séptica o a una planta de tratamiento de aguas residuales; sin embargo, en algunos casos puede existir un sistema de depuración de esa agua para poder volverla a usar. Te preguntarás a santo de qué te estoy hablando de fontanería. Muy fácil, si el agua es indispensable en nuestras casas, la sangre y las sustancias que contiene lo son para nuestro cuerpo.

Nuestro cuerpo se puede comparar con un edificio formado por diferentes casas, nuestros órganos, y cada una de esas casas, a su vez, está formada por diferentes habitaciones, nuestras células. Cada órgano necesita que le llegue el agua, que en este caso sería la sangre, que contiene todo lo necesario para el funcionamiento de las células (oxígeno, nutrientes y hormonas) y, para ello, disponemos de un sistema muy similar a la fontanería de un edificio, aunque con algunas diferencias, claro está. En nuestro caso, se trata de un sistema cerrado en el que el volumen de sangre, en principio, es siempre el mismo y va haciendo el mismo circuito una y otra vez. Este volumen de sangre varía de una persona a otra en función de sus características o incluso puede cambiar en nuestro cuerpo a lo largo de nuestra vida, pero haciendo una estimación general, podríamos decir que el volumen normal de sangre en el cuerpo de un humano adulto es de unos cinco litros.

Siguiendo con la analogía de la fontanería, en nuestro edificio corporal la bomba que empuja la sangre sería nuestro corazón, del que salen unas tuberías grandes por las que fluye la sangre para distribuirse por nuestro cuerpo. Esas tuberías son nuestras arterias, dentro de las cuales destaca la aorta, la arteria más grande de nuestro cuerpo, que se irá ramificando para dar lugar a arterias más pequeñas que llegarán a todos nuestros órganos. Esas arterias más pequeñas se seguirán ramificando para, finalmente, formar los vasos más pequeños de nuestro cuerpo, los capilares, encargados de intercambiar el oxígeno, nutrientes y hormonas entre la sangre y nuestras células. Dentro de las células, la maquinaria que hay en ellas consume los alimentos que le han llegado, generando sustancias de desecho que tenemos que eliminar (por ejemplo, el oxígeno se convierte en dióxido de carbono).

Los capilares sanguíneos, además de llevar a las células lo que necesitan para vivir, se encargan de recoger lo que ya no necesitan, para llevarlo a través de otras tuberías que podrían compararse con los desagües de nuestra casa. Estas tuberías de desagüe serían nuestras venas, que devuelven la sangre a nuestros sistemas de depuración (pulmones, hígado y riñones) para limpiarla y volver a empezar el circuito, denominado *circulación sistémica*, y donde además existe otro minicircuito, llamado *circulación pulmonar*, en el que la sangre cargada de oxígeno procedente de la respiración pasa a nuestro corazón para que éste la distribuya a los demás órganos.

Sin embargo, una cosa que debemos tener en cuenta es que nuestros vasos sanguíneos no son exactamente iguales que las tuberías de un edificio. Una tubería es un tubo rígido, mientras que nuestros vasos sanguíneos pueden considerarse tuberías 2.0, ya que tienen la capacidad de contraerse y relajarse gracias a los músculos presentes en su pared, ayudando al corazón a hacer llegar la sangre a todo nuestro cuerpo.

7.2. ¿Cómo afecta la obesidad a nuestro sistema cardiovascular?

Como ves, el sistema cardiovascular es de gran importancia para el correcto funcionamiento de todo nuestro cuerpo. Pues bien, la obesidad es una patología que afecta en gran medida a nuestro sistema cardiovascular, por lo que constituye un gran factor de riesgo para nuestra salud.

Existen distintos tipos de obesidad y una de las maneras en las que podemos clasificarla es en función de la distribución de la grasa en nuestro cuerpo. Según esta clasificación, encontramos tres tipos de obesidad: *obesidad periférica* o *ginecoide* (comúnmente conocida como distribución en forma de pera), en la que el exceso de grasa se acumula en muslos y caderas y es más común en mujeres en edad fértil; *obesidad abdominal* o *androide* (forma de manzana), en la que el exceso de grasa se encuentra localizado principalmente en el abdomen y es más común en hombres, lo que solemos llamar barriguita cervecera; y *obesidad homogénea*, en la que la grasa se distribuye por el cuerpo en las mismas proporciones.

Este tipo de clasificación de la obesidad es bastante importante con relación al riesgo cardiovascular que nos supone, siendo, en este punto, la más peligrosa la obesidad abdominal y, dentro de ella, la localización de grasa en el nivel visceral, es decir, la que está por debajo de nuestros músculos abdominales, ya que, incluso teniendo un índice de masa corporal normal, el hecho de tener grasa rodeando nuestras vísceras aumenta las probabilidades de que suframos alguna patología relacionada con nuestro corazón y nuestros vasos sanguíneos, además de con muchos otros órganos.

Figura 7.1. Tipos de obesidad según el lugar de acumulación de la grasa

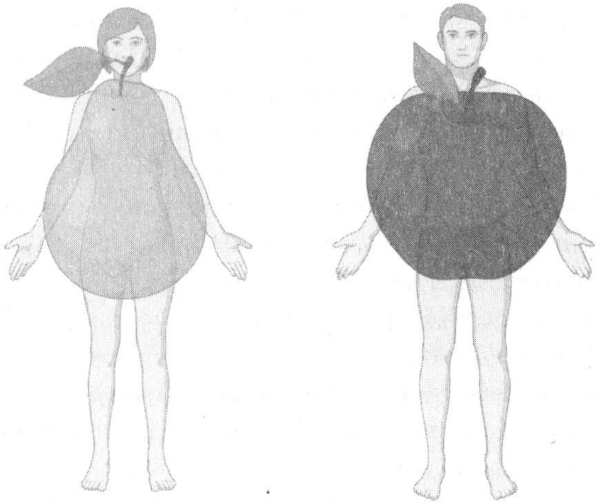

Fuente: Creado con BioRender.com.

7.3. ¿Qué le hace la obesidad a nuestro corazón?

Ya en la era victoriana se empezó a hablar de que la obesidad causaba alteraciones en nuestro corazón. Durante esa época y con posterioridad, muchos médicos han estudiado la relación entre la obesidad y el corazón en sus autopsias, y observado que en pacientes obesos se producía una acumulación de grasa alrededor del corazón que, además, era de un tamaño considerablemente más grande de lo normal. Esto tiene su lógica, ¿no? Un cuerpo más grande necesita más sangre y, por lo tanto, una bomba más grande que la pueda llevar a todas las células.

Sin embargo, nuestro corazón es un músculo («sano, pero necesita acción»),[10] y se cansa cuando tiene que hacer mucho esfuer-

10. Pasaje de la conocida canción *Mucho mejor*, de Los Rodríguez, incluida en el álbum «Palabras más, palabras menos», Dro East West (Warner), Madrid, 1995.

zo. Y si ese esfuerzo dura mucho tiempo, puede llegar a cansarse tanto que no pueda más y no sea capaz de cumplir con su función, dando lugar a cosas que quizá hayas escuchado como: insuficiencia cardíaca, ataque o paro cardíacos. Antes de meternos en materia en lo que a patologías se refiere, debemos conocer el órgano del que estamos hablando. Ya sabemos un poco acerca de su funcionamiento, pero ¿cómo es nuestro corazón?

El corazón es un órgano que se encuentra en el interior del tórax, ligeramente desplazado hacia el lado izquierdo, tiene un tamaño parecido al de un puño y un peso de entre 250 y 300 gramos en adultos. Increíble que una cosa tan pequeña pueda trabajar *tooooda una viiidaaa.*

Este pequeño gran trabajador está formado por varias capas de tejidos que conforman su pared, que son: el pericardio, el miocardio y el endocardio. Empecemos la visita guiada como si fuéramos en una nave de *Érase una vez el cuerpo humano*. El pericardio es la membrana que rodea al corazón impidiendo que éste se desplace de su posición (no queremos que, literalmente, se nos salga el corazón en un sobresalto), pero dándole la libertad necesaria para que pueda llevar a cabo sus movimientos de contracción y relajación.

Si seguimos avanzando hacia el interior del corazón llegamos al miocardio, una capa formada por tejido muscular, y, finalmente, al endocardio, la capa más interna, la cual recubre el interior del corazón y las válvulas cardíacas y se une con la capa más interna de los grandes vasos torácicos que llegan al corazón o salen de él, el endotelio. Como ves, el corazón es como nosotros cuando salimos a la calle en invierno: una cebolla.

Una vez estamos dentro, vemos que el corazón tiene cuatro cavidades: dos superiores, las aurículas (derecha e izquierda), y dos inferiores, los ventrículos (derecho e izquierdo). Las aurículas se encargan de recibir la sangre y transferirla a los ventrículos, por lo que sus paredes son delgadas, mientras que las paredes de los ventrículos son más gruesas, ya que tienen que empujar la sangre para que salga hacia los pulmones, en el caso del ventrículo derecho, o hacia el resto del cuerpo, en el caso del izquierdo. La distancia que tiene que recorrer la sangre impulsada por el ventrículo izquierdo es bastante mayor que la procedente del derecho, por lo que su pared será más gruesa.

El circuito que sigue nuestra sangre es el siguiente: la aurícula derecha recibe la sangre procedente de nuestro cuerpo una vez se ha usado a través de la vena cava superior e inferior, y la transfiere al ventrículo derecho a través de un orificio en el que se encuentra la válvula tricúspide. El ventrículo derecho es el encargado de que la sangre «sucia» (con poco oxígeno) llegue, a través de la arteria pulmonar y atravesando la válvula semilunar pulmonar, a los pulmones, donde se volverá a cargar de oxígeno. Una vez recoge el oxígeno de los pulmones, la sangre vuelve al corazón, llegando a la aurícula izquierda a través de las venas pulmonares y, de ahí, pasa al ventrículo izquierdo, atravesando la válvula mitral. El ventrículo izquierdo será, entonces, el encargado de mandar la sangre al resto de nuestro cuerpo a través de la aorta atravesando la válvula semilunar aórtica.

Ahora que ya sabemos cómo funciona el corazón y cómo es, podemos volver al tema que nos atañe.

La obesidad tiene la capacidad de producir cambios hemodinámicos en nuestro cuerpo que, a su vez, dan lugar a cambios en nuestro corazón. Uno de esos cambios hemodinámicos es el aumento en el volumen de sangre para poder cubrir las necesidades metabólicas que se generan por el aumento de tejido adiposo. Este aumento de volumen de sangre lleva a un incremento en el gasto cardíaco, es decir, el volumen de sangre que bombea nuestro corazón en un minuto. Cuando hacemos ejercicio, nuestros músculos se hacen más grandes, ¿verdad?, pues lo mismo ocurre con nuestro corazón: al tener que hacer más esfuerzo nuestro corazón se hará más grande, principalmente nuestro ventrículo izquierdo, que es el que tendrá que bombear con más fuerza, por lo que puede llegar a causar lo que conocemos como hipertrofia cardíaca. El problema de este proceso es que, si ese aumento de tamaño del corazón continúa, al final se convertirá en un proceso patológico que hará que nuestro corazón deje de funcionar como debe.

Además de estos cambios hemodinámicos y de la forma de nuestro corazón, en la obesidad también se produce un incremento en el depósito de grasa en el epicardio. Este aumento de grasa en el corazón contribuye a su mayor tamaño, pero, además, las sustancias que éste libera, en gran medida inflamatorias, pueden afectar a nuestro metabolismo, dando lugar a otras patologías que también pueden contribuir a la hipertrofia de nuestro corazón.

7.4. ¿Qué le hace la obesidad a nuestros vasos sanguíneos?

Además de a nuestro corazón, la obesidad también afecta a nuestros vasos sanguíneos. Hablemos un poco de ellos.

Ya sabemos que los vasos sanguíneos se encargan de transportar la sangre y que tenemos tres tipos de vasos: arterias, venas y capilares.

Las paredes de las arterias y las venas están formadas por tres capas, aunque existen diferencias entre ambos tipos de vasos. Estas tres capas son:

1. La túnica íntima: la capa más interna, que permite el intercambio de sustancias entre la sangre y la pared vascular.
2. La túnica media: la capa intermedia, encargada de regular el diámetro de los vasos gracias a la contracción y relajación de las células de músculo liso que la componen.
3. La túnica adventicia, la capa más externa, que envuelve los vasos y los fija a su entorno (también hay que sujetarlos un poco, que no es plan de ir con los vasos colgando).

La estructura de las arterias y las venas es igual, con la única diferencia de que las venas tienen las túnicas íntima y media más delgadas y la túnica adventicia más gruesa y con más tejido conjuntivo que las arterias. Los capilares, por su parte, están formados por una única capa de células endoteliales para permitir el intercambio de sustancias entre la sangre y las células de nuestro organismo.

El funcionamiento de nuestros vasos sanguíneos está directamente relacionado con el funcionamiento de nuestro corazón, ya que la resistencia que éstos opongan al estar más contraídos o relajados va a hacer que nuestro corazón tenga que hacer más o menos esfuerzo.

Que los vasos sanguíneos estén más contraídos o relajados está controlado por distintos factores que afectarán al músculo liso vascular, el encargado de regular el tono de nuestros vasos. Cuando el músculo liso vascular se relaja se produce la vasodilatación, aumentando el radio del vaso, y cuando se contrae se produce la vasoconstricción, reduciéndolo.

Este músculo está controlado principalmente por el sistema nervioso autónomo y por determinadas hormonas y sustancias que pueden tener efectos vasoconstrictores (noradrenalina y adrenalina, angiotensina II, vasopresina o endotelinas) o vasodilatadores (óxido nítrico, bradiquinina, histamina o algunas prostaglandinas).

¿Cómo afecta la obesidad a nuestros vasos? El exceso de producción de citoquinas inflamatorias por parte del tejido adiposo dará lugar a un estado inflamatorio que va a alterar el funcionamiento de nuestros vasos. En el endotelio causará lo que se conoce como disfunción endotelial, reduciendo la cantidad de óxido nítrico producido por el endotelio y aumentando la vasoconstricción, además de llevar a la producción de sustancias que van a atraer a células del sistema inmunitario implicadas en los procesos inflamatorios, como los macrófagos, que, a su vez, producirán más citoquinas inflamatorias, agravando así la situación. Además de la reducción en la producción de óxido nítrico, la obesidad da lugar a una mayor producción de sustancias vasoconstrictoras, lo que, al final, lleva a que los vasos no puedan ajustar correctamente su tamaño a las necesidades de nuestro cuerpo.

Sin embargo, esto no acaba aquí. La obesidad da lugar a resistencia a la insulina, algo que está estrechamente relacionado con los efectos de esta patología a nivel vascular. La insulina ha demostrado capacidad para estimular la producción de óxido nítrico en las células endoteliales, produciendo vasodilatación. Así, la resistencia a la insulina va a afectar a la capacidad de nuestros vasos sanguíneos para relajarse y va a ser la antesala al desarrollo de patologías como la diabetes mellitus tipo 2.

7.5. Patologías del sistema cardiovascular asociadas con la obesidad

Como hemos visto, la obesidad puede afectar directamente a nuestro corazón y a nuestros vasos sanguíneos, alterando su funcionamiento y dando lugar a patologías. Seguro que has oído hablar de la mayoría de ellas, pero puede que no sepas cómo y por qué se producen realmente.

Aterosclerosis y enfermedad coronaria

La aterosclerosis es una enfermedad en la que las arterias se vuelven más rígidas como consecuencia de la acumulación de grasa, colesterol, calcio y otras sustancias en sus paredes. Estos depósitos en las paredes se llaman placas ateroscleróticas y con el tiempo se van endureciendo, haciendo las paredes de los vasos más rígidas y estrechándolas, dificultando así el flujo de la sangre rica en oxígeno a nuestros órganos. Algo similar a lo que pasa cuando se te atasca la pila de la cocina.

Las placas ateroscleróticas pueden llegar a romperse, causando coágulos de sangre o, incluso, desprenderse y viajar en la sangre hasta vasos más pequeños, obstruyéndolos y dejando a las células de alguna zona de nuestro cuerpo sin oxígeno (lo que se conoce como isquemia), por lo que pueden llegar a morir.

Cuando esta placa se acumula dentro de las arterias coronarias se produce lo que se conoce como enfermedad de las arterias coronarias, las arterias que llevan sangre rica en oxígeno al corazón (sí, también hay otro minisistema circulatorio en el propio corazón, pero no vamos a profundizar tanto), de manera que, si estas arterias se obstruyen del todo, el músculo cardíaco puede quedarse sin oxígeno y dejar de funcionar, produciéndose un ataque cardíaco o infarto de miocardio. Vamos, una faena grande.

Hipertensión arterial

Antes de hablar de la hipertensión, debemos saber qué es la presión arterial. Cada vez que nuestro corazón late, la sangre es bombeada hacia los vasos sanguíneos ejerciendo fuerza sobre ellos: esa fuerza es la *presión arterial.* Normalmente, la presión arterial en adultos es de 120 mmHg (milímetros de mercurio) cuando el corazón se contrae (lo que se conoce como presión sistólica) y de 80 mmHg cuando se relaja (presión diastólica).

La inflamación y la resistencia a la insulina generadas en la obesidad contribuyen al aumento de la presión arterial. El hecho de que nuestras células no respondan a la insulina hace que nuestro cuerpo produzca mayores cantidades de esta hormona para intentar compensarlo. Este incremento de insulina en sangre va a tener una serie de efectos en nuestro cuerpo: va a afectar al metabolismo de las grasas mediante el aumento de los niveles de triglicéridos y colesterol malo (LDL) y reduciendo los de colesterol bueno (HDL), en los riñones va a hacer que se retenga más sodio y a nivel vascular va a incrementar la resistencia que oponen los vasos al paso de la sangre. Además, como te he contado antes, es una hormona con efecto vasodilatador y el hecho de que las células de nuestros vasos no puedan responder a ella va a contribuir a que éstos estén más contraídos y opongan mayor resistencia.

Durante estos procesos se produce un aumento en la producción de sustancias vasoconstrictoras, como angiotensina II, que, junto con la activación del sistema nervioso simpático y el aumento en la reabsorción de sodio en nuestros riñones (todo ello favorecido por el incremento en los niveles de insulina) constituyen la base para el desarrollo de la hipertensión arterial.

Insuficiencia cardíaca o fallo cardíaco

- La insuficiencia o el fallo cardíaco se produce cuando el corazón no es capaz de bombear la sangre rica en oxígeno de manera eficiente para que llegue al resto de los órganos. Además, puede llevar a una acumulación de sangre en otras partes del cuerpo como los pulmones. Seguro que habéis oído hablar del encharcamiento de los pulmones, ahí tenéis la causa.
- Hay muchas cosas que pueden producir una insuficiencia cardíaca, algunas de ellas relacionadas con la obesidad; de hecho, se ha observado una correlación positiva entre la insuficiencia cardíaca y la obesidad, llegando a adelantarse el desarrollo de insuficiencia cardíaca diez años en personas obesas.
- Los cambios estructurales y funcionales que se producen en nuestro corazón, así como las patologías derivadas de la obesidad, como la enfermedad coronaria o la hipertensión, van a contribuir al deterioro de la función del miocardio y, finalmente, al desarrollo de insuficiencia cardíaca.

Arritmia cardíaca

Nuestro corazón tiene unas células, llamadas células marcapasos, que crean y envían impulsos eléctricos por toda la estructura del corazón, que le van a permitir contraerse y relajarse y así, poder bombear la sangre (es como Juan Palomo, él se lo guisa y él se lo come). Estas células se agrupan en los llamados nódulos, uno de los cuales, el nódulo sinusal, se encarga de marcar el ritmo de los latidos. Pues bien, una arritmia se produce cuando se pierde el ritmo de los latidos: el corazón puede latir demasiado rápido (taquicardia), demasiado lento (bradicardia) o de manera irregular.

Además de cambios estructurales, la obesidad produce cambios en la función eléctrica del corazón, y puede ser determinante en la aparición de arritmias. La estimulación del sistema nervioso simpático, junto con el aumento de grasa epicárdica que se produce en la obesidad, la infiltración de adipocitos en el miocardio y la fibrosis que se desarrolla, alteran la conducción eléctrica a través del corazón, facilitando el desarrollo de arritmias como la fibrilación auricular, el tipo de arritmia de mayor significación clínica. Este tipo de arritmia se caracteriza por latidos auriculares descoordinados, dando lugar a un ritmo cardíaco acelerado e irregular que aumenta el riesgo de sufrir accidentes cerebrovasculares, complicaciones tromboembólicas, insuficiencia cardíaca o muerte súbita.

Como ves, la obesidad afecta gravemente a nuestra salud cardiovascular dando lugar a patologías que no es tan raro que podamos sufrir tanto nosotros como las personas que nos rodean, algunas de las cuales desarrollamos de manera natural conforme nos vamos haciendo mayores, así que ¿qué necesidad tenemos de contribuir a padecerlas siendo conscientes del daño que nos estamos haciendo? En muchos casos la obesidad no es a causa de atiborrarnos a hamburguesas, pero si podemos evitarlo e intentar cuidar un poco más nuestro sistema cardiovascular, mejor que mejor.

OBESIDAD Y SISTEMA CARDIOVASCULAR

Un corazón que no cabe en el pecho

EL SISTEMA CARDIOVASCULAR NOS NUTRE

El sistema cardiovascular se encarga de llevar sangre a nuestros órganos, proveyéndolos de oxígeno y nutrientes para su correcto funcionamiento. Sus componentes son el corazón, las arterias, las venas y los capilares.

LA DISTRIBUCIÓN DE LA GRASA INFLUYE

Cuando la grasa rodea nuestros órganos vitales aumentan las probabilidades de que suframos patologías relacionadas con el sistema cardiovascular.

UN CORAZÓN MÁS GRANDE

El aumento de tejido adiposo hace que tengamos mayores necesidades metabólicas con un aumento en el volumen de sangre, lo que hace que el corazón aumente de tamaño pudiendo fallar en su función.

UNOS VASOS MENOS FUNCIONALES

La grasa libera un exceso de citoquinas inflamatorias, alterando el funcionamiento de nuestros vasos, los cuales verán reducida su capacidad vasodilatadora.

PATOLOGÍAS

La obesidad da lugar a diversas patologías en el sistema cardiovascular, tales como: aterosclerosis, hipertensión arterial, insuficiencia cardíaca o arritmia cardíaca.

8

Obesidad y riñón. Sin filtro

Elia Escasany Martínez

8.1. ¿Qué es un riñón?

Los riñones son un órgano par (tenemos dos), con forma de alubia y color rojizo. Su función principal, como sabrás, es el filtrado de la sangre para limpiarla de los productos de desecho que se acumulan en ella, lo que genera un líquido que conocemos como orina. Sin embargo, los riñones se encargan de otras funciones igualmente importantes entre las que destacan la gluconeogénesis, la regulación de la osmolaridad y el volumen de los líquidos corporales, de la presión arterial, del equilibrio ácido-base, de la eritropoyesis y de la vitamina D.[11]

Funcionalmente, los riñones están formados por nefronas, parte responsable de la filtración, y túbulos colectores. Cada persona nace con un número concreto de nefronas, aproximadamente un millón por riñón, que no se reponen a lo largo de la vida.

11. Muchos términos juntos, ¿verdad? No te preocupes, vamos a definirlos:

- Gluconeogénesis: es el proceso por el cual el organismo sintetiza glucosa desde cero.
- Osmolaridad: es la concentración total de sustancias disueltas en un líquido, en este caso, en la sangre.
- Equilibrio ácido-base: es el mecanismo por el cual se regula el pH de un líquido, en este caso, de la sangre.
- Eritropoyesis: proceso por el cual el organismo produce glóbulos rojos.

Estructuralmente, los riñones están divididos en dos partes principales: la médula, que es la parte más interna, y la corteza, que es la capa más externa que rodea la médula. Si profundizamos más, encontraremos dos tipos de estructuras: túbulos y corpúsculos renales. Los corpúsculos renales son los encargados de la parte de la filtración de la sangre en sí y están compuestos de un glomérulo, que es una masa compacta de capilares por los que circula la sangre (dispuestos de una forma que recuerda a un ovillo de lana), y la cápsula de Bowman, similar a un saco que envuelve el glomérulo. Los glomérulos reciben sangre «sucia» por la arteriola aferente donde es filtrada, recorre todos los capilares que conforman el glomérulo y sale «limpia», ya filtrada, por la arteriola eferente. La filtración es posible gracias a unos agujeros muy pequeños que se encuentran en las paredes de los capilares que componen el glomérulo y que se conocen como fenestraciones. Esta filtración es selectiva, lo que significa que no todas las sustancias son capaces de atravesar lo que se conoce como barrera de filtración glomerular. El componente más importante de esta barrera de filtración glomerular son unas células llamadas *podocitos*, similares a pequeños pulpos que abrazan con sus tentáculos los capilares del glomérulo. En este caso los tentáculos se llaman pedicelos y se colocan de manera que se intercalan los pedicelos de unos podocitos con los de otros, uniéndose mediante unas proteínas específicas, cubriendo prácticamente toda la superficie de los capilares y dejando huecos muy pequeños por los que pasan selectivamente las sustancias que se van a filtrar. Estos huecos pequeños son conocidos como hendiduras de filtración y tienen un tamaño de aproximadamente 20 o 30 nanómetros de anchura. De esta manera, sólo las moléculas pequeñas y que están cargadas positivamente podrán ser filtradas a través de la barrera de filtración glomerular. Es por esto que la presencia de moléculas grandes y negativas en orina, como la albúmina, nos indica que hay daño en el glomérulo. De hecho, la presencia de albúmina en orina, conocida como albuminuria o proteinuria, es uno de los métodos de diagnóstico de daño renal empleados en la clínica.

Una vez filtrada la sangre, el filtrado es recogido gracias a la cápsula de Bowman y vertido a los túbulos, largas tuberías que transportan este filtrado hasta los uréteres y, finalmente, la vejiga. Pero los túbulos no tienen únicamente una función de transporte, sino que también revisan la composición del filtrado y devuelven a la sangre cualquier componente que se haya podido filtrar a través del glomérulo en exceso y una gran parte del agua. En el organismo, todas las sustancias tienen que estar en un rango de concentraciones específico y tanto el exceso como el defecto son potencialmente tóxicos y peligrosos para el normal funcionamiento del cuerpo. De esta manera, los túbulos se aseguran de que no perdamos nutrientes importantes que viajan a través de la sangre y, entre otras funciones, regulan la presión sanguínea.

8.2. ¿Cómo se desarrolla la enfermedad renal? ¿Qué es la enfermedad renal crónica?

La enfermedad renal crónica (ERC) se define como un daño renal por el cual la filtración glomerular, es decir, la cantidad de sangre que se filtra por minuto se sitúa por debajo de 60 ml/min/1,73 m^2 —lo cual es aproximadamente un 60 por ciento de su capacidad normal de filtración—, durante más de tres meses.

La ERC supone un problema de salud muy relevante actualmente. Se calcula que más de un 7 por ciento de la población mayor de treinta años padece esta enfermedad crónica. En algunos países está incluso entre las diez causas más frecuentes de muerte. Al igual que la mayoría de las enfermedades crónicas, la ERC afecta enormemente a la calidad de vida del paciente y supone una importante carga económica para el sistema de seguridad social. Se estima que el coste anual mundial que supone la enfermedad renal terminal es de alrededor de 75 billones de dólares, excluyendo los gastos relacionados con el trasplante de riñón.

Es relevante destacar que la incidencia de la ERC crece en paralelo a los datos de crecimiento en la población obesa. No está claro cuál es el impacto real de la obesidad en el riñón, puesto que a menudo la obesidad va acompañada de otras condiciones médicas que también tienen efectos deletéreos sobre la función renal, como la hipertensión o la diabetes. Los dos tipos de enfermedades renales principales que desarrollan los pacientes obesos son la nefropatía diabética y la glomerulopatía ligada a la obesidad.

La nefropatía diabética se considera actualmente la primera causa de ERC, incluyendo a casi el 50 por ciento de los pacientes con ERC. Mantener los niveles de glucosa en sangre es de vital importancia para que la entrada de glucosa en los distintos órganos sea constante. El riñón juega un papel muy importante en el mantenimiento de estos niveles de glucosa en sangre: por un lado, el riñón, junto con el hígado, son los dos únicos órganos capaces de sintetizar glucosa. Actualmente se sabe que el riñón es responsable de un 20 por ciento de la producción de glucosa vía gluconeogénesis, es decir, a partir de precursores no glucídicos, en el cuerpo humano. Por otro lado, el riñón regula la concentración de glucosa en sangre mediante el control de la reabsorción en los túbulos renales tras la filtración glomerular. El riñón humano filtra al día 180 gramos de glucosa. Si no se recuperase la gran mayoría por reabsorción, esto supondría una enorme pérdida de glucosa. Existen dos transportadores encargados de esta reabsorción, los cotransportadores de sodio-glucosa (SGLT) y los transportadores llamados GLUT. La regulación a través de estos transportadores es tan importante que hoy en día existen fármacos que bloquean esta reabsorción para que se pierda glucosa por la orina y así bajen los niveles de glucosa en sangre, previniendo la hiperglucemia y la diabetes.

Por otra parte, la glomerulopatía ligada a la obesidad es el mejor ejemplo de que los lípidos pueden ser tan tóxicos por sí solos que pueden generar un daño renal, sin necesidad de que haya una patología coexistente como la diabetes. La hipertrofia glomerular y la glomeruloesclerosis focal segmentaria son las dos características principales que aparecen en los pacientes obesos. La hipertrofia glomerular es el aumento del tamaño de los glomérulos como respuesta a una necesidad mayor de filtración. Por otro lado, la glomeruloesclerosis focal segmentaria es la cicatriz que queda tras la pérdida masiva de podocitos. Los pacientes obesos con glomerulopatía ligada a la obesidad pueden mostrar una pérdida de hasta el 45 por ciento de sus podocitos.

Figura 8.1. Los efectos de la obesidad también se manifiestan en la salud renal

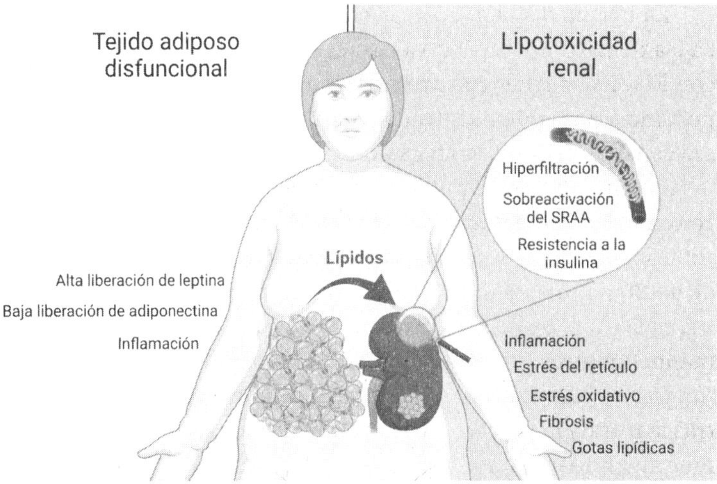

Fuente: Creado con BioRender.com.

Hay una característica especialmente importante de los podocitos que contribuye al desarrollo de la enfermedad renal y es que éstos son células completamente diferenciadas, lo que significa que, igual que las neuronas, cuando perdemos un podocito éste no se vuelve a reponer. Si perdemos una gran cantidad de podocitos, los capilares del glomérulo quedarán parcialmente descubiertos y la filtración de moléculas no será selectiva. Esto implica que perderemos por la orina muchas sustancias importantes para el organismo, además de mucha agua. A esta primera fase se la conoce como hiperfiltración. Para compensar esta pérdida de podocitos, los podocitos restantes estiran sus pedicelos lo máximo posible para tratar de cubrir la mayor superficie posible de los capilares. En esta nueva conformación, que se conoce como hipertrófica, los podocitos sufren un mayor estrés mecánico producido por el filtrado renal, lo que termina derivando en una mayor pérdida de éstos. Además, los podocitos son células muy sociables, lo que significa que les gusta estar en contacto con otros podocitos. Es por ello por lo que la pérdida de podocitos contribuye a la pérdida de otros, es decir, un podocito dañado daña a otros podocitos en un ciclo patológico sin fin. Como hemos dicho, los podocitos no se pueden reemplazar con otros podocitos, por lo que para cubrir la zona desnuda que deja su ausencia, el cuerpo hará lo que hace con todas las heridas: poner un parche de colágeno. Es decir, se genera una cicatriz y un estado de fibrosis y con ello a la glomeruloesclerosis. Esa cicatriz es tejido muerto, es decir, no funcional, por lo que, a largo plazo, la hiperfiltración se convierte en pérdida de capacidad de filtración glomerular y de función renal: el riñón, con el paso del tiempo, termina anulado.

La pérdida de glomérulos funcionales provoca un mayor daño en los que quedan sanos, ya que los glomérulos restantes tienen que trabajar por todos los que faltan. No penséis que la sangre pasa más despacio para evitar que sufran los glomérulos restantes, sino que lo hace con el doble de fuerza. Ésta es la fase de hiperfiltración. Cuando no queda ningún glomérulo completamente funcional, la sangre apenas puede salir y queda retenido dentro del cuerpo. En este momento es cuando empieza lo que antes hemos llamado *pérdida de filtración glomerular* y con ello la primera fase de la ERC. Sin embargo, la albuminuria a menudo aparece muy tarde y progresa muy lentamente en estos pacientes, lo que indica que todos estos eventos que hemos descrito suceden lenta y silenciosamente antes de que la enfermedad renal se manifieste.

De hecho, biopsias realizadas en pacientes obesos han mostrado estos cambios típicos de la glomerulopatía ligada a la obesidad incluso antes de que el paciente mostrase cualquier signo de diabetes, hipertensión o enfermedad renal. Esto realmente es algo positivo puesto que significa que existen muchos estadios en los que se puede intervenir al paciente para frenar la cascada de eventos que desembocará en la aparición de ERC. Por supuesto, la intervención con mejores resultados será la pérdida de peso, puesto que es la obesidad el origen de estos eventos patológicos.

8.3. ¿Qué le pasa a mi riñón cuando soy obeso?

En el apartado anterior hemos visto cómo la presencia de un exceso de grasa en el organismo, como sucede en la obesidad, conlleva muchos cambios dañinos. A continuación, estudiaremos más a fondo algunos de estos procesos patológicos:

Inflamación

El tejido adiposo se considera actualmente el mayor órgano endocrino, puesto que se distribuye por todo el cuerpo y es capaz de secretar una amplia variedad de hormonas y de otras moléculas, como citoquinas y moléculas inflamatorias. En personas obesas, puesto que la cantidad de tejido adiposo es mucho mayor, la secreción de todas estas moléculas es mucho mayor también. De hecho, actualmente, la obesidad se considera una enfermedad inflamatoria crónica.

Las dos citoquinas más importantes que secreta el tejido adiposo son la leptina y la adiponectina. El riñón tiene muchos receptores para leptina en la superficie de sus células, a través de los cuales ésta es capaz de promover fibrosis en el tejido renal. Mientras que los niveles altos de leptina tienen efectos negativos sobre el riñón, la adiponectina tiene efectos protectores. ¡Menos mal, algo bueno! La adiponectina protege a los podocitos, disminuye la fibrosis y previene la aparición de proteinuria. En obesidad, los niveles de adiponectina se ven disminuidos, por lo que sus efectos protectores sobre el riñón también se pierden.

La inflamación es un proceso muy frecuente y generalmente temprano en la enfermedad renal. De hecho, existen marcadores de inflamación asociados a daño renal que se detectan en la orina antes incluso de que se observen cambios estructurales o morfológicos en los riñones de los pacientes. Entre estos marcadores encontramos la interleuquina 6 (IL-6) y el factor de necrosis tumoral alfa (TNF-α), dos de las principales moléculas inflamatorias en el desarrollo de la enfermedad renal. Ambas moléculas promueven fibrosis renal y estimulan el sistema renina-angiotensina-aldosterona (SRAA), lo cual tiene efectos muy negativos sobre el riñón, como veremos a continuación. Ya se están investigando terapias antiinflamatorias para la enfermedad renal. En ratones, el tratamiento con anticuerpos contra el receptor de la IL-6 ha demostrado tener resultados beneficiosos a nivel de proteinuria y depósito de lípidos en el riñón. La inhibición de TNF-α también ha demostrado tener resultados beneficiosos a nivel renal.

Estrés oxidativo

Las células, como seres vivos que son, necesitan respirar y nutrirse, pero de una manera distinta a la que lo hacemos nosotros. Las células de los riñones apenas consumen glucosa, que suele ser la fuente principal para la mayoría de los órganos, sino que obtienen la mayor parte de su energía de los lípidos o grasas. Si fueran una persona, preferirían un cocido con mucho tocino a una tarta. Una vez dentro de la célula, son las mitocondrias, unos orgánulos que hay dentro de nuestras células, las encargadas de degradar estos lípidos y obtener su energía.

Las mitocondrias son el equivalente del aparato digestivo para nosotros: se tragan las grasas, las digieren y las convierten en energía que es utilizada por la célula. El proceso por el cual los lípidos se transforman en energía es largo y complejo, se conoce como fosforilación oxidativa y conlleva, de manera normal, la formación de un subproducto que se conoce como especies reactivas de oxígeno. Estas especies, igual que la mayoría de las sustancias, no son tóxicas mientras estén dentro de un rango concreto. El problema surge cuando hay más especies reactivas de oxígeno de las que el organismo es capaz de gestionar. El daño que producen estas especies reactivas en las células es lo que se conoce como estrés oxidativo.

Las especies reactivas de oxígeno interfieren con el normal funcionamiento del riñón ya que alteran el normal transporte de sustancias en los túbulos y promueven el desarrollo de fibrosis, entre otras consecuencias. De esta manera, las especies reactivas de oxígeno pueden alterar la presión de filtrado y, con ello, la presión sanguínea general, que puede desembocar en hiperfiltración y proteinuria. Es decir, un destrozo considerable.

El estrés oxidativo y la inflamación son dos mecanismos muy relacionados entre sí. En los procesos inflamatorios, se reclutan un número muy elevado de células inflamatorias al lugar del daño. Un mayor número de células en un espacio pequeño significa un mayor número de células generando especies reactivas de oxígeno (sólo tienes que imaginar el transporte público en hora punta: muchas personas quemando oxígeno al mismo tiempo. Asfixiante, ¿verdad?). A esto se le llama *estallido respiratorio*. A su vez, las especies reactivas de oxígeno parecen ser capaces de activar procesos inflamatorios, es decir, de reclutar más células del sistema inmunitario (más gente en el transporte público en hora punta...). Así, la relación entre estrés oxidativo e inflamación se convierte en un círculo vicioso.

Fibrosis

La fibrosis es la característica histológica que comparten todas las enfermedades renales, independientemente de cuál sea su origen. La fibrosis es el resultado del desequilibrio entre los procesos de síntesis y degradación de matriz extracelular, es decir, el tejido de sostén que hay entre las células y a través del cual se mueven y se comunican entre ellas. Si las células fuesen personas y su manera de comunicarse fuese la voz, la matriz extracelular sería el aire a través del cual se transporta la voz y se mueven las personas. Si pusiesen un muro grueso rodeando a esa persona que intenta comunicarse, ni podría moverse ni podría escucharla nadie. Pues algo similar es lo que sucede cuando hay un desequilibrio entre los procesos de síntesis y degradación de matriz extracelular. Se sintetiza mucha más matriz extracelular de la que se degrada y, por tanto, se forma una masa rígida de componentes que no permite a las células desplazarse ni comunicarse ni tener acceso a los nutrientes, por lo que terminan muriendo. El conjunto de las células muertas y la masa de acumulación de matriz extracelular forman una gran cicatriz de tejido no funcional dentro del riñón. Esto quiere decir que cuanta más superficie de tejido renal fibrótico tiene un paciente, menos riñón funcional le queda.

Sistema renina-angiotensina-aldosterona

El sistema renina-angiotensina-aldosterona o SRAA tiene un nombre algo enrevesado pero no debe asustarte. Es un sistema hormonal en cascada que regula la presión sanguínea, que está relacionada con el volumen de sangre. La cascada de activación se inicia cuando los riñones detectan una bajada del volumen de sangre, de la presión arterial o de los niveles de sodio, y empiezan a sintetizar y a liberar renina. La renina corta el angiotensinógeno liberado por el hígado, convirtiéndolo en angiotensina I que pasará a angiotensina II en los pulmones. La angiotensina II provoca que se contraiga la arteria que lleva la sangre al glomérulo, para que se filtre menos volumen de sangre, lo que provoca un aumento del volumen de sangre y de la presión sanguínea. Además, la angiotensina II estimula la síntesis de aldosterona, que promueve un aumento de la reabsorción en los túbulos de agua y sodio. Una vez que el riñón detecta que el volumen de sangre y los niveles de sodio son normales, deja de sintetizar renina y se para la cascada del SRAA.

En los pacientes obesos, todos los componentes del SRAA se ven aumentados en gran parte debido a que el tejido adiposo es capaz de sintetizarlos todos. Puesto que la cantidad de tejido adiposo en pacientes obesos es mucho mayor de lo normal, la cantidad que se sintetiza de estos componentes es a su vez mucho mayor. Esta sobreactivación del SRAA provoca una desestabilización del proceso normal de filtración de la sangre por parte de los riñones sin que se hayan producido ninguna de las condiciones necesarias para activarlo que hemos mencionado antes (pérdida de sangre, bajada de la presión arterial o de los niveles de sodio). Al principio se produce una menor filtración, como hemos explicado en la activación del SRAA. Pero cuando esta activación se alarga en el tiempo, el riñón acaba hiperfiltrando. La hiperfiltración pone a los glomérulos y a los podocitos bajo una presión física muy grande que acaba llevando a la pérdida de podocitos y a la aparición de glomeruloesclerosis focal segmentaria, que es una característica de la glomerulopatía ligada a la obesidad.

Alteraciones del metabolismo renal

En pacientes obesos, es frecuente ver acumulación de grasa en los riñones. La situación patológica en la que se observa deposición de lípidos dentro de los riñones se denomina «riñón graso».

La lipotoxicidad renal afecta al normal funcionamiento del riñón de distintas maneras. Por un lado, suele promover un aumento de la síntesis de lípidos y una disminución de su oxidación o degradación, lo que lleva a una acumulación incluso mayor de lípidos. En estudios hechos en humanos se ha visto una alta correlación entre la desregulación del metabolismo lipídico, la acumulación de lípidos, la pérdida de podocitos, la fibrosis, la inflamación y la pérdida de capacidad de filtración. Puesto que la energía que requieren las células renales se obtiene en su gran mayoría de la oxidación de los lípidos (apenas usan glucosa) y éstos no se están oxidando, hay una gran falta de energía que provoca la muerte de las células renales. Además, el mal funcionamiento de las rutas de oxidación de lípidos provoca un aumento del estrés oxidativo, con los efectos negativos que esto provoca, como hemos mencionado en apartados anteriores.

8.4. Tratamientos actuales

Puesto que la ERC es asintomática en su gran mayoría durante los dos primeros estadios de la enfermedad, a menudo los pacientes con daño renal son diagnosticados en el estadio 3, en el cual el daño renal y la pérdida de filtración glomerular se considera ya moderada-severa. Es por ello por lo que una gran parte de la investigación en el campo de las enfermedades renales se centra en la búsqueda de biomarcadores tempranos.[12] En este caso, se estarían buscando moléculas que sean indicativas de que está comenzando a producirse un daño en el riñón para poder hacer un diagnóstico temprano e intervenir a ese paciente antes de que empiece a perder función renal.

Como a menudo los pacientes con ERC son obesos, la pérdida de peso es una intervención no farmacológica muy interesante que reduce la hiperfiltración y la proteinuria en los primeros estadios de la ERC. Esta pérdida de peso se puede conseguir tanto con dietas hipocalóricas, como con ejercicio o cirugía bariátrica.

12. Biomarcador: sustancia que idóneamente podemos medir en la sangre, orina u otra muestra biológica de fácil obtención y que nos indica el estado biológico de esa persona.

Respecto a intervenciones farmacológicas, actualmente la pérdida de función renal es irreversible y sólo se puede tratar para ralentizar la pérdida de filtración glomerular. En las últimas décadas, la principal diana terapéutica ha sido el SRAA.[13] Las dos opciones más usadas son los inhibidores de la enzima convertidora de angiotensina (como el enalapril) y los bloqueantes del receptor de angiotensina tipo II (como el losartán) y que seguro que conoces. Los beneficios terapéuticos de estos medicamentos son la disminución en la pérdida de función renal y en la proteinuria. Sin embargo, estos medicamentos no son capaces de revertir la pérdida de filtración glomerular y están asociados con efectos secundarios entre los que se destaca la hipercalemia.[14] En los últimos años se ha introducido el uso de inhibidores del cotransportador de glucosa y sodio tipo 2 (SGLT2, por sus siglas en inglés) para diabéticos, los cuales hemos mencionado cuando hemos hablado de la nefropatía diabética.

Respecto a los pacientes con estadio 5 o terminal, las únicas opciones son la diálisis o el trasplante de riñón. Los pacientes que entran en diálisis experimentan una pérdida de calidad de vida muy significativa, puesto que es un proceso que requiere una atención constante.

Para cerrar este capítulo y a modo de conclusión, diré que la obesidad es uno de los factores más importantes en el desarrollo de la enfermedad renal, tanto si va acompañado de diabetes como si no. El exceso de aporte calórico, que se traduce en acumulación excesiva de grasa y de glucosa, afecta al correcto funcionamiento del riñón a muchos niveles. Siendo el riñón el órgano encargado de limpiar de sustancias tóxicas la sangre, y la sangre el nexo de comunicación de todas las partes del organismo, la pérdida de función del riñón supone un problema muy grave para la salud. Pero, afortunadamente, ya para acabar con un buen sabor de boca, los mejores resultados en pacientes obesos con ERC se ven con una bajada de peso.

13. Diana terapéutica: es el lugar del organismo sobre el cual el fármaco ejerce su acción.

14. Hipercalemia: niveles de potasio en sangre por encima de unos valores saludables.

OBESIDAD Y RIÑÓN

Sin filtro

LA ENFERMEDAD RENAL CRÓNICA ESTÁ EN ALZA

Al menos el 7 por ciento de la población mundial la padece y sus números crecen con la obesidad.

LA NEFROPATÍA DIABÉTICA ES LA PRINCIPAL CAUSA DE ENFERMEDAD REAL CRÓNICA

El riñón es responsable del 20 por ciento de la glucosa producida por el cuerpo. Existen fármacos que bloquean su reabsorción en los túbulos renales para favorecer su eliminación y evitar la aparición de diabetes.

LA GLOMERULOPATÍA LIGADA A LA OBESIDAD

La grasa por sí sola es capaz de generar un daño renal, sin necesidad de que existan otras patologías como la diabetes. La hipertrofia glomerular y la glomeruloesclerosis focal segmentaria son los principales signos renales asociados a la obesidad.

¿CÓMO AFECTA LA OBESIDAD AL RIÑÓN?

Consigue que aumente la inflamación, el estrés oxidativo y del retículo, aumenta la fibrosis, se altera el sistema renina-angiotensina-aldosterona y el metabolismo renal.

¿HAY TRATAMIENTO?

La pérdida de peso, combinada con inhibidores del sistema renina-angiotensina-aldosterona, es el principal tratamiento para retrasar la pérdida de función renal. Sin embargo, se hace necesaria la identificación de moléculas y métodos que puedan diagnosticar el daño renal en etapas tempranas.

9

Obesidad y hueso. Fácil de roer

Sergio Portal Núñez

Los tejidos óseo y adiposo tienen un origen común, ya que una misma célula mesenquimal pluripotente es capaz de diferenciarse a células adiposas u óseas dependiendo de la expresión de diferentes factores de transcripción.[15] En las últimas dos décadas, numerosas investigaciones están desentrañando las complejas interacciones que estos dos tejidos mantienen entre sí y cómo la disfunción de uno puede afectar al otro y viceversa. Parte de estas acciones se basan en los recientes descubrimientos de que tanto el hueso como el tejido adiposo tienen un papel endocrino, pues secretan hormonas como son la osteocalcina, el factor de crecimiento fibroblástico 23, la leptina y la adiponectina, que sirven de mecanismos de regulación de la homeostasis mineral y energética.

La osteoporosis es un trastorno óseo que se caracteriza por un aumento del riesgo de fractura ligado a una reducción de la masa ósea o de la calidad del tejido óseo. Existe controversia sobre el papel que la obesidad desempeña en relación con la osteoporosis: mientras unos estudios afirman que la obesidad tiene un papel protector frente a la osteoporosis, otros afirman lo contrario. Un reciente metaanálisis concluye que los pacientes obesos muestran un mayor aumento en las densidades óseas de la cabeza del fémur y la columna vertebral. Sin embargo, otros estudios epidemiológicos han relacionado el aumento de la masa adiposa o padecer sín-

15. Células mesenquimales: células de origen embrionario capaces de dar lugar a células del tejido conectivo, óseo, cartilaginoso y adiposo.

drome metabólico con un aumento del riesgo de sufrir osteoporosis. Para incrementar la polémica al respecto, además, han aparecido otros estudios que relacionan el incremento de masa ósea con un aumento de riesgo de sufrir una fractura.

En este espacio queremos recapitular y resumir los últimos descubrimientos sobre las interacciones entre el tejido óseo y el adiposo y cómo éstos han cambiado nuestra visión sobre patologías tan importantes como son la obesidad y la osteoporosis.

9.1. Obesidad, osteoporosis y metabolismo óseo

El origen común de los tejidos óseo y adiposo fue postulado hace ya más de tres décadas, apoyando las observaciones de que había una relación inversa entre la masa de tejido óseo y adiposo en relación con la edad: a mayor edad, aumenta la acumulación de masa grasa, mientras que la masa ósea disminuye.

El tejido óseo no es un tejido que permanezca inalterable durante toda la vida del individuo, sino que, por un lado, tiene capacidad de autorrepararse y, por otro, se adapta a fuerzas mecánicas que se ejercen sobre él, lo que da lugar a procesos de modelado y remodelado. Estos procesos son esenciales para adaptarse a las fuerzas físicas que sufre el cuerpo (ejercicio, posturas, pesos) para reparar las microfracturas que se producen y para controlar la homeostasis del fósforo y del calcio (ya que el hueso es el principal almacén de estos elementos). En el remodelado actúan de manera coordinada los osteoclastos y los osteoblastos a través de una compleja regulación tanto hormonal (mediante la secreción de parathormona y calcitonina, ambas regulan los niveles de calcio y fósforo sanguíneo) así como de factores locales como pueden ser la hormona relacionada con la parathormona o PTHrP (citoquina ósea que influye en el estado óseo imitando localmente muchas de las funciones de la PTH) o la osteopretegerina. Todo ello permite primero tener una fase de resorción donde los osteoclastos digerirían una parte de la matriz ósea, seguida de una fase anabólica donde equipos de osteoblastos generarán hueso nuevo (osteoide), que posteriormente se mineralizará dando lugar a hueso adulto y producirá la creación de nuevos osteocitos.

Figura 9.1. Origen común del hueso y la grasa

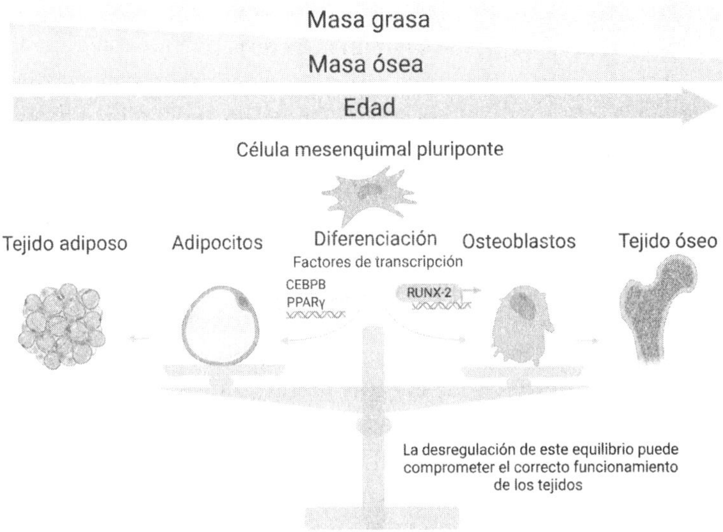

Fuente: Creado con BioRender.com.

9.2. Hormonas, adipoquinas, citoquinas y su relación con el hueso y el tejido adiposo

El descubrimiento de que el hueso podía secretar hormonas que pudieran regular el trabajo de otros tejidos en función de la demanda energética es relativamente reciente. En este complejo mecanismo de regulación se han identificado, de momento, la osteocalcina, la insulina, la adiponectina y la leptina como moléculas que bien son secretadas por el hueso, o bien el hueso responde de diferentes maneras a su presencia. Entre las moléculas secretadas por el hueso, la que más ha sido estudiada es la osteocalcina. El papel de la osteocalcina en la matriz ósea es controvertido, pues algunos estudios apuntan a que evita la mineralización ósea mientras que otros sugieren que es un factor que proporciona resistencia al hueso.

En relación con su actividad metabólica, se ha demostrado que la osteocalcina tiene un papel íntimamente ligado al metabolismo energético. Esta afirmación se basa en observaciones realizadas en ratones deficientes en el gen que la codifica y que desarrollan obesidad y alteraciones en el metabolismo de la glucosa. Indagando en este mecanismo, se descubrió que los osteoblastos secretaban al torrente sanguíneo osteocalcina decarboxilada y que ésta era capaz de aumentar los niveles de producción de la insulina, así como los de la adiponectina en el tejido adiposo.

El mecanismo por el cual la osteocalcina regula el aumento de la síntesis de insulina no está del todo esclarecido, pero sí que se conocen algunas de las acciones de la osteocalcina sobre el resto de los órganos. Así, un efecto favorable de la osteocalcina estaría relacionado con la inhibición de los procesos autofágicos que se producen en sujetos sometidos a dietas ricas en grasa.[16] Sin embargo, quizá sea más importante el hecho de que la osteocalcina es capaz de estimular la secreción de GLP-1 en las células del sistema endocrino difuso del intestino, lo que provoca un aumento de la síntesis de insulina. Posteriormente se ha demostrado que existe un mecanismo por el cual también la insulina es capaz de regular la osteocalcina y que, por tanto, existe un eje páncreas-hueso que regula el metabolismo.

La insulina, como bien se sabe, tiene múltiples efectos en diversos tejidos. En relación con el tejido óseo, la insulina incrementa la síntesis de colágeno tipo I y de la fosfatasa alcalina, factores clave para aumentar la mineralización y para protegerlos de la apoptosis.

Como hemos visto en capítulos anteriores, la leptina es una hormona secretada por los adipocitos que tiene efectos anoréxicos. Esta hormona tiene efectos diversos en el tejido óseo dependiendo de su modo de administración. Así, se ha demostrado que administrándola periféricamente produce un aumento de la masa ósea mientras que inyecciones intracerebrales dan lugar a una disminución de ésta. Su acción sobre la médula ósea promueve la diferenciación de células mesenquimales a osteoblastos e impide, por tanto, la conversión de estas células en adipocitos. Diversos

16. Autofagia: proceso por el cual las células proceden a la destrucción de estructuras internas con el fin de obtener energía ante una situación de estrés celular.

estudios han demostrado que tanto el ratón deficiente en leptina (*ob/ob*) como el que carece de su receptor (*db/db*) son obesos y tienen unas elevadas masas óseas.

La adiponectina es una adipoquina cuyos niveles de expresión son bajos en pacientes con obesidad, que se relacionan con el aumento de marcadores de inflamación como TNF-alfa-α, IL-6 y proteína C reactiva. Sin embargo, se ha demostrado que la adiponectina es capaz de producir el incremento de osteoprogenitores y de inhibir la osteoclastogénesis y que incluso los osteoblastos son capaces de expresar la adiponectina tanto *in vivo* como *in vitro*, lo cual produciría un aumento de masa ósea.

Figura 9.2. ¿Cómo afectan las adipoquinas a la salud ósea?

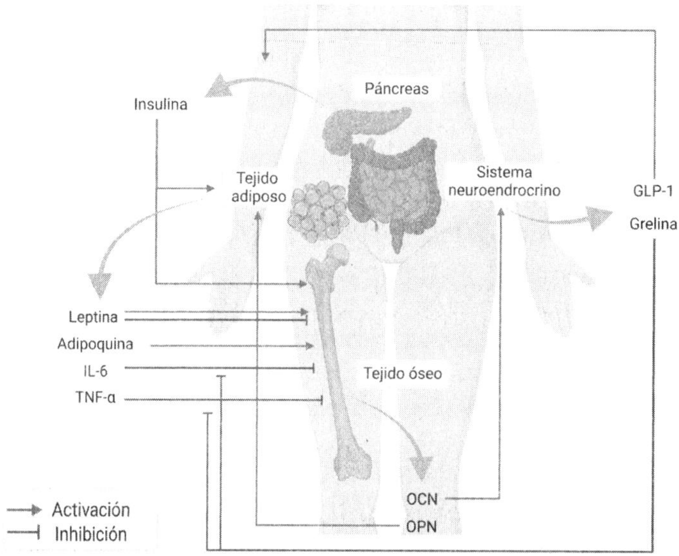

Fuente: Creado con BioRender.com.

Se ha demostrado que los estrógenos son factores que ayudan a diferenciar las células mesenquimales a osteoblastos mientras que inhiben la diferenciación hacia adipocitos. Estas afirmaciones se apoyan en el hecho de que, en mujeres posmenopáusicas, células mesenquimales aisladas de la médula ósea expresan muchos marcadores de diferenciación adipogénica, y que en diversos estudios con células en cultivo la presencia de este tipo de hormonas produce la expresión de genes relacionados con la diferenciación osteogénica como el colágeno tipo I y la fosfatasa alcalina mientras que se disminuyen los relacionados con la conversión de estas células en adipocitos.

Otra interleuquina que es de interés y que relaciona los tejidos óseo y adiposo es la interleuquina 6 (IL-6). Esta interleuquina es producida por muchas células y en particular por los adipocitos en pacientes obesos y, cuando alcanza el hueso, favorece procesos de osteoporosis. En esta misma línea, el factor de necrosis tumoral alfa (TNF-α), cuya expresión se ve aumentada en pacientes obesos, también puede contribuir al deterioro óseo.

Una citoquina con características proinflamatorias secretada por osteoblastos es la osteopontina. Esta proteína forma parte de la matriz extracelular del tejido óseo donde favorece la inflamación. Se ha visto que la cantidad de osteopontina está elevada en pacientes obesos, diabéticos o que presentan resistencia a la insulina. A su vez, intervenciones en la dieta de estos pacientes tendentes a disminuir el peso se han relacionado con una disminución en estos niveles. Estos hallazgos también se ven respaldados por elevaciones de osteopontina en modelos de obesidad en ratones tanto por medio de dieta como de manipulación genética.

Como se ha podido demostrar, las relaciones entre los tejidos adiposo y óseo son complejas y cambiantes. Se ha pasado de asumir que la obesidad representaba, de alguna manera, un factor de protección contra la osteoporosis a ver que, de hecho, la obesidad influye negativamente en el estado del tejido óseo, aunque no directamente a través de un descenso claro y evidente de la masa ósea.

Por todo ello, es importante desarrollar más estudios tanto desde el punto de vista clínico como desde el básico para aclarar las relaciones entre osteoporosis y obesidad en pacientes y seguir profundizando en cómo hormonas y citoquinas se acoplan para mantener la homeostasis entre ambos tejidos, ya no sólo en las moléculas descritas, sino en posibles nuevas moléculas que pueden presentar oportunidades terapéuticas.

OBESIDAD Y HUESO

Fácil de roer

LOS TEJIDOS ÓSEO Y ADIPOSO TIENEN UN ORIGEN COMÚN

Las células mesenquimales pueden diferenciarse hacia osteoblastos o adipocitos. De hecho, a mayor edad, encontramos menos masa ósea y mayor masa grasa en el organismo.

EL TEJIDO ÓSEO SE REMODELA

Para adaptarse y repararse, el hueso sufre un remodelado en el que parte del tejido se elimina y se forma nuevo tejido. Los desequilibrios en la diferenciación de las células mesenquimales hacia adipocitos pueden comprometer la homeostasis del tejido óseo.

EL TEJIDO ÓSEO Y EL TEJIDO ADIPOSO ESTÁN INTERCOMUNICADOS

Ambos tejidos tienen un papel endocrino y su comunicación es esencial en la regulación de la homeostasis ósea y el metabolismo energético.

OBESIDAD Y OSTEOPOROSIS

Existe controversia sobre la relación entre la obesidad y la osteoporosis. Estudios anteriores proponían un papel protector de la obesidad. Sin embargo, nuevas evidencias apuntan a la misma como un factor de riesgo.

ES IMPORTANTE EL DESARROLLO DE NUEVOS ESTUDIOS

Es necesario desarrollar más estudios para aclarar la relación entre la osteoporosis y la obesidad, ayudando así a la mejora de la calidad de vida y al tratamiento de estos pacientes.

10

Obesidad y cavidad oral. Por la boca muere el pez

Blanca Migueláñez Medrán
Antonio López Sánchez

10.1. ¿Cuál es el animal que tiene más dientes del mundo?

Los mamíferos, por regla general, comparten el esquema tradicional de piezas dentales que tenemos los humanos, es decir, allí encontraremos incisivos, caninos, premolares y molares, siempre adaptados, por supuesto, al tipo de alimentos que se ingieran.

La boca es el orificio natural por el cual acceden los alimentos al organismo y que posteriormente sufrirán un proceso tan complejo como es la digestión. En la cavidad oral, además de los dientes, que se encuentran alojados en unos espacios dentro de los huesos maxilares llamados alveolos, encontraremos miles de microorganismos de distintas especies (más de setecientas) entre bacterias y hongos, que forman un ecosistema al que denominamos *microbiota oral.* La cavidad oral provee a esos microorganismos de un ambiente cálido y húmedo que hace que su crecimiento sea más sencillo. Unos son beneficiosos, pero desgraciadamente otros son perjudiciales, ¡a veces mucho!, tanto a nivel de la boca como de todo el organismo. Pero es que, además, esos microbios se van a nutrir, entre otras sustancias, de los alimentos que ingerimos. Lógicamente cuantos más nutrientes introduzcamos en nuestro cuerpo, mejor y más alimentados se encontrarán esos microorganismos.

10.2. Jason de Caires y las biopelículas

Si viajas a Londres podrás ver unas esculturas de los cuatro jinetes del Apocalipsis situadas en la orilla del Támesis, obra del británico Jason de Caires, que únicamente son visibles completamente un par de horas al día cuando el nivel del agua se encuentra en su punto más bajo. Si tuviésemos que construirnos una casa y pudiésemos elegir cualquier sitio de la ciudad londinense, probablemente no lo haríamos allí, ya que esos vaivenes de agua no permitirían que colonizásemos esa zona.

Pero ¿en qué se asemeja esta curiosa estatua a la cavidad oral? La explicación es la siguiente: la mayoría de las estructuras corporales sufren, en mayor o menor grado, una descamación que facilita su regeneración, pero en las superficies de los dientes no se produce esa descamación, por lo que todo aquello que se les pegue permanecerá más tiempo adherido. Esto hace que resulte más sencillo que los dientes sean colonizados por esos microbios que posteriormente se pueden organizar en lo que llamamos *biopelículas* o *biofilms* (lo que antes llamábamos placa dental o bacteriana).

Pocos minutos después de realizar un cepillado dental común, sobre la superficie dentaria se forma una delgada capa orgánica denominada *película adquirida*. Para su formación, se produce una adsorción selectiva de algunas sustancias como lípidos, glucoproteínas e incluso líquido crevicular —éste se encuentra alrededor de las piezas dentarias en el espacio que existe entre la encía y la superficie radicular— sobre la superficie del diente formada por cristales de hidroxiapatita.[17] Sobre esta superficie, encontramos unos receptores que reconocen a las adhesinas (estructuras en forma de apéndice que hacen más sencilla la unión a otras especies bacterianas) presentes en la superficie de las bacterias, lo que permitirá su adhesión a la superficie dentaria mediante un sistema de machihembrado.

Los primeros colonizadores que llegan a la superficie dentaria tienen nombre y apellidos: *Streptococcus sanguis*, *Streptococcus mitis*, *Streptococcus oralis*, y diferentes especies de *Actinomyces*.

17. La hidroxiapatita es un mineral y un material biológico formado por fosfato de calcio cristalino.

Éstos son los primeros visitantes que colonizan el espacio al multiplicarse, pero no están solos, ya que, además, se van añadiendo nuevas bacterias a la superficie dentaria, lo que da lugar a la *placa bacteriana*. En este proceso debemos diferenciar las superficies lisas de las superficies oclusales de los dientes:

- Las **superficies oclusales** son aquéllas que se emplean al ocluir, esto es, juntar los dientes superiores con los inferiores. En otras palabras, las que empleamos para masticar los alimentos. Poseen unos entrantes y unos salientes que son como valles y montañas.
- Las **superficies lisas** son las laterales de los dientes y carecen de las crestas descritas anteriormente. Están en contacto con los labios, la lengua y los dientes adyacentes.

En la cavidad oral existen diferentes «hábitats» con diferentes concentraciones de oxígeno, distinta disponibilidad de nutrientes e incluso variaciones térmicas que hacen que unas zonas resulten más apetecibles para que se desarrollen unos organismos frente a otros y, por tanto, exista un predominio de especies dependiendo de la zona de la cavidad oral en la que nos encontremos. Este predominio de unas especies bacterianas frente a otras en una misma boca nos puede servir para indicar que cada zona es un nicho ecológico en el que no se permite la entrada a microorganismos distintos de los ya existentes. La composición de la placa, por tanto, será diferente en las superficies oclusales que en las superficies lisas.

Algunos de esos microorganismos son bacterias que transforman los azúcares que ingerimos en ácidos capaces de disolver el esmalte de los dientes y crear lo que denominamos *caries*. Está demostrado que aquellas personas que ingieren alimentos con mayor contenido en azúcares presentan un mayor riesgo de padecer obesidad, lo que nos parece lógico, pero también de caries dental. Por ello, vamos a hablar de la relación entre la obesidad y dos de las enfermedades más frecuentes de la boca que pueden acabar con nuestros dientes: la caries y la periodontitis.

10.3. Doctor... ¡tengo un agujero en el diente!

La caries es una enfermedad de etiología multifactorial que se inicia con cambios producidos en la ya mencionada biopelícula. Las bacterias presentes en la placa causan variaciones en el pH de la cavidad oral de forma que se va a producir una pérdida de los tejidos mineralizados del diente. Esto, a largo plazo, puede derivar en la formación de cavidades, percibidas por los pacientes como «agujeros». También las capas que conforman el tejido dentario (esmalte, dentina y cemento) sufren procesos constantes de desmineralización; lo que conllevaría a una pérdida constante de estructura si no fuese porque también sufren procesos constantes de remineralización. Los principales factores que favorecen la remineralización son:

- El aporte de fluoruros
- La reducción del consumo de azúcar
- El aumento del flujo salival

Con esto queremos decir que siempre que exista un equilibrio entre la pérdida y ganancia del material mineral, no habrá lesión de caries.

La caries se considera una enfermedad dinámica que pasa por diferentes estadios, desde un nivel microscópico hasta la destrucción del tejido dentario. Es una enfermedad reversible en sus primeras fases, incluso cuando puede haber una cavitación que afecte a esmalte y dentina, siempre que se realice el tratamiento adecuado (obturaciones o «empastes» en la mayor parte de los casos) y un adecuado control de la placa por parte del paciente.

A pesar de que ahora sabemos el importante papel que desempeña la ingesta de azúcar en la etiopatogenia de la caries dental, no siempre fue así. El primer, y hoy en día más que controvertido, estudio sobre este tema se publicó en Suecia en 1954 bajo el nombre de *Estudio Vipeholm*. Recibió este nombre porque se llevó a cabo en una institución psiquiátrica denominada Vipeholm Mental Hospital. Este experimento reclutó a más de seiscientas personas (trabajadores incluidos) para demostrar que una ingesta elevada de azúcares conllevaba un riesgo mayor de padecer caries dental. Para ello, administraron a la población de estudio una dieta rica en azúcares de variable viscosidad (cuanto más viscoso y más se pega un alimento a los dientes, más caries produce). Durante dos años, cincuenta de esas seiscientas sesenta personas perdieron absolutamente todas las piezas dentales y las restantes tuvieron un importante número de caries. Tras la realización de este estudio, que hoy día (lógicamente) no sería aprobado por ningún comité ético, una de las recomendaciones que se extendió en Suecia fue la de comer caramelos únicamente una vez a la semana, lo que se conoce como *lördagsgodis* ('dulces del sábado').

Otros estudios han dejado clara la relación que existe entre el número de dientes careados (con caries), los ausentes (perdidos), y los obturados («empastados») con la obesidad. Es decir, que las personas obesas tienen un mayor índice de CAOD, o lo que es lo mismo, que tienen más dientes con caries, perdidos y empastados que lo no obesos.

Es posible también que las personas obesas tengan menor cantidad de secreción salival, quizá también porque la toma de medicamentos relacionados con la obesidad (antidiabéticos o antihipertensivos) puede disminuirla. La saliva es, además de un elemento de lavado de la cavidad oral, un elemento protector con algunas inmunoglobulinas (Ig) como la IgA secretora; por ello, no es de extrañar que las personas obesas tengan mayor tendencia a la caries. (La IgA es la principal inmunoglobulina contra el *Streptococcus mutans*, bacteria responsable del comienzo de la caries dental. Por ello, sería similar al escudo del guerrero que se defiende frente al ataque del dragón.)

10.4. Cuando los dientes se mueven...

¿Qué es la periodontitis? La periodontitis (antes denominada enfermedad periodontal o piorrea) es, de una manera muy simplificada, una inflamación crónica que se produce en las encías y alveolos dentales como respuesta defensiva a algunos de los microorganismos que colonizan nuestra boca y que conlleva la pérdida de las estructuras de soporte del diente. La enfermedad periodontal resulta de la respuesta inflamatoria causada por biofilm bacteriano y sus productos.

Lo que sucede es que, aunque todos tenemos más o menos los mismos gérmenes en la boca, nuestro sistema inmunitario no responde igual en todos los individuos, pues algunos responden en demasía, originando un proceso inflamatorio que a veces no se aprecia a simple vista y que, además de no destruir los gérmenes, provoca una destrucción del hueso de soporte de los dientes.

Figura 10.1. Proceso de establecimiento de la periodontitis

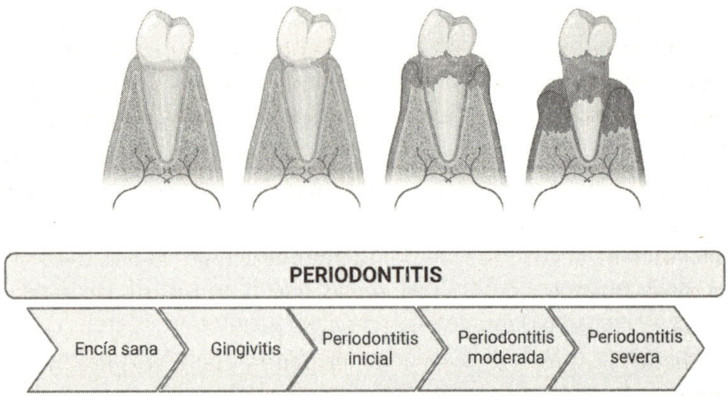

Fuente: Creado con BioRender.com.

Imagina una planta en una maceta. Si le vamos quitando poco a poco la tierra donde asienta, llegará un momento en que cualquier fuerza que la zarandee puede tumbarla. Eso mismo ocurre con los dientes. Por la pérdida de soporte podemos perder dientes, aquéllos comienzan a moverse, a pesar de estar sanos, sanísimos, incluso sin caries.

La periodontitis y la obesidad son dos de los trastornos crónicos que afectan más comúnmente a la población mundial. Numerosos estudios muestran la asociación entre un mayor IMC (Índice de Masa Corporal) y la periodontitis. Además, parece quedar demostrado que esta relación afecta por igual a ambos sexos y a cualquier grupo de edad. Con posterioridad, en el 5.° Congreso Europeo de Periodoncia, se consideró no sólo la obesidad como un riesgo importante para padecer periodontitis, sino que un mayor grado de obesidad derivaba en una periodontitis más severa.

Para poder explicar la relación entre estas dos patologías, vamos a sumergirnos en el sistema inmunitario. Sabemos que los adipocitos secretan una serie de citoquinas que pueden interferir en la respuesta inmune y contribuir al desarrollo de la periodontitis. Esto da lugar a una respuesta inflamatoria subclínica, con pocos o ningún síntoma, que hace que con frecuencia nos demos cuenta de la existencia de la periodontitis cuando ya se encuentra en una fase avanzada y el tratamiento requerido sea más complejo.

El exceso de tejido adiposo en la obesidad altera la actividad endocrina y el proceso genérico de la inflamación. Así, van a incrementarse algunos de los conocidos como marcadores inflamatorios (como IL-6, TNF-α e infiltración leucocitaria, por si tenías curiosidad) que sabemos que van a actuar de forma primordial en el desarrollo de la periodontitis. Precisamente, se ha demostrado que la obesidad influye en la respuesta inmune del individuo a determinados patógenos como, por ejemplo, *P. gingivalis*, una de las bacterias causantes de la periodontitis y que se sitúa en el espacio entre el diente, la encía y el alveolo, lo que denominamos espacio periodontal. Esta bacteria puede silenciar la respuesta inmune que se produce a nivel local y de ese modo exacerbar la enfermedad periodontal.

También debemos tener en cuenta que, como la obesidad puede afectar al estado psicológico o psicosocial de la persona que la padece, suele repercutir negativamente en los hábitos de higiene diaria, como la salud bucodental, lo que favorece la aparición de periodontitis. Además, sabemos que el hábito tabáquico es el segundo gran factor de riesgo para ocasionar inflamación del tejido periodontal.

Por si fuera poco, el binomio obesidad-periodontitis no termina aquí, ya que parece existir una asociación bidireccional entre ellas, es decir, la obesidad puede ser un factor de riesgo para la periodontitis, pero ésta también puede actuar como factor predisponente para padecer obesidad, ya que cuando se produce la pérdida ósea causada por la periodontitis y la subsecuente pérdida dental, se produce una disminución de la efectividad masticatoria. Esa ineficacia a la hora de masticar puede conllevar incluso una reducción del flujo salival y a la consecuente reposición de las piezas ausentes (en el mejor de los casos) mediante una prótesis que puede ser fija o removible. En este último caso, si no están adecuadamente ajustadas, el individuo tratará de adaptar el tipo de comida a aquello que le resulte más fácil masticar, y ahí están precisamente los alimentos más blandos y generalmente más hipercalóricos (ricos en carbohidratos y grasas), que aportan muchas calorías con poco esfuerzo masticatorio.

Esa misma capacidad de alterar el proceso inflamatorio establece una íntima relación entre la periodontitis y otras enfermedades sistémicas crónicas como la diabetes y la patología cardiovascular, además de producir también complicaciones durante el embarazo.

¿La periodontitis afecta únicamente a los dientes?

Muchos estudios describen la relación entre la enfermedad periodontal y el síndrome metabólico. Esto es, un grupo de trastornos que se presentan al mismo tiempo y aumentan el riesgo de enfermedad cardíaca, accidente cerebrovascular, diabetes mellitus tipo 2 y la hipertensión arterial, con niveles altos de glucosa en sangre, exceso de grasa corporal alrededor de la cintura y niveles anormales de colesterol o triglicéridos. La periodontitis puede, por sí misma, ser una fuente de estrés oxidativo por la alteración de los niveles de citoquinas circulantes, como la leptina, que puede incluso acelerar el comienzo de la resistencia a la insulina y el síndrome metabólico.

10.5. Otros problemas relacionados con la obesidad y la cavidad oral

Parece que existen diferencias en la tipología de las lesiones traumáticas que sufren los niños con y sin obesidad. Los niños sin obesidad suelen presentar mayor número de traumatismos en los dientes anteriores, ya que son más inquietos, se mueven más y practican deportes de contacto. Por el contrario, los niños con sobrepeso acostumbran a llevar una vida más sedentaria, por lo que suelen presentar más lesiones en esmalte y dentina.

Los pacientes obesos pueden estar sometidos a tratamiento farmacológico con el objetivo de disminuir la sensación de apetito y favorecer el control de la ansiedad y de los impulsos que instan a consumir alimentos de forma descontrolada. Algunos de esos medicamentos pueden originar una disminución de la secreción salival, lo que favorecerá la aparición de caries. Además, también los pacientes obesos pueden presentar dificultades en lo que al tratamiento dental se refiere: aquéllos con un peso superior a 140 kg pueden tener dificultades a la hora de acomodarse en un sillón dental. Otras veces, el paciente tiene que ser tratado en una posición semierguida para prevenir potenciales problemas respiratorios. Por último, muchos de ellos poseen un tamaño lingual excesivo (macroglosia), lo que dificulta en ocasiones encontrar las referencias anatómicas adecuadas, por ejemplo, para la administración de anestesia local.

OBESIDAD Y CAVIDAD ORAL

Por la boca muere el pez

AHORA LA PLACA BACTERIANA SE LLAMA BIOFILM

Puesto que los dientes no están sometidos a un proceso de descamación, todo lo que se pegue a la superficie permanecerá adherido durante bastante tiempo, dando lugar a biofilms.

¿QUIÉN COLONIZA LOS DIENTES?

Entre los primeros encontramos a *S. sanguis, S. mitis, S. oralis* y diferentes especies de *Actinomyces.* Posteriormente se unirán otras bacterias que darán lugar a la placa bacteriana.

MAYOR ÍNDICE DE CAOD

Las personas con obesidad tienen un mayor CAOD, es decir, Dientes Careados (con caries), Ausentes (perdidos) y Obturados (empastados).

LA OBESIDAD SE RELACIONA CON LA PERIODONTITIS

Se ha observado que las personas obesas no sólo son más propensas a padecer periodontitis, sino que además la padecen en un grado más severo debido a las alteraciones en el sistema endocrino y en la inflamación.

¿QUÉ CONSECUENCIAS PUEDE TENER LA PERIODONTITIS?

Parece ser que la relación entre obesidad y periodontitis es bidireccional. Además, se ha relacionado la periodontitis con la aparición de síndrome metabólico, lo que aumentará el riesgo de enfermedad cardíaca o accidente cerebrovascular.

11

Obesidad e intestino. Un círculo vicioso

Patricia Puerta Gil

El sistema digestivo no se salva de las consecuencias nocivas de la obesidad. Por ejemplo, en el esófago, la obesidad se ha relacionado con la presencia de reflujo de los líquidos gástricos, con la aparición de tumores, hernias de hiato y con alteraciones de la motilidad.

El estómago de individuos obesos presenta a menudo un mayor volumen y distensibilidad, lo que provoca un vaciado gástrico más rápido. Como consecuencia, se produce un descenso en la sensación de saciedad, que conduce a que estos individuos sientan mayor sensación de hambre y la necesidad de ingerir alimentos, especialmente aquellos ricos en glucosa.

El intestino delgado, por su parte, aumenta su tamaño, por lo que se incrementa la absorción de nutrientes y la acumulación energética en el tejido adiposo... y vuelta a empezar. Al final, una pescadilla que se muerde la cola. Pero ahí no acaban los problemas, ya que tampoco el intestino grueso se salva de los efectos perjudiciales. Se ha demostrado que el riesgo de desarrollar carcinomas de colon es mayor, tanto en hombres como en mujeres obesos. También es mayor el riesgo de aparición de pólipos potencialmente dañinos, pero con una asociación clara sólo en los casos de obesidad mórbida. El estreñimiento y la diverticulitis son asimismo alteraciones frecuentemente observadas en individuos con obesidad.

Desde la última década, distintos estudios apuntan cada vez con más claridad a un factor clave en el desarrollo de trastornos de tipo metabólico. Este factor misterioso, que ha pasado de ser actor secundario a protagonista en la aparición y persistencia de obesidad, no es ni más ni menos que la microbiota intestinal. Pero antes de intimar con estos bichitos que albergamos en el intestino, conozcamos mejor a esta microbiota con la que convivimos a diario.

11.1. Microbio... ¿qué?

La microbiota es el conjunto de microorganismos vivos (bacterias, arqueas,[18] hongos, virus y protozoos) que forman parte de nuestro organismo de forma permanente asociados a tejidos sanos, y que son necesarios para su correcto funcionamiento. Son comunidades que actúan como una población, interactuando con su entorno y autorregulándose. Pero no nos asustemos al oír (o leer) palabras como *bacteria*, *microorganismo*, *hongo*... Es verdad que estos bichitos microscópicos no gozan de muy buena prensa. Y es que la mala fama se la han ganado a pulso unos cuantos villanos que han hecho mucho daño a lo largo de la historia y son la causa de enfermedades de distinta gravedad, pero que son minoritarios. En realidad, los microorganismos son las formas de vida dominante en la Tierra ya que la mayor parte de vida que existe es microscópica.

Procedemos de los microrganismos, hemos coevolucionado juntos y ya no podríamos vivir sin ellos. Hemos desarrollado una cooperación altamente favorable entre las células microbianas y las nuestras, estableciendo un equilibrio a lo largo de todo nuestro cuerpo, una relación de simbiosis que nos beneficia a ambos. En individuos sanos, la microbiota se encuentra tapizando distintas mucosas del cuerpo, como las del tracto gastrointestinal, respiratorio, urinario y genital, y también en la piel, oído externo, conjuntiva ocular y boca de tal manera que ya dependemos de ellos para desarrollar multitud de funciones. Cada uno de estos rincones con distintas características de humedad, temperatura, pH y disponi-

18. Las arqueas constituyen un grupo de microorganismos procariotas carentes de núcleo, como las bacterias, pero debido a que poseen características únicas se las asigna en un grupo diferenciado de éstas.

bilidad de nutrientes, constituye un nicho ecológico al que se han ido adaptando estos ecosistemas microbianos. Pero el hábitat que gana por goleada en cuanto a presencia de microorganismos... es sin duda el tracto gastrointestinal.

Figura 11.1. La microbiota nos coloniza

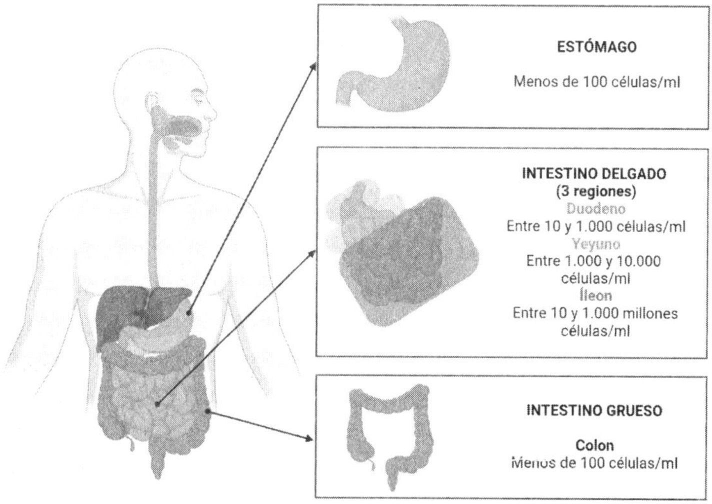

Fuente: Creado con BioRender.com.

11.2. Microbiota intestinal

La microbiota intestinal, antiguamente conocida como flora intestinal, está formada por las comunidades microbianas que viven cómodamente en nuestras entrañas. Las superficies mucosas del tracto digestivo del ser humano constituyen uno de los ecosistemas microbianos más densamente poblados del planeta. Tanto es así, que el número de células microbianas que tenemos asociados a estas mucosas... ¡supera al número de células propias de nuestro cuerpo! Tenemos todo el tracto gastrointestinal colonizado por microorganismos desde la cavidad oral hasta el recto, alcanzando hasta 10^{12} células bacterianas por cada gramo de tejido... o lo que es lo mismo: ¡un billón de microorganismos por gramo! Se cree que, en total, albergamos cien billones de bacterias, lo que equivale a un kilo y medio de nuestro peso corporal. Las células bacterianas son entre diez y cincuenta veces más pequeñas que las células humanas, pero superan en cantidad a éstas en una proporción de 10:1... y si se colocaran una al lado de la otra, estas bacterias podrían dar la vuelta al mundo 2,5 veces. Después de este bombardeo de cifras y datos tan sorprendentes, es normal que se nos quede el cuerpo un poco pasmado. De hecho, algunos consideran la microbiota como un auténtico órgano esencial totalmente integrado en nuestra fisiología, que interactúa con el resto de los órganos y sistemas de nuestro organismo.

11.3. Microbiota intestinal: identifíquese, por favor

Y ¿quiénes son estos cohabitantes de nuestro sistema digestivo? Nos acompañan desde el momento de nuestro nacimiento, cuando empiezan a colonizar el intestino. El tipo de parto y la lactancia materna determinan su estabilización, y durante el primer año de vida se configura la mayoría de esta microbiota. Después, a lo largo de la vida, la composición y diversidad se va modulando por diversos factores que veremos posteriormente. Pero ya que compartimos tanto con ellos, pongámosles nombre. La microbiota intestinal se compone principalmente de bacterias y arqueas en menor medida, aunque también es posible encontrar hongos y algunas especies minoritarias de virus y protozoos. La caracterización de estas poblaciones no ha resultado una tarea fácil para los científicos, ya que resulta realmente complicado recrear las condiciones propias del intestino para poder aislarlos y cultivarlos mediante las técnicas tradicionales de cultivos *in vitro* y porque además establecen relaciones ecológicas con el hospedador y con el resto de los microorganismos, difíciles de reproducir en condiciones experimentales. Por suerte, algunos avances tecnológicos han podido aportar su granito de arena para averiguar a quién tenemos dentro. En las últimas décadas, gracias al desarrollo y aplicación de técnicas moleculares, se sabe que en el tracto intestinal de un adulto se pueden encontrar entre 500 y 1.000 especies microbianas distintas, aunque otros estudios más recientes sugieren que en realidad el número de especies que podemos albergar es muchísimo mayor: ¡entre 15.000 y 36.000 especies! Y no sólo eso, sino que se estima que alrededor de un 60 por ciento de la microbiota queda aún por identificar. Toda una diversidad cultural... Además, muchas bacterias pueden habitar en nuestro intestino de forma transitoria, mientras que otras autóctonas tienen tarjeta de residencia permanente.

El reino bacteriano, al igual que el resto de los seres vivos, se clasifica en divisiones o filos. De los cincuenta y cinco filos bacterianos que existen, el 85 por ciento de nuestra microbiota intestinal está representada por los filos *Bacteroidetes* y *Firmicutes*, y son los que cuentan con mayor diversidad. Otro de los filos, el de *Actinobacteria*, representa alrededor del 5 por ciento de toda la diversidad, pero sus miembros, los géneros de bifidobacterias, tienen una gran importancia en el funcionamiento y dinámica global de todas las actividades metabólicas que se llevan a cabo en el intestino... Por eso quizá son los que más nos suenen. En general, distintas zonas del intestino están pobladas por los mismos filos y familias de bacterias, pero lo que cambia es la abundancia relativa de cada grupo en cada zona. Veamos cómo se distribuyen a lo largo de nuestro tubo digestivo:

En el estómago es donde encontramos la menor parte de microorganismos, ya que las secreciones ácidas acaban con la mayoría, y además los movimientos estomacales impiden la colonización estable. Ya en el intestino delgado (duodeno, yeyuno e íleon), las poblaciones microbianas empiezan a aumentar gracias a condiciones más favorables de pH y menor cantidad de oxígeno (de hecho, a estas bacterias, conocidas como anaerobias, les encanta vivir en ausencia de oxígeno), y al llegar al intestino grueso (colon), la densidad de bacterias crece de manera exponencial. El tiempo de tránsito lento en el colon favorece el crecimiento y proliferación de las poblaciones microbianas, dándoles la oportunidad de alimentarse a partir de los sustratos disponibles de nuestra dieta o de las secreciones endógenas.

11.4. Y ¿QUÉ HACEN TODOS ESTOS BICHITOS DENTRO DE NOSOTROS?

Para nosotros, la importancia de la relación simbiótica tan fuerte que mantenemos con toda esta comunidad radica no sólo en el volumen tan grande que ocupa dentro de nuestro cuerpo, sino, sobre todo, en lo que nos aporta y por las funciones tan importantes que realiza. Conozcamos algunas de ellas:

- **Función de protección.** Previene la invasión y/o colonización de microorganismos patógenos mediante dos mecanismos: ejerciendo un efecto barrera (compitiendo en la captación de nutrientes y en la adhesión a la mucosa intestinal) o sintetizando sustancias antimicrobianas que impiden el crecimiento de patógenos.
- **Función sobre el desarrollo y maduración del sistema inmunitario asociado al sistema digestivo.** La flora microbiana es capaz de estimular la regeneración del epitelio intestinal. De esta forma, la respuesta contra la invasión de patógenos es altamente efectiva en combinación con la función protectora anterior.
- **Función reguladora del sistema nervioso.** A través del nervio vago, el sistema nervioso central y la microbiota intestinal están conectados de forma bidireccional. Esta conexión constituye todo un eje cerebro-intestino, que se comunica a través de señales neuronales y hormonales. Muchas de las bacterias de nuestro intestino producen importantes neurotransmisores, o las hormonas que controlan nuestro apetito o saciedad. La importancia del tejido nervioso asociado al intestino es tal, que algunos científicos lo consideran nuestro segundo cerebro.
- **Funciones metabólicas y nutritivas.** Son las más importantes... y las que realmente están en conexión directa con la obesidad. Pensar que con nuestra dieta aportamos todo lo necesario para nuestro organismo, es una falsa creencia. En realidad, la gran comunidad microbiana de nuestro tracto gastrointestinal desempeña un papel clave en la asimilación de determinados nutrientes y la aportación de

metabolitos. Gracias a la gran diversidad de rutas metabólicas y enzimáticas que poseen, son capaces de digerir componentes de la dieta no digeribles para el ser humano como la fibra alimentaria. Es decir, tienen las recetas y la maquinaria necesaria para aportarnos nutrientes extra que, por nosotros mismos, no podríamos digerir. La microbiota es capaz de aportarnos sustancias esenciales como las vitaminas B y K, o ácidos grasos de cadena corta, entre otros. Éstos, a su vez, son aprovechados por otros microorganismos que nos aportan hasta el 10 por ciento de nuestros requerimientos energéticos. Además, regulan las hormonas intestinales que controlan el apetito y la sensación de saciedad, ayudan a degradar sustancias tóxicas procedentes de la dieta e intervienen en la absorción de algunos electrolitos y minerales.

11.5. Todo es cuestión de equilibrio

Para que todo este conjunto de reacciones metabólicas e interacciones funcionen correctamente, es importante mantener un equilibrio en la microbiota del intestino. En condiciones normales, la población bacteriana residente se autorregula y mantiene una homeostasis, es decir, un proceso dinámico en el que se excreta gran cantidad de microorganismos diariamente, al mismo tiempo que toda la población se renueva una o dos veces al día. Sin embargo, si se modifica el medio intestinal, la microbiota normal puede cambiar enormemente. Algunos de los factores alterantes pueden ser el estrés, la inanición, las infecciones por parásitos gastrointestinales, la diarrea, o el consumo de algunos antibióticos. También hay que destacar que la dieta influye en gran medida sobre las proporciones finales de las poblaciones bacterianas autóctonas. La diversidad de la microflora está influida por factores internos del organismo o nuestra edad, pero, sobre todo, por el tipo de dieta que seguimos y por la calidad microbiológica de los alimentos que se ingieren. Y es que lo que comemos nosotros, también lo come nuestra microbiota, que lo transforma y es capaz de modular nuestro metabolismo.

Como ya sabemos, una de las causas más importantes en la aparición de la obesidad es el desequilibrio entre las calorías consumidas y las gastadas. Y no sólo entra en juego el sistema digestivo en el proceso de ajustar cuentas «energéticas», sino que la microbiota también juega un papel fundamental por las funciones metabólicas que hemos visto un poco más arriba. En sujetos que siguen una dieta rica en grasas saturadas, sal y azúcares refinados, y pobres en vegetales, fruta y fibra, se ha observado que la diversidad de la población microbiana es significativamente menor y, además, contienen un mayor porcentaje de bacterias pertenecientes al grupo de *Firmicutes*, y menor de *Bacteroidetes*. Este aumento en la relación *Firmicutes/Bacteroidetes* se ha relacionado con una mayor capacidad de extracción de energía, almacenamiento de grasa, aumento del tejido adiposo e iniciación de procesos de inflamación en el organismo... un cóctel perfecto para favorecer el desarrollo y persistencia de la obesidad. Y para terminar de cerrar el círculo, el metabolismo de esta microbiota alterada produce una serie de moléculas que favorecen la proliferación de *Firmicutes*, lo que contribuye aún más al desequilibrio y a una rentabilización extra de la energía a partir de los alimentos.

11.6. ¡SOS! ¿Qué podemos hacer?

Además de los tratamientos que controlan la ingesta calórica, la actividad física y el apoyo psicoemocional, las terapias que se centran en modular la microbiota intestinal están demostrando ser cada vez más efectivas en el tratamiento de la obesidad. Distintos estudios realizados en humanos han mostrado que los probióticos y prebióticos ayudan a regular la microbiota y el metabolismo energético en individuos con sobrepeso y obesidad.

Los probióticos son microorganismos vivos de origen intestinal, no patógenos, que son beneficiosos para el organismo cuando se ingieren en cantidades adecuadas. A través de distintos ensayos clínicos, hemos llegado a averiguar que la administración de especies del género *Lactobacillus* es eficaz para disminuir el peso corporal y la grasa visceral y subcutánea, reducir los niveles de colesterol, triglicéridos y marcadores inflamatorios y también para mejorar la respuesta a la glucosa. Por su parte, los prebióticos son hidratos de carbono de cadena corta no digeribles que estimulan el crecimiento de la microbiota intestinal beneficiosa, y que forman parte de la fibra soluble de la dieta. La administración de prebióticos, como la oligofructosa, ha resultado ser útil para disminuir los niveles de grasa total y el IMC, aumentar la sensación de saciedad después de las comidas, y, por tanto, reducir el hambre y el consumo de alimentos en general.

Además, recientemente se han identificado bacterias hasta ahora desconocidas que pueden ejercer efectos beneficiosos en el metabolismo energético de personas con obesidad, en concreto, del género *Holdemanella*. Esta bacteria, que forma parte de la microbiota intestinal de individuos sanos, es capaz de regular los niveles de glucosa en sangre y en todo el organismo tras la ingesta de alimentos y también de mejorar el metabolismo endocrino de algunos órganos como el hígado. Este prometedor descubrimiento resultaría muy útil en la prevención y tratamiento de la diabetes, resistencia a la insulina en el hígado, hiperglicemia y, cómo no, de la obesidad.

No obstante, se necesitan estudios adicionales para establecer las dosis, el tiempo y la eficacia de forma personalizada para la situación de cada paciente, y que así esta estrategia resulte realmente efectiva.

Todas estas evidencias subrayan la importancia de la dieta como el principal modulador de una microbiota saludable y diversa. Pero no nos vale con vigilar nuestra alimentación unos pocos días... sino que cuidar nuestra microbiota debería ser un hábito permanente. De hecho, los estudios clínicos han demostrado que los efectos beneficiosos de la ingesta de probióticos y prebióticos sobre el metabolismo energético se observan después de meses, e incluso años. Por todo ello, cuidemos de nuestra microbiota intestinal para cuidarnos a nosotros mismos.

OBESIDAD E INTESTINO

Un círculo vicioso

SOS EN EL INTESTINO

El sistema digestivo se ve gravemente alterado en su conjunto en individuos con obesidad, y en particular el intestino tanto delgado como grueso (alteraciones físicas y metabólicas).

EL PAPEL DE LA MICROBIOTA INTESTINAL

Uno de los factores más importantes en el desarrollo de la obesidad es la microbiota intestinal. Estos microorganismos que cohabitan nuestro intestino son indispensables para el correcto funcionamiento del organismo.

EN SIMBIOSIS CON NUESTRA MICROBIOTA

Además de protegernos contra patógenos y regular los sistemas inmune y nervioso, la microbiota interviene en la regulación metabólica y en la absorción de nutrientes, y por tanto, en el balance energético.

TODO ES CUESTIÓN DE EQUILIBRIO

Con obesidad, el equilibrio de la microbiota intestinal, la absorción de energía y los procesos metabólicos se ve alterado, conduciendo a procesos inflamatorios y acumulación de grasa.

¿Y QUÉ PODEMOS HACER?

Además de controlar la ingesta calórica y la actividad física, se puede combatir la obesidad ayudando a nuestra microbiota intestinal, en concreto favoreciendo las especies beneficiosas con una dieta rica en fruta, vegetales y fibra, y también con la ingesta de probióticos y prebióticos.

12

Obesidad y cerebro. ¿Quién está al mando?

Nira Hernández Martín

El cerebro es el órgano encargado de procesar toda la información del entorno pero, además, recoge información de todo lo que ocurre en nuestro cuerpo, es decir, todo lo que sucede en los diferentes sistemas va a tener un reflejo, una repercusión biológica en él. En este capítulo revisaremos cómo el cerebro decide cuándo tenemos que comer y cuándo parar de hacerlo, y cómo la obesidad puede desequilibrar todo este sistema. De esta forma, valoraremos cómo el tipo de alimentación genera un impacto cerebral que no sólo determinará nuestra relación con la comida, sino que puede desencadenar diferentes procesos neuroinflamatorios y neurodegenerativos asociados con trastornos y enfermedades mentales.

12.1. ¡Qué hambre tiene tu cerebro!

No te dejes engañar por el rugir de tu estómago: aunque sea él el que hace el ruido, verdaderamente no es el que te avisa de que necesitas comer. Un metro y poco más arriba, el cerebro está analizando permanentemente qué ocurre en nuestro cuerpo para mantener su equilibrio natural, y más específicamente para regular el balance de energía, la sensación de apetito y la ingesta de alimentos. De esto se encarga principalmente una estructura cerebral compuesta por varios núcleos cerebrales especializados llamada hipotálamo, que analiza las señales hormonales que llegan por el torrente sanguíneo y las señales neurales a través de los nervios que lo conectan al sistema digestivo. De esta manera, existen núcleos, como el arqueado, cuya función es valorar nuestra situación alimenticia y que contienen señales anorexigénicas, o de saciedad, como la propiomelanocortina (POMC), y orexigénicas, o de ingesta, como la proteína R-Agouti (AgRP) y el neuropéptido Y (NPY).

Comer y parar de comer

Supongamos que el sistema que regula la alimentación a nivel cerebral funciona como una gran empresa cuyo objetivo es organizar los recursos alimenticios. En nuestro caso el objetivo de nuestra empresa es que el cuerpo funcione sin tener que acumular un producto como la grasa. Los procesos inflamatorios pueden dañarlo o podemos perder el control si las hormonas entran en huelga dentro de la fábrica. Dentro de este símil, la oficina central, donde se llevan a cabo la mayoría de las decisiones importantes, se encontraría en el cerebro, en el núcleo arqueado del hipotálamo. Dentro de él está el departamento de logística y de contabilidad y finanzas, representado por los núcleos de neuronas NPY, AgRP y POMC, que mide en todo momento la rentabilidad de nuestro cuerpo, analizando la información que llega desde otras regiones corporales sobre los costes energéticos que tenemos (revisan en el almacén si hemos gastado muchas calorías, nutrientes, grasas...) y cuando es necesario se encarga de «financiar» con alimentos a los diferentes sistemas. En este departamento hay dos claros equipos: NPY y AgRP, que buscan siempre el alimento que será nuestro principal recurso para poder funcionar y generan señales de ingesta; y POMC, que se preocupa más por no consumir recursos que al final no gastaremos y que se quedarán almacenados sin más, por eso nos avisa de cuándo hemos consumido lo suficiente con su señal de saciedad. Aunque tengan roles muy opuestos suelen trabajar en armonía, y ésta es la clave para que todo funcione.

Figura 12.1. El sistema que regula la alimentación a nivel cerebral funciona como una gran empresa

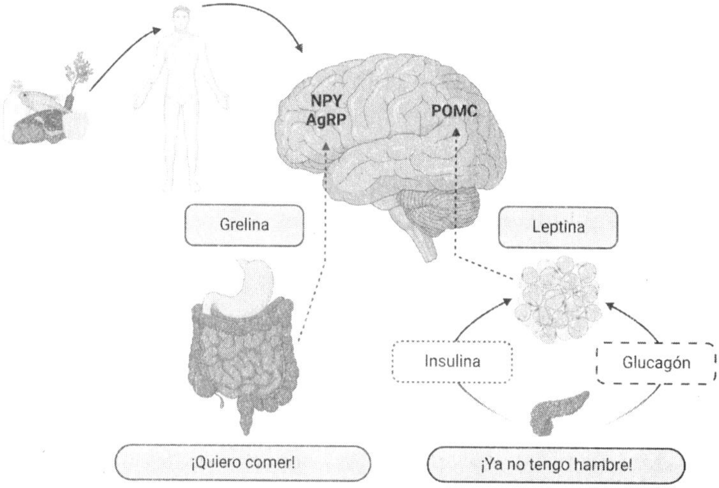

Fuente: Creado con BioRender.com.

Otras partes del cuerpo funcionan como otros departamentos:

- El **tejido adiposo** tiene la función de almacén de energía y se comunica con la oficina central mediante mensajes de leptina que avisan de que hay mercancía suficiente para que no se consuman más alimentos.
- El **páncreas** produce dos hormonas para controlar los niveles de azúcar en sangre: insulina, que la introduce en las células y genera grasas, y glucagón, que rompe las grasas y moviliza la glucosa para aumentarla en la circulación.
- El **sistema gastrointestinal** valora la necesidad de alimentos desde el estómago y manda a sus mensajeros de grelina a las oficinas centrales para avisar de la necesidad de comer.

Cuando la empresa funciona correctamente, el núcleo arqueado, como oficina central, tiene el control de la decisión de comer o no comer, dependiendo de las señales que lleguen de los otros departamentos. Por ejemplo, cuando los mensajeros de grelina aparecen por allí e informan de que es necesario comer, se activan las señales de ingesta en el arqueado a través de neuronas AgRP y NPY, que serán las que nos empujen a consumir comida y a su vez las que están inhibiendo a las neuronas POMC en el mismo núcleo para que no se interrumpa la ingesta de alimentos. Cuando ya hemos comido, o estamos comiendo, todo este sistema se revierte, las señales del páncreas, del tejido adiposo y del sistema gastrointestinal activan a las neuronas POMC, que valoran los niveles de glucosa y los ácidos grasos del cuerpo y activan a su vez los procesos de saciedad para dejar de comer y frenan el apetito inhibiendo a las neuronas AgRP y NPY. De hecho, este sistema es tan eficiente que sólo con ver y oler la comida ya se puede inhibir la ingesta, ¡sin haber comido nada! A veces pensamos que vamos a comernos todo el *buffet* libre y al final nos llenamos enseguida: a eso las abuelas lo llaman «comer con los ojos».

¿Qué ocurre entonces en una persona obesa? Pues, lamentablemente, esta empresa está en muy malas condiciones. Los trabajadores están descontentos en general y pierden su función normal. En una dieta alta en grasas, cuando la grelina acude a la oficina central para avisar de que es hora de comer, POMC dice que no es posible, que hay reservas suficientes en el cuerpo y que debe de ser un error. En términos reales, se dice que se ha provocado una resistencia a la grelina, es decir, en ese núcleo ya no hay receptores que respondan a esta sustancia. Frustrada, se dirige a otras oficinas cercanas de la competencia (como el núcleo paraventricular del hipotálamo), que no tienen problema en cumplir sus deseos de ingerir comida a costa de aumentar las reservas energéticas y grasas. Mientras, POMC está perdiendo autoridad y sus compañeros NPY y AgRP están descontrolados y buscan alimentar el cuerpo frecuentemente sin oír su señal de saciedad. Empiezan a surgir movimientos aliados, como las concentraciones de uridina en la sangre que favorecen la activación de las señales de hambre para que continúe la ingesta.

Figura 12.2. Durante la obesidad, nuestra gran empresa se descontrola por completo y termina por desmoronarse

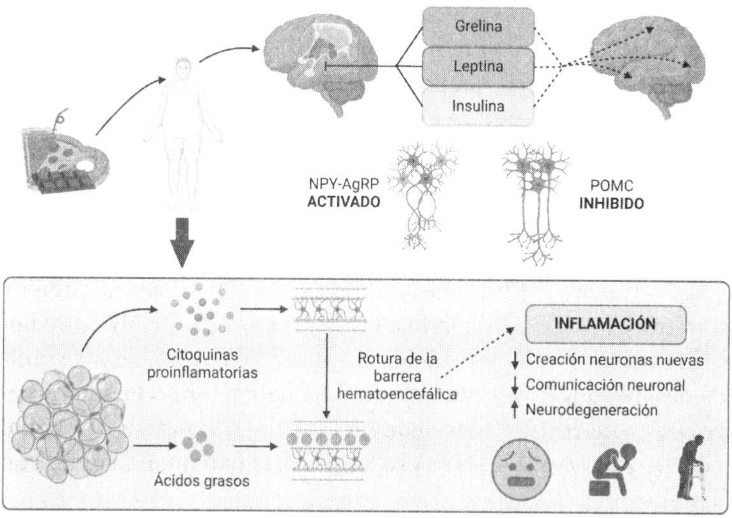

Fuente: Creado con BioRender.com.

Pero además, la acumulación de grasas hace que el departamento de almacenamiento se vea superado y trabajadores en huelga (ácidos grasos libres) se desplacen a los centros superiores (el cerebro) y sean capaces de atravesar la barrera hematoencefálica y provocar procesos inflamatorios incendiando y destrozando las instalaciones. Y cuando la leptina y la insulina se acercan para dar sus respectivos mensajes de saciedad, NPY y AgRP no atienden a razones y se produce una resistencia a estas dos hormonas. Al igual que la grelina, se trasladan a otras oficinas que son hipersensibles para recibir su mensaje: en la oficina del núcleo ventromedial se intercepta la señal de saciedad, pero no la comparte con el organismo para que pare de comer, y en la oficina del núcleo dorsomedial se generan otros síntomas como la hipertensión.

En general, y con un tono menos anecdótico, los cambios derivados de una dieta alta en grasas provocan una serie de cambios hormonales en el organismo, como la resistencia a la grelina, insulina y leptina, que provoca que los sistemas de regulación de la ingesta a nivel cerebral estén descompensados. Por lo tanto, el cerebro de una persona obesa sufre una serie de modificaciones neuronales que provocarán más necesidad de ingesta y apetito en general, y una menor sensación de saciedad. Pero más allá de esto, el cerebro puede verse afectado por los procesos inflamatorios y el deterioro de la barrera hematoencefálica, lo que puede desencadenar problemas cognitivos y enfermedades neurodegenerativas. De este modo, las consecuencias de la obesidad implican que una mala gestión de la empresa puede acarrear problemas globales que derrumben al organismo.

Tu intestino manipula tu cerebro

Con todo esto parece que el cerebro lo tiene todo bajo control, pero la realidad es que se ve influenciado por los diferentes sistemas de nuestro cuerpo, y uno muy relevante es el sistema gastrointestinal. De hecho, al intestino ya se le llama *segundo cerebro* por su importancia en nuestro bienestar general, ya que en él encontramos a la microbiota que, si se ve comprometida, repercutirá en el sistema inmunitario y generará diferentes problemas de salud. Es tan importante que es capaz de regular y modificar las señales de ingesta y saciedad en el cerebro, ya que algunas bacterias pueden modificar la secreción de hormonas intestinales como el péptido YY, la grelina y la leptina. Por ejemplo, cuando la microbiota fermenta carbohidratos no digeribles (alimentos ultraprocesados con muchos azúcares), aumenta la producción de ácidos grasos de cadena corta, como el acetato, que suprimen el apetito en el hipotálamo, pero si la microbiota está alterada lo produce en altas concentraciones y aumenta la secreción de insulina y grelina y el riesgo de padecer obesidad. Además, la microbiota es capaz de producir neurotransmisores cerebrales para regular la ingesta, como la serotonina, que tiene un efecto saciante a través de la melanocortina, y el neurotransmisor inhibitorio GABA (ácido gamma-aminobutírico), que estimula la ingesta actuando sobre las neuronas AgRP. ¿Y qué pasaría si no tuviéramos microbiota? Pues tras haber generado unos ratones de laboratorio que se crían libres de microorganismos y no tienen bacterias de ningún tipo, se comprobó que en ellos existe una menor cantidad de señales intestinales de saciedad y una mayor expresión de receptores sensoriales del gusto para las grasas conectados al núcleo del tracto solitario, por lo que tienden a ingerir más calorías grasas. Otro estudio mostró que cuando la microbiota se altera por el tratamiento con antibióticos en ratones, los animales tienden a consumir más alimentos sabrosos, con alto contenido en azúcar, ya que altera el sistema de recompensa cerebral. Si a estos animales se les hacía un trasplante fecal, dejaban de dirigirse a este tipo de alimentos. Es más, tras analizar las bacterias intestinales concluyeron que son las de la familia S24-7 y del género *Lactobacillus* las que se asocian con una supresión del consumo de azúcar, por lo que tratar a los animales con estas bacterias también reduce el consumo de comida apetecible.

Otra vía de comunicación entre el intestino y el cerebro muy importante es aquélla que va tras el nervio vago, que conecta el sistema gastrointestinal con el núcleo del tallo cerebral llamado núcleo del tracto solitario en el cerebro y que a su vez lleva esta información al hipotálamo. Es tan importante que, si se extirpa el nervio vago a un grupo de ratones, éstos tendrán la señal saciante bloqueada, por lo que comerán más y ganarán más peso. ¡Es más!, se ha comprobado que en los ganglios del nervio vago y el núcleo del tracto solitario hay neuronas especializadas en dar preferencia al azúcar, y no, no vale cualquier endulzante, sino que es *específicamente* para el azúcar. Esto hace que esta sustancia tenga línea directa desde el intestino al cerebro, lo que genera un circuito especializado en la búsqueda y reconocimiento del azúcar para motivarnos a consumirla. Y claro, como todo este proceso ocurre después de ingerir el azúcar y no en el momento de tomarlo, se podría decir que nuestro sentido del gusto y ese disfrute hedónico que tenemos al consumir alimentos azucarados no son los responsables de que nos «enganchemos» al azúcar. Esto se ha comprobado en varios experimentos en ratones a los que se administró el azúcar directamente en el estómago y se activaron las mismas neuronas específicas en el núcleo del tracto solitario, con la consecuente posterior búsqueda del consumo de esta sustancia, ¡y todo sin haberla probado! De hecho, la conexión entre la microbiota y el cerebro se puede interrumpir de diferentes maneras: impidiendo que los azúcares y las grasas se acoplen a los receptores de las células o silenciando directamente a las mismas células para que no manden la información, o bien interrumpiendo la señal del nervio vago hacia los núcleos del troncoencéfalo o inhibiendo las células de esos núcleos. Esto demuestra que el intestino tiene poder suficiente sobre el cerebro como para decidir *cuándo* y *qué* comer sin tener en cuenta nuestros gustos culinarios.

Cuando comer es adictivo

Los diferentes núcleos del hipotálamo están conectados con otros centros del cerebro relacionados con el sistema de recompensa cerebral. Este sistema se compone de una serie de conexiones entre diferentes estructuras cuya función es reforzar todas esas acciones dirigidas a la supervivencia, como puede ser el alimentarnos, creando una sensación de placer en nosotros para que repitamos esa conducta. Recientemente se ha demostrado que la leptina tiene conexión con la dopamina en el cerebro, ya que además de ser una señal de saciedad, ayuda a que el comportamiento de ingesta de alimentos perdure, generándonos esa sensación de «ah, ¡qué bien he comido!» para que sigamos nutriéndonos. Por ejemplo, el núcleo lateral del hipotálamo detecta que los niveles de glucosa en el cuerpo están bajos cuando llevamos tiempo sin comer, y avisa al área tegmental ventral en el sistema de recompensa enviándole el neurotransmisor inhibidor de ácido gamma-aminobutírico para que se active y nos cree esa sensación de *mono* de azúcar y su posterior consumo. La microbiota también puede afectar a este sistema, por ejemplo, liberando ácidos grasos como el propionato, que reduce la respuesta de recompensa a alimentos calóricos. Además, este sistema comparte conexiones con otras estructuras encargadas de valorar el placer hedónico de la comida y del sistema ejecutivo que maneja los impulsos que nos empujan a comer o a resistirnos a la comida. Entre las estructuras más relevantes podemos encontrar la amígdala (que gestiona las emociones), el hipocampo (la memoria) y la corteza prefrontal (la toma de decisiones) entre otras.

A veces este sistema puede desestabilizarse y nos volvemos adictos al placer como recompensa a la ingesta, de tal forma que la comida se vuelve una adicción al igual que podemos ser adictos al alcohol o al tabaco. De hecho, la transmisión de la dopamina, que es el neurotransmisor que activa el sistema de recompensa, parece tener las mismas características que tiene una persona con adicción: hay un déficit de receptores de dopamina por lo que se necesitan grandes cantidades de la sustancia adictiva para sentir placer, lo que explica el consumo compulsivo de alimentos en personas obesas, ya que han desarrollado «tolerancia» al placer de comer. Es más, un estudio mostró que, cuanto mayor era el IMC, menor cantidad de receptores dopaminérgicos existían en personas obesas. Esto explica que las personas obesas puedan reaccionar a la comida como un adicto reacciona a una droga, ya que se comparte el mismo sistema cerebral dedicado a la adicción y muestran composiciones químicas y activaciones cerebrales similares. Por supuesto, dentro de la obesidad hay mucha variedad y no todos presentan este tipo de comportamiento, pero algunos estudios han mostrado que el incremento de adicción a la comida pasaba de un 10 por ciento en personas sin sobrepeso a un 25 por ciento en personas obesas.

En un estudio realizado en adolescentes obesos y no obesos a los que se les dio bebidas azucaradas con glucosa y fructosa para ver el desempeño de su cerebro con una imagen de resonancia magnética funcional, se demostró que los adolescentes obesos tenían la actividad aumentada en el hipotálamo y disminuida en la corteza prefrontal cuando tomaron glucosa, mientras que los adolescentes no obesos no mostraron cambios en el hipotálamo al tomar la bebida y tenían más actividad en el prefrontal. Esto demuestra que los cambios que produce la obesidad en el hipotálamo se relacionan con los mecanismos de toma de decisiones que regulan nuestra conducta para que podamos decir «no» a un alimento que queremos, o simplemente, para saber que debemos parar de comerlo. En un estudio similar, que planteaba ver las conexiones que tienen las personas obesas mientras bebían un batido azucarado, observaron que antes de tomar la bebida disminuía la actividad en áreas del sistema de recompensa y de toma de decisiones, y aumentaba en áreas relacionadas con la atención, y mientras se tomaban la bebida además de esto disminuía la actividad en el hipotálamo y la amígdala, entre otras. Esto significa que la obesidad cambia las conexiones neuronales para favorecer a las áreas que buscan estímulos placenteros en el ambiente (en este caso sería la comida), frente a aquellos sistemas que se encargan de valorar la necesidad de alimentarse y de la toma de decisiones para el consumo de alimentos. Este desajuste no sólo implica tener complicaciones en la regulación de la ingesta y en el control de impulsos, ya que el sistema de recompensa trata de afianzar esas conductas importantes que queremos conservar, por lo que un error en estas conexiones puede afectar a otros procesos cognitivos como el aprendizaje, la formación de predicciones, la toma de decisiones y la memoria de trabajo más allá de los contextos alimenticios. Por ello aumenta la probabilidad de provocar estados de ansiedad y depresión que a su vez ayudan a desestabilizar aún más el sistema del placer con la comida, en un círculo vicioso.

12.2. La obesidad daña a tu cerebro

Como ya hemos visto, la obesidad implica una desregulación del sistema de ingesta de nuestro organismo a través de cambios neuronales en el sistema nervioso central que pueden explicarse a través de procesos neuroinflamatorios centrales. La neuroinflamación conlleva el deterioro de la barrera hematoencefálica, lo que desestabiliza el equilibrio de sustancias importantes en el cerebro. Las principales consecuencias de este proceso son las alteraciones cognitivas y la neurodegeneración, que pueden arrastrarnos a trastornos como la demencia.

El deterioro de la memoria (y otras funciones)

Los procesos inflamatorios son una consecuencia común en síndromes metabólicos derivados de la obesidad y la resistencia a la insulina entre otras causas. En la obesidad, el tejido adiposo genera citoquinas proinflamatorias que son capaces de atravesar la barrera hematoencefálica y afectar al sistema nervioso central. Esto es importante, porque esta barrera es básicamente un órgano protector del cerebro que es capaz de responder a los estímulos del torrente sanguíneo (como la insulina y la leptina, u otros como el oxígeno, el agua o la glucosa) para adaptar su permeabilidad y permitir o no el paso a estas sustancias, y si se daña puede generar un desequilibrio importante que se relaciona finalmente con los trastornos inflamatorios y cognitivos. En modelos animales se ha probado que una dieta alta en grasas es capaz de alterar la permeabilidad de la barrera en general, pero puede afectar a ciertas estructuras que parecen ser más sensibles a la inflamación, como el hipotálamo y el hipocampo.

Los procesos inflamatorios dentro del cerebro ocurren de una forma diferente al resto del organismo, ya que cuenta con un tipo celular específico, las células gliales (astrocitos y microglía), que además se encargan de otros procesos importantes como el mantenimiento de la barrera hematoencefálica, el metabolismo celular de las neuronas y la comunicación neuronal. En el hipotálamo particularmente, cuando los ácidos grasos saturados traspasan la barrera, las células microgliales se vuelven reactivas y no sólo disminuyen la inflamación, sino que restablecen el orden natural y disminuyen la ingesta de comida. En otras estructuras, como el hipocampo, también se activan los astrocitos para responder a la inflamación. Por supuesto, el tipo de inflamación y las áreas afectadas dependen del tipo de dieta y también de su duración.

La inflamación tiene importantes consecuencias a nivel cognitivo y en el estado de ánimo, al interrumpir el funcionamiento normal del cerebro o las características neuronales. En condiciones de obesidad se ha visto que la neurogénesis disminuye en el giro dentado del hipocampo, y además las neuronas restantes pueden verse modificadas morfológicamente, acortando las zonas relacionadas con la comunicación con otras neuronas. En ratas existe una menor capacidad de memoria y aprendizaje, un aumento de la ansiedad y síntomas relacionados con la depresión,[19] y los resultados son peores cuanto mayor es el porcentaje de grasa en la dieta y ésta se mantiene a largo plazo. A través de

19. Las funciones cognitivas en ratones y ratas se valoran a través de diferentes pruebas en laberintos o en el reconocimiento de objetos (aprendizaje y memoria) y se evalúa la ansiedad/depresión observando la reacción a eventos estresantes.

técnicas de imagen como la resonancia magnética, se ha visto que las personas obesas tienen un menor volumen en las estructuras cerebrales y muestran menos activación cerebral, con el consecuente peor desempeño cognitivo en tareas de función ejecutiva, de memoria y en el procesado de la información. Esto tiene una relación directa con otras características de la obesidad como la resistencia a la insulina, la inflamación y el IMC. Pero más allá de esto, se ha comprobado que una dieta alta en grasas en ratonas gestantes provoca procesos inflamatorios mediados por microglía, curiosamente, sólo en los fetos machos. La microglía activada «se come» la serotonina en los cerebros de los fetos y estos cambios perduran hasta la etapa adulta. Tanto en ratones macho como en humanos se ha visto que cuanto mayor sea la acumulación de triglicéridos en la placenta, menos niveles de serotonina tendrá la progenie.

Última parada: demencia

Los déficits cognitivos asociados a la obesidad transcurren mientras ésta se desarrolla en el tiempo, por lo que los síntomas negativos progresarán a su vez hasta que las funciones cerebrales queden totalmente deterioradas. Cuando la neurodegeneración supera a los recursos compensatorios del cerebro podemos pasar por diferentes fases de deterioro, desde un trastorno cognitivo leve hasta, finalmente, algún tipo de demencia. Se ha demostrado que la obesidad aumenta el riesgo de padecer un trastorno cognitivo leve previo a la demencia, y cuanto mayor es el IMC, mayores serán los síntomas cognitivos, independientemente de la edad de la persona, ya que adolescentes y niños con obesidad muestran menores rangos de función cognitiva. Se podría decir que la obesidad, al cursar con sus propios trastornos estructurales y cognitivos a nivel cerebral, acelera la neurodegeneración debida al envejecimiento y provoca la aparición de trastornos cognitivos severos.

La enfermedad de Alzheimer es considerada la principal causa de demencia, y se caracteriza por una neurodegeneración progresiva que implica la pérdida de funciones de memoria y, además, trastornos en el lenguaje y en el comportamiento. Las siguientes en la lista son las demencias causadas por enfermedades cerebrovasculares. Existe la teoría de que la obesidad es un factor precipitante de ambas, ya que aumenta el riesgo de sufrir enfermedades vasculares y causa neuroinflamación y neurodegeneración cerebral, por lo que el IMC o la circunferencia de la cintura, en relación con la edad, pueden ser usadas para predecir el riesgo de padecer algún tipo de demencia. Algunos estudios han evaluado diferentes índices de obesidad en un amplio rango de edades y han hecho un seguimiento durante años para conocer si finalmente desarrollaron o no demencia. Se mostró que la obesidad en adultos menores de 65 años aumentaba la probabilidad de tener demencia, pero esto no ocurría en mayores de 65 años. Un bajo IMC en la población más envejecida se asocia con un mayor pronóstico de demencia, debido a que la rápida pérdida de peso es una característica propia de los procesos neurodegenerativos, por lo que en estas edades el sobrepeso se relaciona con un buen desempeño cognitivo. De hecho, en personas de 35-55 años a las que se les siguió durante treinta años y que finalmente padecieron demencia, tenían un IMC alto 16-28 años antes del diagnóstico, pero que disminuyó notablemente ocho años antes del mismo. Es importante señalar también que la medida de obesidad que se utiliza puede relacionarse de diferente forma con el pronóstico de la demencia, ya que muchos no han encontrado relación con el IMC, pero sí con la circunferencia de la cintura. Específicamente, la enfermedad de Alzheimer se caracteriza por la presencia de acumulaciones de proteína amiloide que las neuronas no son capaces de retirar y que provocan neuroinflamación, cambios en la proteína tau (que también se asocia a diferentes demencias) y la consiguiente pérdida de contactos entre neuronas, neurodegeneración y muerte neuronal. La misma proteína amiloide estaba presente en el cerebro de pacientes con obesidad que fallecieron antes de que se les diagnosticara demencia. Esto prueba que una dieta alta en grasa puede comenzar un proceso neurodegenerativo importante incluso antes de que aparezcan síntomas cognitivos relevantes, y se comprobó aplicando esta dieta a ratones y confirmando que la neuroinflamación del tejido adiposo aumenta el precursor de la proteína amiloide.

12.3. ¿Hay camino de vuelta?

Queda claro que la obesidad es una peligrosa autopista hacia un final precipitado y trágico. ¿La buena noticia? Que siempre hay desvíos que nos permiten cambiar de dirección. Existen varias formas de revertir los cambios que produce la obesidad a nuestro cerebro, y la mayoría se centran en la disminución de la grasa corporal. Para empezar, debemos pensar en realizar un cambio de dieta. Se ha demostrado que los ratones que presentaban déficits cognitivos por una dieta alta en grasas durante tres meses pudieron recuperar sus niveles normales de desempeño en tareas de memoria tras continuar con una dieta equilibrada en un período de tres meses. Además, a través de la dieta podemos cambiar diferentes aspectos: por ejemplo, con la inclusión de alimentos prebióticos, se puede restaurar la microbiota para que cree un efecto ansiolítico y antidepresivo, y eliminar la compulsión por la comida. El consumo de alimentos específicos como las grasas insaturadas (omega 3 y omega 9) disminuye la activación de la microglía en el hipotálamo y libera a la señal POMC para favorecer la saciedad. Otras aproximaciones como la restricción calórica también parece que favorecen la disminución de la neuroinflamación y revierten el deterioro cognitivo. Y, por supuesto, la actividad física al ayudarnos a quemar grasas reduce la producción de citoquinas proinflamatorias, reduce la resistencia a la insulina y la leptina, disminuye la señal de NPY y promueve a POMC, y además frena el estrés oxidativo que genera la neurodegeneración. Actualmente se están desarrollando otras aproximaciones de tipo farmacológico, como el uso de la nicotina para equilibrar el balance de la saciedad y la ingesta y controlar el apetito, o quirúrgica, como la estimulación cerebral profunda, que consiste en dar pequeñas corrientes a través de unos electrodos situados en estructuras cerebrales específicas como el núcleo accumbens, para frenar la compulsión por la comida, y el hipotálamo, para aumentar el gasto energético. Sin embargo, aún falta un largo camino de investigación para aplicar estos métodos de la forma más eficiente. Con cambios sencillos que impliquen hábitos saludables es posible tomar el control y mejorar no sólo la calidad de vida, sino también nuestra calidad cerebral.

OBESIDAD Y CEREBRO

¿Quién está al mando?

LA MICROBIOTA INFLUYE, ¡Y MUCHO!

La microbiota intestinal es capaz de regular las señales que llegan al cerebro para que éste interprete lo que debe comer y en qué momento, ya que él gestiona el apetito y la ingesta de alimentos.

LA OBESIDAD CAMBIA LAS REGLAS

En las personas obesas los mecanismos que regulan la saciedad o el consumo de alimentos están descompensados, de manera que la conducta se centra en la sobrealimentación.

EL CEREBRO SE VUELVE ADICTO A LA COMIDA

En la obesidad también hay cambios estructurales en el sistema de recompensa cerebral, de manera similar a como ocurre en procesos adictivos. Así que se come más y empeora la obesidad.

LA OBESIDAD PUEDE ASOCIARSE A ENFERMEDADES MENTALES

Una dieta desequilibrada puede provocar resistencias centrales a insulina, leptina y grelina (o incluso diabetes). Esto conlleva inflamación cerebral asociada a procesos neurodegenerativos y trastornos del estado del ánimo.

TOMAR EL CONTROL PARA REVERTIR ESOS CAMBIOS

Con dietas adecuadas, añadiendo prebióticos y grasas insaturadas (omega 3 y 9) y con actividad física, se puede restaurar la microbiota y disminuir los procesos inflamatorios que se asocian con la neurodegeneración.

13

Obesidad e hígado. Cuando nos volvemos paté

Patricia Marañón Barnusell
Águeda González Rodríguez

13.1. El hígado, el laboratorio del cuerpo

El hígado es uno de los órganos que forman parte del aparato digestivo y al que podríamos considerar el laboratorio del cuerpo ya que, principalmente, transforma moléculas complejas en otras más sencillas. Una de sus principales funciones es la transformación de los alimentos que consumimos en moléculas simples que puedan ser utilizadas por el organismo para diferentes fines como, por ejemplo, la producción de energía. Sin embargo, el hígado realiza otras muchas funciones, ya que se encarga de metabolizar (es decir, transformar químicamente para hacerlas útiles para el organismo) casi todas las sustancias que entran en nuestro cuerpo, no sólo alimentos, sino también otras como medicamentos o alcohol.

En un estado de obesidad donde el tejido adiposo alcanza su límite en la acumulación de lípidos, éstos pueden escaparse y almacenarse en otros órganos tales como el hígado. A la acumulación de grasa en el hígado se le denomina *enfermedad del hígado graso no alcohólico* (EHGNA) y, como veremos más adelante, interfiere con el normal desarrollo de sus funciones. Además, la patología no termina aquí, sino que dará pie a que la enfermedad pueda progresar y dar lugar a un órgano fibrótico que sea inútil y necesite, incluso, ser reemplazado.

Antes de poder adentrarnos en la patología, necesitamos conocer su estructura, cómo funciona el hígado cuando está sano y ver en detalle cuáles son sus funciones principales.

Anatomía del hígado

Este órgano se encuentra en la parte superior de la cavidad abdominal y es de los órganos más grandes de nuestro cuerpo. Se divide en dos lóbulos, los cuales están compuestos por miles de lobulillos que se consideran la unidad estructural del hígado. Vamos a ver de qué constan estos lobulillos. Imagina un hexágono, todo su interior está compuesto de las principales células del hígado: los hepatocitos. Éstas son las células obreras del hígado, aprovechan el oxígeno y los nutrientes que llegan transportados por la sangre y los transforman en metabolitos y en sustancias de desecho. Además, desempeñan otras funciones como la regulación de la concentración de hierro en sangre. Sin embargo, este órgano está compuesto por otros tipos celulares diferentes, lo que le permite desarrollar distintas funciones biológicas. Encontramos también, entre otras, a las células estrelladas hepáticas cuya función en condiciones basales consiste en almacenar vitamina A. Sin embargo, si se origina alguna herida en el tejido hepático, las células estrelladas se activan para frenar la progresión de la herida y formar una cicatriz, produciendo fibras de colágeno. La progresión de este proceso da lugar a fibrosis hepática.

Metabolismo de nutrientes

Ya hemos visto que el hígado principalmente va a transformar aquellas sustancias que entran en el organismo, pero también es capaz de regular su actividad metabólica en función de si estamos en ayunas o acabamos de comer. Esto también va a depender de las necesidades energéticas del hígado. Recuerda que el hígado va a obtener energía a partir de los nutrientes, pero ¿en qué consiste el metabolismo de estos nutrientes? Veámoslo:

1. Metabolismo de glúcidos. Cuando consumimos hidratos de carbono con la dieta estamos consumiendo lo que comúnmente se conoce como azúcares.

Este tipo de nutrientes suponen la principal fuente de energía del organismo y llegan al hígado en su forma más sencilla (monosacáridos), siendo el más abundante la glucosa. Por ello, en función de nuestras necesidades energéticas de cada momento, el hígado va a modular la concentración de glucosa en sangre. Cuando una célula necesita energía va a realizar un proceso que se denomina *glucólisis*, por el cual se produce la rotura de la glucosa generando energía. En caso de no disponer de glucosa, como sucede durante el ayuno, el hígado va a ser capaz de producir glucosa a partir de otros sustratos para suplir la deficiencia de hidratos de carbono de la dieta. Este proceso se denomina *gluconeogénesis*, es específico del hígado y se da en situaciones de hipoglucemia (baja concentración de glucosa en sangre).

En el caso de que haya un exceso de glucosa en sangre (hiperglucemia) el hígado la va a almacenar en forma de glucógeno, que funciona como un reservorio de energía.

2. Metabolismo de lípidos. Otro de los principales grupos de nutrientes que consumimos con la dieta son las denominadas «grasas» o lípidos. Se pueden encontrar en diferentes formas en los alimentos; seguro que has oído hablar de los triglicéridos o el colesterol: éstos son ejemplos de lípidos presentes en la dieta. Los lípidos tienen función estructural porque están presentes en las membranas de todas las células de nuestro organismo; pero, además, tienen función energética, es decir, que al igual que pasa con los azúcares, el organismo es capaz de obtener energía a partir de los lípidos.

En el hígado, la degradación de los triglicéridos da como resultado un glicerol y tres ácidos grasos. El glicerol resultante es utilizado para los procesos de glucólisis (degradación de glucosa) y gluconeogénesis (síntesis de glucosa *de novo*), mientras que los ácidos grasos se someten al proceso de β-oxidación en la mitocondria gracias al cual se genera energía. Además, el hígado también puede volver a unir el glicerol y los ácidos grasos generando de nuevo triglicéridos, los cuales se transportan a otros órganos donde se almacenan (tejido adiposo) o se utilizan para la obtención de energía (músculo esquelético).

Regulación de las funciones metabólicas

Pero ¿cómo sabe el hígado qué es lo que necesita el organismo en cada momento? Cuando el organismo dispone de suficiente glucosa en sangre, el páncreas va a liberar insulina, que dará la señal para que se genere energía mediante la glucólisis y para que el hígado lleve a cabo el almacenamiento de la glucosa sobrante gracias a la síntesis de glucógeno; además favorece la síntesis de ácidos grasos y colesterol. Por el contrario, si estamos en ayunas, la concentración de glucosa en sangre es baja, el páncreas va a liberar glucagón que dará la orden al hígado de sintetizar glucosa *de novo* (gluconeogénesis) y de movilizar las reservas de glucosa almacenada en forma de glucógeno. Asimismo, el glucagón favorece la degradación de los triglicéridos para la obtención de energía.

13.2. ¿Por qué el hígado acumula grasa?

Ahora que ya sabes cómo funciona el hígado y cuáles son sus principales funciones, vamos a ver qué ocurre cuando el hígado se ve sobrecargado de trabajo y empieza a fallar en la realización de algunas de ellas.

Ya hemos hablado de los hepatocitos. Estas células son las principales encargadas de producir energía a partir de sustratos energéticos, de sintetizar estos compuestos cuando son necesarios en otros tejidos, por ejemplo, durante el ayuno, o de almacenarlos cuando se encuentran en exceso. Recuerda que todas estas funciones van a estar reguladas por hormonas, más específicamente por la insulina y el glucagón, que indican al hígado la necesidad de generar energía, de sintetizar sustratos energéticos (glúcidos y lípidos) o de almacenarlos.

Cuando hay un exceso de sustratos energéticos en el hígado, su capacidad para metabolizarlos se ve saturada, por lo que los hepatocitos, que tienen una alta predisposición a la captación de ácidos grasos, van a empezar a acumularlos en su interior y darán lugar a depósitos de ácidos grasos en forma de gotas de grasa en el interior de las células hepáticas. El problema de esta acumulación de grasa es que puede generar productos tóxicos que van a dañar las células hepáticas de manera que no van a poder cumplir sus funciones correctamente.

¿En qué condiciones se puede producir un exceso de lípidos que sature al hígado? En primer lugar, por la dieta. Hoy en día disponemos de gran cantidad de alimentos a nuestro alcance (muchas veces hipercalóricos) y solemos tener un estilo de vida sedentario. Esto puede suponer que mediante la dieta aportemos al organismo un exceso de energía que no necesita, por lo que el organismo tiende a almacenarla. Recuerda que los lípidos se acumulan en el tejido adiposo; sin embargo, cuando este trastero de energía se llena, estos lípidos empiezan a acumularse en células hepáticas. Así es, en nuestros pobres hepatocitos.

La acumulación de grasa en el hígado también se produce cuando se genera resistencia a la insulina. El hígado genera energía a partir de la glucosa y, en caso de que no se necesite tanta energía como se está produciendo, será almacenada en forma de glucógeno. La insulina también da la señal de que se genere energía a través de los ácidos grasos y de que el exceso sea almacenado en forma de triglicéridos. Cuando hay resistencia a la insulina en el hígado, éste es incapaz de entender la información que le llega a través de aquélla. No va a detectar que hay disponibilidad de glúcidos y lípidos en la sangre por lo que va a continuar generándolos, de manera que su exceso va a ser almacenado en el hígado.

La insulina también tiene efectos en tejidos extrahepáticos. Cuando se produce resistencia a la insulina en el tejido adiposo, éste va a liberar los ácidos grasos almacenados para que, a través de la sangre lleguen al hígado, donde se acumulan.

Además, se pueden producir defectos en las rutas de metabolización de los lípidos. Para poder obtener energía de los lípidos, éstos experimentan un proceso denominado β-oxidación en la mitocondria. Cuando la mitocondria no funciona correctamente, estos lípidos no se van a poder metabolizar y van a ser almacenados en el hígado.

Por tanto, todas estas situaciones van a favorecer la acumulación de lípidos en el interior de los hepatocitos en forma de gotas de grasa. Esta situación se conoce como esteatosis. Los lípidos almacenados pueden resultar tóxicos para los hepatocitos en un proceso denominado *lipotoxicidad*. Se va a desencadenar una serie de mecanismos mediante los cuales la célula intenta restaurar su estado normal. Si la situación de estrés es continuada, se activan las rutas inflamatorias e, incluso, se pueden producir señales apoptóticas,[20] que tienen como consecuencia la muerte de la célula.

13.3. ¿Qué es el hígado graso no alcohólico? Estadísticas y posibles consecuencias

La enfermedad del hígado graso no alcohólico (EHGNA) engloba diferentes fases patológicas que tienen lugar en ausencia de consumo de alcohol. Inicialmente se produce la captación de grasa por los hepatocitos en los que se acumula: se conoce como esteatosis simple (ESNA) a una presencia de grasa superior al 5 por ciento del peso total del hígado.

Si realizamos un análisis del tejido hepático con esteatosis, veremos las gotas de grasa en el interior de los hepatocitos. A medida que la enfermedad avanza y se va agravando, se produce lo que se conoce como esteatohepatitis (EHNA). El nombre de esta fase (termina con el sufijo *-itis*) ya nos indica que va a cursar con inflamación del tejido: se va a producir la infiltración de células del sistema inmunitario, es decir, todas las células «soldado» de nuestro cuerpo van a acudir a la zona afectada para intentar curar el daño. Además, se observa en el tejido hepático lo que se conoce como balonización de los hepatocitos; cuando esto sucede, el citoplasma de estas células se hincha y el núcleo se desplaza.

Cuando este daño continúa (daño crónico), se puede desarrollar fibrosis hepática. En este proceso las células estrelladas del hígado (que en condiciones normales se encargan de almacenar vitamina A) se van a transformar y, como Clark Kent cuando se pone su traje de Superman, van a cambiar su aspecto a lo que se conoce como miofibroblasto, es decir, células capaces de producir fibras. Por tanto, la forma de estas células cambia y su función también: dejan de almacenar vitamina A y empiezan a producir proteínas de la matriz extracelular. ¿Qué significa esto? Como se está produciendo un daño en el tejido hepático, el híga-

20. La apoptosis es un tipo de muerte celular en el que la propia célula dañada desencadena una cascada de señales que provocan la muerte de la misma.

do va a intentar parar la progresión del daño produciendo una cicatriz de manera que la herida no se extienda al resto del tejido. Para ello, las células estrelladas hepáticas liberan proteínas para crear fibras de colágeno que van a formar esa cicatriz. Este proceso va a ayudar a frenar la progresión del daño; sin embargo, la zona en la que se está produciendo la fibrosis pierde su elasticidad y su funcionalidad.

La EHGNA puede progresar a estadios más graves como la cirrosis, en la que se da un grado muy avanzado de fibrosis y el hígado pierde gran parte de su funcionalidad. También se puede desarrollar hepatocarcinoma celular, es decir, cáncer de hígado.

En esta imagen puedes ver un esquema de la progresión de la EHGNA, así como fotos de tejido hepático en los diferentes estadios de la enfermedad.

Figura 13.1. El hígado acumula grasa

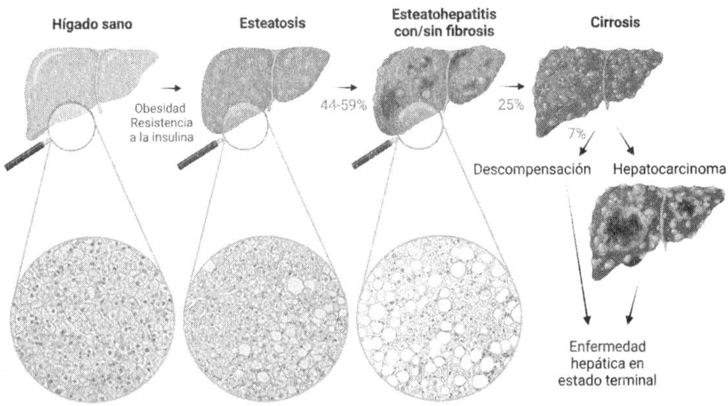

Fuente: Creado con BioRender.com.

Pero ¿por qué se produce la enfermedad de hígado graso no alcohólico? ¿Qué es lo que hace que se produzcan estos cambios en el funcionamiento del hígado? Los mecanismos implicados en el desarrollo y progresión de esta enfermedad son complejos y dependen de muchos factores. Inicialmente se desarrolló la teoría del doble impacto como respuesta a estas cuestiones. Según esta teoría, la vida sedentaria, la sobrenutrición, el sobrepeso y la resistencia a la insulina actuarían como el primer impacto que llevaría a la acumulación de grasa en el hígado. Esto haría que el hígado fuese más sensible a nuevos agravios que conformarán el segundo impacto y que tendrían como consecuencia la activación de la cascada inflamatoria y la fibrogénesis, produciéndose así la progresión de la enfermedad.

En la actualidad se habla más de la teoría de múltiples impactos, es decir, la presencia de diferentes impactos sobre el hígado que actúan en paralelo, produciendo la progresión de la enfermedad.

Ahora que ya sabes en qué consiste la enfermedad del hígado graso no alcohólico, debes saber que se trata de la enfermedad hepática crónica más común en todo el mundo. Se considera la manifestación en el hígado del síndrome metabólico.[21]

El hecho de que hoy en día llevemos una vida más sedentaria, con una peor alimentación en la que se incluyen muchos alimentos procesados, ha producido un incremento en los casos de obesidad y diabetes tipo 2 y, como consecuencia, también se ha visto aumentada la presencia de EHGNA en la población. De hecho, en pacientes obesos y diabéticos la incidencia de EHGNA puede ser del 50 por ciento, es decir que ¡la mitad de estos pacientes probablemente padezcan EHGNA! En cuanto a la población adulta de peso normal, la incidencia de EHGNA se encuentra en torno a un 25 por ciento (lo cual representa un cuarto de la población, no está mal ¿no?), aunque su prevalencia es mayor en países occidentales, lo cual es lógico si tenemos en cuenta el estilo de vida propio de estas regiones. Esto no quiere decir que el 25 por ciento de la población desarrolle cáncer de hígado. Los pacientes de EHGNA son generalmente asintomáticos y sólo presentan esteatosis simple. Sin embargo, de estos pacientes entre un 44 y un 59 por ciento terminan desarrollando esteatohepatitis con diferentes grados de fibrosis. Un 25 por ciento de los pacientes progresan hasta cirrosis mientras que sólo un 7 por ciento llegan a un punto de descompensación en el cual el hígado no funciona y el paciente requiere de un trasplante.

21. Conjunto de trastornos que aumentan la probabilidad de padecer enfermedad cardíaca, accidente cerebrovascular y diabetes tipo 2.

Sin embargo, la progresión de la EHGNA no siempre es lineal, y se pueden observar períodos tanto de progresión de la enfermedad como de regresión de la misma. De hecho, y puesto que uno de los factores de riesgo asociados a la EHGNA es el sobrepeso, en pacientes en los que se ha producido una disminución de su peso se ha podido observar una mejoría en la enfermedad.

13.4. Armas para detectar el hígado graso no alcohólico

El hígado es un órgano con una alta capacidad de regeneración y, de hecho, durante las primeras fases de la enfermedad es posible revertir esta situación. Por esta razón, es importante detectar la acumulación de grasa en el hígado lo antes posible, de manera que seamos capaces de tomar medidas que permitan frenar el desarrollo de la EHGNA. Esto ha hecho que se inviertan grandes esfuerzos en el desarrollo de métodos diagnósticos para la detección temprana de esta enfermedad. Una de las principales dificultades de su diagnóstico es que se trata de una enfermedad asintomática, y lo que generalmente nos da la pista de la presencia de esta enfermedad es el aumento en los análisis de sangre de los niveles de transaminasas.[22] Sin embargo, esto no se da siempre, por lo que muchos pacientes no son diagnosticados, o su diagnóstico se establece cuando la enfermedad está en fases más avanzadas. A continuación, vamos a hacer un repaso por las diferentes técnicas a nuestro alcance, destacando sus ventajas y desventajas.

Métodos invasivos: biopsia hepática

La biopsia hepática es el método diagnóstico de referencia empleado en la detección de la EHGNA. Esta prueba consiste en la extracción de un trozo muy pequeño de hígado. Gracias a la tinción del tejido con diferentes colorantes podremos determinar si

22. Las transaminasas son proteínas presentes en el hígado y otros órganos cuya elevación suele ser un indicio de daño hepático.

el hígado presenta grasa acumulada (esteatosis), esteatohepatitis o fibrosis. De hecho, estos tejidos son evaluados por un experto que les da una puntuación en función del daño que presenta (*NAFLD Activity Score*) y una evaluación del grado de fibrosis en cuatro estadios. La biopsia hepática es el único método validado para el diagnóstico de la EHGNA; sin embargo, presenta bastantes inconvenientes. Se considera una técnica invasiva, ya que literalmente consiste en extraer un trozo de hígado (aunque éste sea muy pequeño), lo que puede suponer, como cabe imaginar, una serie de complicaciones. Además, el hígado es un órgano grande y el daño no va a estar repartido por igual en toda su extensión, por lo que es posible que la parte que examinemos no sea representativa del daño real. Otro de sus inconvenientes es que el diagnóstico es bastante subjetivo y va a depender de quién sea el experto que lo examine, es decir, que dos patólogos diferentes pueden valorar una misma muestra de distinta manera. Además, esta intervención conlleva un alto coste.

Métodos no invasivos

Por suerte, tenemos a nuestra disposición otras herramientas que son menos invasivas. Estos métodos no presentan contraindicaciones ni complicaciones, y su precisión para excluir la presencia de cirrosis y fibrosis avanzada es cada vez mayor. De hecho, muchas de estas técnicas están siendo incorporadas a las consultas de rutina y la combinación de varias de ellas puede evitar la necesidad de realizar una biopsia.

Métodos de imagen

La más común es la ecografía abdominal, técnica de ultrasonido que permite detectar la presencia de grasa en el hígado, aunque no cuantificarla; determina si su presencia es leve, moderada o importante. Esta técnica es barata y de fácil acceso; de hecho, en muchos casos la esteatosis hepática se detecta al realizar una ecografía abdominal por otros motivos. Además, se puede repetir para hacer un seguimiento del paciente. Una técnica similar a la ecografía abdominal es la tomografía computarizada, en la que se mide la atenuación del ultrasonido debida a la grasa.

También disponemos de la resonancia magnética, con la que se pueden diferenciar tejidos que contienen grasa, agua o una mezcla de ambos, por lo que permite detectar la esteatosis. De hecho, detecta menores cantidades de grasa que las técnicas anteriores, pero al contrario que éstas, es menos accesible y su coste es mayor. Lamentablemente, ninguna de estas técnicas permite diferenciar la esteatosis de la esteatohepatitis o la fibrosis.

La elastografía de transición, como el FibroScan, permite medir la rigidez del hígado, por lo que se usa para detectar fibrosis. Su precisión es alta pero, en algunos casos, como en pacientes obesos, puede haber interferencias en el diagnóstico.

Métodos serológicos

Como hemos comentado al principio de este apartado, una de las principales señales de que algo va mal en nuestro hígado es la presencia de una cantidad elevada de transaminasas. Además, gracias al análisis de la sangre de los pacientes podemos obtener datos como el contenido en triglicéridos, plaquetas, albúmina, etcétera. Estos valores, junto con otros que podemos obtener de una consulta rutinaria como es el IMC o la edad del paciente, nos pueden dar muchas pistas de su estado de salud. De hecho, se han desarrollado algoritmos, es decir, ecuaciones matemáticas que combinan todos estos datos y permiten predecir el estado del hígado. Algunos ejemplos son el *Fatty Liver Index* (FLI), que determina la presencia de grasa en hígado, o el *NAFLD Fibrosis Score*, *Fibrosis 4 Score* y el *Hepamet Fibrosis Score*, este último desarrollado por científicos españoles, que predicen la presencia de fibrosis y el grado de la misma. Sin embargo, uno de los problemas de estos algoritmos es que muchos pacientes quedan en la «zona gris», es decir, que el resultado obtenido no es concluyente y no se puede dar un diagnóstico claro.

Además, existen métodos metabolómicos como es el caso del *Owl Liver Test* que ha desarrollado el perfil metabolómico, es decir, el tipo de moléculas que es más probable encontrar en la sangre de pacientes con EHGNA, y permite predecir si estos pacientes tienen esteatosis o esteatohepatitis.

13.5. Alimentación saludable y ejercicio: el mejor tratamiento para el hígado graso no alcohólico

Ya hemos comentado que en los países occidentales el sedentarismo y la mala alimentación contribuyen a que la prevalencia de EHGNA sea cada vez mayor. Por ello, el estilo de vida del paciente va a ser el foco de atención para el tratamiento de la enfermedad.

Como en la actualidad no se dispone de tratamientos farmacológicos probadamente efectivos para el tratamiento de la EHGNA, el abordaje terapéutico de esta enfermedad debe ser integral y multidisciplinario, incluyendo medidas de prevención y regresión de daño hepático y fibrosis, y se basa en modificaciones en el estilo de vida, dieta, ejercicio, medicamentos específicos para tratar la disfunción hepática y los factores de riesgo, como obesidad, hiperlipemia —es decir, aumento de grasas circulantes en sangre— y diabetes.

Las reducciones de peso de un 5 por ciento pueden inducir una resolución casi universal de la esteatohepatitis, y una mejora de la fibrosis en al menos una etapa. Además, necesitamos explorar el papel de las calorías totales y el tipo de dieta de pérdida de peso, los micro y macronutrientes, los beneficios basados en la evidencia de la actividad física y el ejercicio. Seguir una dieta mediterránea puede reducir la grasa del hígado incluso sin pérdida de peso, y es la pauta dietética más recomendada para la EHGNA.

OBESIDAD E HÍGADO

Cuando nos volvemos paté

EL HÍGADO, EL LABORATORIO DEL CUERPO

El hígado es uno de los órganos que forman parte del aparato digestivo. Principalmente, transforma los alimentos que consumimos en moléculas simples para la producción de energía.

¿POR QUÉ EL HÍGADO ACUMULA GRASA?

Cuando el hígado tiene una sobrecarga, empieza a acumular productos obtenidos a partir de la transformación de alimentos, como la grasa. Esto puede producir un efecto tóxico para el hígado.

¿QUÉ ES EL HÍGADO GRASO NO ALCOHÓLICO?

La enfermedad del hígado graso no alcohólico (EHGNA) se inicia con la acumulación de grasa en el hígado y puede avanzar a fases más graves con inflamación y fibrosis hepática.

ARMAS PARA DETECTAR LA EHGNA

El hígado es un órgano con una alta capacidad de regeneración y un diagnóstico temprano puede ayudar a revertir la EHGNA.

ALIMENTACIÓN SALUDABLE Y EJERCICIO: EL MEJOR TRATAMIENTO

Se ha demostrado que la pérdida de peso puede frenar la progresión de la EHGNA e incluso revertirla. Por lo tanto, su principal tratamiento es la modificación del estilo de vida de estos pacientes.

14

Obesidad y páncreas. El enemigo desconocido

Carlos Guillén Viejo

Como no podía ser de otra manera, la obesidad también afecta al normal funcionamiento del páncreas. Este órgano es el encargado de regular la homeostasis metabólica del organismo. *Homeostasis*, ¡vaya palabra! Este término hace referencia al mantenimiento de un equilibrio dentro de unos márgenes fisiológicos que son considerados normales. De hecho, seguro que una parte de los lectores sabe que el páncreas tiene dos funciones principales, por lo que distinguimos entre páncreas exocrino y páncreas endocrino. En la primera, el páncreas exocrino participa en la digestión química de los alimentos, es decir, produce enzimas encargadas de la ruptura de los nutrientes ingeridos en unidades más pequeñas que puedan ser absorbidas por el intestino. El páncreas endocrino, por otro lado, es capaz de producir una serie de hormonas, entre las cuales las más conocidas son la insulina y el glucagón. En este capítulo se van a explicar las bases de la patología conocida como páncreas graso, así como su relación con otras enfermedades.

14.1. ¿Qué es el páncreas graso? Lipotoxicidad en el páncreas

Con la aparición y acumulación de contenido lipídico en el páncreas, éste se vuelve graso. Aunque su existencia y las posibles consecuencias del páncreas graso se conocen desde hace décadas, su posible relevancia clínica está actualmente en debate. Hace años, la aparición de grasa en el interior del páncreas era considerada normal y no patológica, pero recientemente se ha descrito que está relacionada con otras enfermedades, como la diabetes tipo 2, la pancreatitis aguda y el síndrome metabólico, como trataremos más adelante.

En cualquier enfermedad es muy importante determinar los datos epidemiológicos de la enfermedad: ¿a cuántas personas afecta? ¿Cuáles son los valores normales de grasa en el páncreas? ¿Y los patológicos? La falta de consenso con respecto a la identificación de páncreas graso ha dado lugar a la especulación de si existe realmente esta enfermedad o si se trata de acumulación normal de grasa peripancreática, es decir, alrededor del órgano y en contacto con las estructuras lobulares normales en el páncreas. También, puede deberse a la aparición de adipocitos (células propias del tejido adiposo) en el interior del páncreas o, incluso, a la aparición de ambos procesos. La existencia de estos adipocitos en el tejido pancreático es menos conocida que lo que ocurre en el hígado y se cree que se trata de una infiltración de los adipocitos cercanos al páncreas. Además, en este sentido, se sabe que, a medida que envejecemos, existe una cierta tendencia a aumentar el contenido graso en el páncreas. Esta acumulación parece que es máxima entre la tercera y cuarta década de vida del individuo. Por este motivo, es muy importante definir cuáles son los límites normales de acumulación de grasa en el páncreas para poder determinar de una manera clara el diagnóstico de páncreas graso.

Para poder entender cómo puede afectar la acumulación de grasa al funcionamiento del páncreas, primero échale un ojo a la figura 14.1.

En ella se indica la anatomía del páncreas y una ampliación y detalle del interior del mismo, indicando la situación de los acinos pancreáticos y de los islotes de Langerhans, donde están localizadas las células β pancreáticas, encargadas de la producción de la hormona insulina. Los islotes pancreáticos no sólo contienen células β, sino que están compuestos por más células. Sin embargo, el impacto que tiene el páncreas graso sobre los otros tipos celulares necesita de un mayor estudio, por lo que no nos centraremos en ellos.

Figura 14.1. Estructura del páncreas

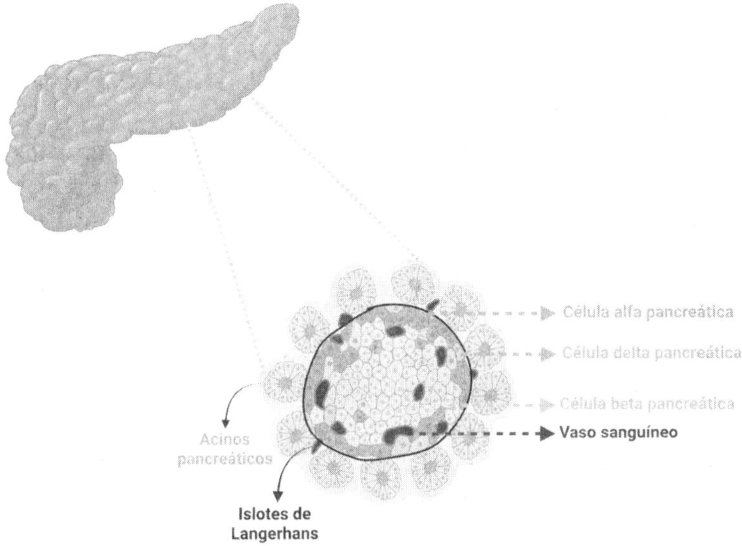

Fuente: Creado con BioRender.com.

Ya conoces el término lipotoxicidad y no te sorprenderá que, al igual que en otros órganos, existe un efecto tóxico de los ácidos grasos en las células β pancreáticas. La acumulación de lípidos en el páncreas induce el proceso de apoptosis. Si estas células mueren, su población se ve mermada y con ello se pierde su funcionalidad, por lo que el manejo de la glucosa en sangre se complica. Pero no sólo las células β pancreáticas se verán afectadas por la acumulación grasa, sino que las células que forman parte del páncreas exocrino (acinos pancreáticos) también pueden sufrir el proceso de apoptosis. Sin embargo, las cosas no son tan fáciles como parecen. Este ambiente lipotóxico se complica en otras situaciones como, por ejemplo, de diabetes mellitus tipo 2 (DMT2), donde existe también hiperglucemia (altos niveles de azúcar en sangre).

La acumulación de glucosa en las células β potencia los efectos tóxicos de los lípidos ya acumulados y da lugar a un fenómeno conocido como glucolipotoxicidad. Es decir, las células β pancreáticas están siendo envenenadas al mismo tiempo por la grasa y por el azúcar elevados, por lo que programan su muerte. Y claro, cuando empiezan a faltarnos las células β, también nos falta la hormona que producen, que es la insulina. Habrás observado que algunos diabéticos (los de tipo 1), que son aquéllos que no producen la insulina, se la tienen que inyectar, por lo que, si tuviéramos una pérdida importante de estas células, podríamos encontrarnos en serios problemas. También se ha visto que pacientes que presentan este fenómeno de lipotoxicidad pueden desarrollar diabetes tipo 2 y, si es muy grave, necesitarán inyecciones de insulina. Los mecanismos moleculares de estos procesos están actualmente en estudio.

Figura 14.2. Efectos de la glucolipotoxicidad

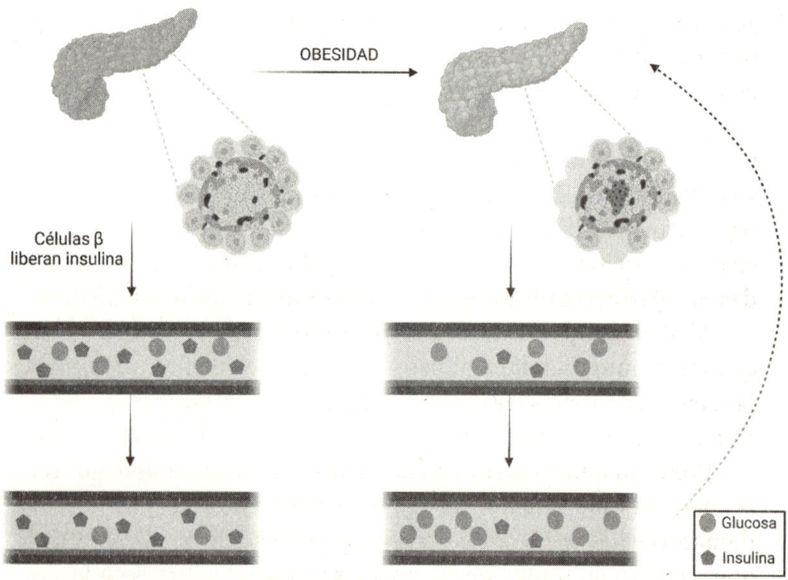

Fuente: Creado con BioRender.com.

14.2. Causas del páncreas graso

Una de las clasificaciones del páncreas graso hace referencia a su etiología, es decir, al origen de dicha enfermedad. Existen dos posibles orígenes de la misma: puede ser derivado del consumo de alcohol (páncreas graso alcohólico o PGA) o puede desarrollarse sin necesidad de haber ingerido alcohol (páncreas graso no alcohólico o PGNA). Además, el páncreas graso se encuentra relacionado con diferentes síndromes de origen genético, así como múltiples factores ambientales como la obesidad, la DMT2, la edad, diferentes infecciones víricas, hemocromatosis y también como consecuencia de la ingestión de diferentes fármacos.

Páncreas graso no alcohólico (PGNA)

Este grupo constituye, sin duda, el conjunto de causas más heterogéneo que pueden dar lugar al páncreas graso. El primer factor que puede terminar facilitando el desarrollo de un proceso de PGNA es la obesidad. Sin embargo, no es el único y existen otros elementos que pueden desempeñar un papel en la producción de este tipo de patología. Por ejemplo, existen causas genéticas, que se detallarán a continuación. (Entre éstas se incluyen algunas que tienen una baja incidencia, denominadas raras, que también están implicadas en el desarrollo de PGNA.) Y hay otras patologías que están asociadas con el páncreas graso, como la fibrosis quística y la pancreatitis.

A estas alturas de la historia, yo creo que no hay ningún lector que tenga ninguna duda al pensar que la obesidad es uno de los factores principales en el desarrollo, no sólo de páncreas graso, sino que también está implicado en la aparición de hígado graso.

Como ya hemos mencionado varias veces a lo largo del libro, la obesidad está caracterizada por una estimulación de las vías inflamatorias. El tejido adiposo produce una serie de adipoquinas que facilitan la llegada de las mismas células que son reclutadas cuando tenemos una herida, y permiten poner en un estado de alerta al tejido. Pues este proceso que ocurre en el tejido adiposo puede ocurrir igual en los depósitos de grasa que se producen en el páncreas graso por obesidad, lo que provoca, si se mantiene a lo largo del tiempo, patologías más importantes, tales como pancreatitis o cáncer de páncreas, como veremos más adelante.

Existen diferentes mutaciones en algunos individuos que les hacen más propensos a desarrollar páncreas graso, aunque actualmente no queda totalmente claro. En este caso, aparecen algunos genes candidatos en estudios de asociación entre posibles mutaciones o variaciones en el genoma con la aparición de otras patologías, como pueden ser la diabetes mellitus tipo 2 (DMT2) o el hígado graso no alcohólico (HGNA). Estos estudios se realizan mediante la secuenciación del ADN en una gran cantidad de individuos de la población (los denominados GWAS, del inglés *Genome Wide Association Studies*). En estos análisis han aparecido algunos genes que tienen que ver con la aparición de diabetes mellitus tipo 2 (DMT2) como, por ejemplo, el que codifica para la proteína CD44. Se ha observado que sus niveles están aumentados en las células inflamatorias que aparecen en el tejido adiposo de personas obesas. Otra variante que se ha encontrado en estos estudios relacionada con la DMT2 y la aparición de resistencia a la acción de la insulina está implicada en una baja producción de adiponectina, que es una de esas adipoquinas que habíamos comentado anteriormente que produce el tejido adiposo. Esta disminución en los niveles de adiponectina favorece la resistencia a la insulina, facilitando la aparición de páncreas graso.

También se han observado otras alteraciones en otras proteínas que tienen relación con la acumulación de grasa en otros tejidos como el hígado o el músculo esquelético y que, secundariamente, facilitan la acumulación lipídica en el páncreas. Además, la susceptibilidad de generar una respuesta inflamatoria en el páncreas facilita la acumulación lipídica y se relaciona con la aparición de páncreas graso. Por lo tanto, como os estáis dando cuenta, quedan muchos aspectos por investigar y, a medida que aparecen nuevas técnicas o métodos de análisis, surgirán nuevas posibilidades o alternativas o incluso nuevos mecanismos que estén relacionados con la mayor o menor susceptibilidad del páncreas para volverse graso.

14.3. Relación del páncreas graso con la aparición y desarrollo de otras patologías

Es conocido que tanto una dieta rica en grasas como el abuso en el consumo de alcohol son dos de los principales factores de riesgo para el desarrollo de enfermedades metabólicas, incluyendo una inflamación del hígado y la posibilidad de desarrollar cáncer hepático, así como una inflamación crónica del páncreas y el riesgo de padecer un cáncer de páncreas. La infiltración de ácidos grasos en el páncreas está relacionada con un aumento en el IMC, y por consiguiente con la obesidad y DMT2. Parece que existe una relación entre acumulación grasa en el interior del páncreas con el adenocarcinoma pancreático o PDAC. Aunque el mecanismo por el cual se establece esta relación no está del todo claro, existen varios mecanismos que pueden explicarla. El principal factor que está relacionado con la carcinogénesis de páncreas es la secreción de adipoquinas, de las que hemos hablado anteriormente y que tienen que ver con la inflamación del tejido. Además de estas adipoquinas, también se producen otra serie de moléculas, entre las que se incluyen factores de crecimiento como el factor relacionado con la insulina (IGF) o implicados en el crecimiento o la formación de vasos sanguíneos (del inglés VEGF o *Vascular Endotelial Growth Factor*), esenciales tanto para el crecimiento como para la expansión de los tumores. Otra patología relacionada con el páncreas graso es el desarrollo de DMT2. Es conocido en distintos modelos animales que la acumulación de ácidos grasos en el páncreas facilita la disfunción de las células β pancreáticas, aunque los estudios en humanos son contradictorios. Básicamente, se sabe que las células adiposas que se infiltran en el tejido pancreático son capaces de producir muchas citoquinas proinflamatorias y, algunas, para complicarlo un poco más, son antiinflamatorias. Por lo tanto, se genera una «tormenta» de estas proteínas que hacen que se produzca una inflamación en el páncreas y que llevan a su disfunción. Pero es curioso que, al final, ganan los «malos», es decir, las moléculas que son inflamatorias, por lo que se altera la función correcta del tejido y se genera lo que se conoce como inflamación de bajo grado.

14.4. Tratamiento del páncreas graso

No quería terminar el capítulo sin dar una pincelada de esperanza a esta patología, que es hablar de los posibles tratamientos. Queridos lectores, os habréis dado cuenta a lo largo del capítulo de que hay más incertidumbres que certezas con relación al conocimiento sobre el páncreas graso. Además, y para introducir una mayor complejidad en el mismo, está enormemente relacionado con otras enfermedades, y por ello su origen puede estar en el propio páncreas o en otros órganos como el hígado. Asimismo, esta interconexión que existe en nuestro organismo está directamente relacionada con una mayor dificultad en poder entender el mecanismo o mecanismos que pueden estar operando para la aparición de la enfermedad. Estas interconexiones con otras enfermedades, tales como la DMT2, obesidad, hígado graso no alcohólico y otras, causan acumulación de depósitos grasos, y pueden generar una inflamación de bajo grado en el tejido pancreático. Además, se ha observado que existe una alteración en el perfil de adipoquinas, pudiendo alterar tanto a las células β pancreáticas como a las células acinares. Dichas alteraciones están involucradas en las disfunciones exocrina y/o endocrina que se observan en el páncreas graso.

Por lo tanto, el tratamiento está directamente relacionado con la causa que ha generado la situación de páncreas graso y, como siempre, sabiendo el origen del problema se pueden buscar soluciones o tratamientos efectivos. En el caso del páncreas graso causado por obesidad, está claro que las estrategias que traten de revertirla tendrán un efecto beneficioso sobre la capacidad de acumulación de depósitos grasos por parte del páncreas. El principal tratamiento es una dieta y la realización de ejercicio físico para favorecer una pérdida de peso por parte del paciente. Además, con dicha disminución de peso se obtienen múltiples beneficios, ya que se actúa a distintos niveles. Por ejemplo, se sabe que la disminución de peso en personas obesas está directamente relacionada con una disminución de la resistencia a la insulina, que ya hemos descrito previamente. Además, al disminuir el tejido graso, disminuirá el proceso inflamatorio, con lo cual también se obtendrá un beneficio a través de una disminución de la inflamación. También, con la mejora y el avance en las técnicas quirúrgicas, la cirugía bariátrica ha demostrado su efectividad en la reducción de peso en el caso de personas con obesidad mórbida. Otra de las posibilidades que existen para poder normalizar la función de las células β pancreáticas y una disminución del contenido graso del páncreas es, además de la dieta y el ejercicio físico, la realización de restricción calórica. Se sabe desde hace mucho tiempo que la restricción calórica tiene un efecto directo en el envejecimiento, así como en las diferentes enfermedades asociadas con el mismo. La idea es disminuir el número de calorías, pero manteniendo una buena nutrición.

Además, se ha propuesto en modelos animales que la combinación de sitagliptina y telmisartán o la utilización de troglitazona (que es una mezcla de los dos anteriores) parece que estimulan la proliferación pancreática. En primer lugar, la sitagliptina (de la familia de las gliptinas) es un fármaco que se utiliza para tratar la DMT2. Las gliptinas actúan mediante la inhibición de un inhibidor, con lo cual se produce un efecto positivo. Es como en matemáticas: menos por menos es más. Por lo tanto, las gliptinas producen una inhibición de la proteína dipeptidil peptidasa 4 (DPP4), que se encarga de la degradación de las incretinas. Con ello, las gliptinas permiten que existan unos mayores niveles de las incretinas. Una de las funciones de las incretinas es la de favorecer la secreción de insulina por parte de las células β pancreáticas. El telmisartán es un fármaco que se utiliza para controlar la presión arterial, ya que los pacientes con DMT2 suelen tener asociada dicha patología.

Más recientemente, se ha visto que dos productos naturales como la berberina o el ácido cinámico son capaces de disminuir la acumulación lipídica en cultivos de células β pancreáticas. Sin embargo, está claro que son necesarios más estudios tanto en cultivos celulares como en modelos animales para poder entender dicha enfermedad, y de ese modo poder diseñar unos tratamientos más efectivos con el fin último de tratar de una manera lo más personalizada posible a los pacientes afectados con páncreas graso.

OBESIDAD Y PÁNCREAS

El enemigo desconocido

¿A QUIÉN LE IMPORTA EL PÁNCREAS GRASO?

Hasta hace poco se creía que la acumulación de lípidos en el páncreas no tenía importancia, pero ahora sabemos que esto dista mucho de la realidad.

LA OBESIDAD CAUSA LA MUERTE DE LAS CÉLULAS β PANCREÁTICAS

Cuando se acumula grasa en el páncreas, como ocurre en la obesidad, las células β pancreáticas, productoras de insulina, mueren debido a la lipotoxicidad.

LLEGÓ LA DIABETES

Si las células β pancreáticas mueren, no se produce ni se libera la suficiente insulina a la sangre. Esto hace que aumenten los niveles de glucosa en sangre, lo que da lugar a la diabetes.

Y CERRAMOS EL CICLO

Los altos niveles de glucosa en sangre como consecuencia de la muerte de las células β, incrementa la muerte de las células β que quedan debido a la glucotoxicidad.

EL PÁNCREAS GRASO SE RELACIONA CON OTRAS PATOLOGÍAS

Parece que el páncreas graso podría ser responsable del desarrollo de adenocarcinoma pancreático, aunque es necesario continuar con la investigación para dilucidar esta relación.

15

Obesidad y fertilidad. Amistades peligrosas

Lucía Chico Sordo
Raquel García Panadero
Elisa Varela Sanz

Cuando eres joven tener hijos o no es una decisión que ves muy lejos. Sin embargo, todos damos por hecho que, si queremos ser padres en el futuro, lo más difícil es encontrar la pareja ideal y que, una vez conseguido este objetivo, tener hijos será el siguiente paso. Sin embargo, de repente deseas ser padre y no lo consigues. Pasan días, semanas y meses, y sigues sin lograrlo. En ese momento, lo que antes veías como un proyecto lejano ahora es una preocupación real.

Hoy en día, este pequeño fragmento representa la historia de muchas parejas que acuden a una clínica de reproducción asistida. Se trata de parejas que nunca habían dudado de si eran fértiles o no pero que, tras intentar muchas veces quedarse *embarazados* durante un año, no lo han logrado. Cuando estas personas consultan a su médico, lo primero que hay que hacer es buscar el motivo de su infertilidad. «Pero doctor... Ana Rosa Quintana se quedó embarazada a los cuarenta y ocho, ¿por qué yo no puedo si tengo treinta y cinco años?»; «Julio Iglesias tiene ocho hijos y el último lo tuvo con sesenta y cuatro años, yo no quiero tener ocho hijos, sólo uno y no puedo...» Y efectivamente, estos casos son ciertos, pero cada persona es diferente y en la fertilidad son muchos los factores que influyen. Una gran proporción de estos casos está directa o indirectamente relacionado con la obesidad.

La población ha demostrado una tendencia hacia la obesidad que no deja de crecer. Este exceso de grasa en el cuerpo se asocia con problemas reproductivos como la ausencia de menstruación, la baja producción de óvulos y espermatozoides, un mayor riesgo de aborto espontáneo, complicaciones gestacionales y riesgos para el recién nacido. Por tanto, hablar de obesidad y fertilidad podría ser perfectamente un capítulo de una nueva serie de Divinity titulada *Amistades peligrosas*.

La pregunta que queremos responder es: ¿cuál es el efecto de la obesidad a la hora de concebir? A continuación, vamos a ver un poco más en detalle cómo puede influir la obesidad en la fertilidad tanto de mujeres como de hombres.

15.1. Obesidad y fertilidad femenina

Los estudios que han demostrado que las mujeres obesas tienen un mayor riesgo de infertilidad son numerosos. Los resultados reproductivos son peores en mujeres con un IMC elevado, independientemente del modo de concepción (mediante embarazo natural o por técnicas de reproducción asistida). Pero la pregunta es... ¿sólo tengo que cuidar mi peso cuando quiero quedarme embarazada? Si esperas que la respuesta sea sí, y, por tanto, puedas despreocuparte y llevar una vida sedentaria y descuidada hasta el momento de quedarte embarazada (porque total, sólo corren los cobardes), lo sentimos. Se ha observado que mujeres que han sido obesas durante su adolescencia, al llegar a la edad adulta, no pueden quedarse embarazadas o, si lo consiguen, la probabilidad de sufrir un aborto es mayor. Por tanto, es importante saber cómo un gran aumento del porcentaje de grasa puede afectar al sistema reproductor femenino y su función.

Trastornos femeninos relacionados con la obesidad

La menstruación es muy importante para una mujer, no sólo porque suele fastidiarnos todos los viajes sino porque es un indicador de si se ha producido o no embarazo ese mes. En el cuerpo de la mujer se producen una serie de cambios regulares que de forma natural preparan al cuerpo para el embarazo. Cada ciclo menstrual (que puede durar entre veintiocho y treinta y un días) se inicia el primer día de sangrado, dando comienzo a la fase folicular. En esta fase, el endometrio, la cuna que el cuerpo femenino ha preparado para albergar a un embrión, se desprende. Mientras, en el ovario, un único óvulo de las decenas que se han activado para crecer y madurar será el elegido de ese mes para ser fecundado. Aproximadamente catorce días después se produce la ovulación, momento en el cual uno de esos óvulos va a conseguir escapar del ovario esperando encontrarse con un espermatozoide: es el momento perfecto para quedarse embarazada. En la siguiente fase (día quince del ciclo), denominada *fase lútea*, el útero se vuelve a preparar para que el embrión pueda vivir durante los próximos nueve meses.

Figura 15.1. Ciclo menstrual

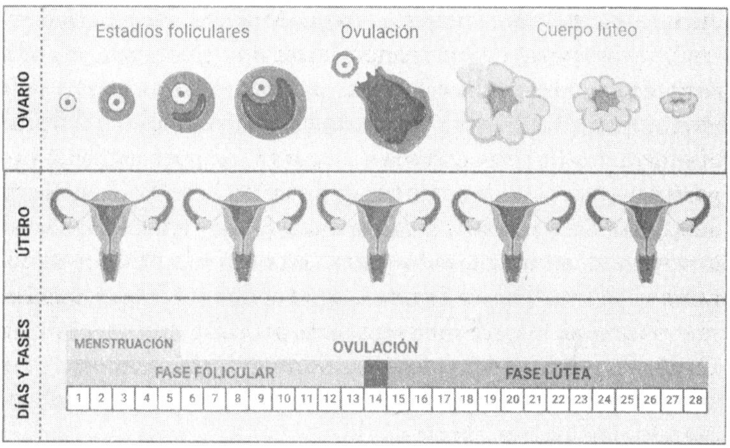

Fuente: Creado con BioRender.com.

En el caso de que se produzca la fecundación, la unión del óvulo y el espermatozoide, todo estará preparado pero, si esto no ocurre, aproximadamente catorce días tras la ovulación volverá a producirse la menstruación. Por tanto, con la llegada de la menstruación podemos saber si ha ocurrido el embarazo y cuál es la duración de nuestro ciclo menstrual. Pues bien, siempre se ha pensado que el motivo por el cual una mujer obesa tenía mayor dificultad a la hora de quedarse embarazada eran los problemas ovulatorios, es decir, que no se liberasen óvulos para ser fecundados. Sin embargo, otros estudios han demostrado que mujeres obesas con reglas regulares también tenían una menor probabilidad de embarazo. Esto sugiere que, aunque el principal problema de estas mujeres sea el de la ovulación, hay más factores que influyen en la fertilidad y que veremos más adelante.

Las mujeres con obesidad tienen mayor riesgo de infertilidad, por lo que finalmente se ven en la necesidad de recurrir a técnicas de reproducción asistida para conseguir el embarazo. Si el principal problema es la ovulación, se pueden someter a un tratamiento hormonal para inducir la ovulación y así, obtener varios óvulos preparados para ser fecundados. Podemos decir que mediante el uso de fármacos ayudamos a un óvulo o más a tomar la decisión de liberarse del ovario y salir en busca del espermatozoide. Pero se ha demostrado que, independientemente de la medicación utilizada, las mujeres con obesidad tienen una peor respuesta a la estimulación ovárica, es decir, que liberan del ovario menos ovocitos que aquellas sin problemas de obesidad, y, por tanto, la probabilidad de obtener embriones sanos y el deseado embarazo es menor.

Uno de los grupos más llamativos en el que conviven infertilidad y obesidad es el de las mujeres con síndrome de ovario poliquístico (SOP). Se trata de una alteración del sistema endocrino muy común en mujeres que presentan sobrepeso e irregularidades menstruales. El diagnóstico de SOP se hace basándose en los criterios de Rotterdam, y se deben cumplir dos de las tres características siguientes:

- Irregularidades menstruales
- Hiperandrogenismo (aumento de andrógenos, hormonas masculinas que causan el aumento de acné y vello)
- La presencia de líquido en los ovarios analizado por ecografía

En este capítulo vamos a denominar al conjunto de SOP, obesidad e infertilidad como *Los tres mosqueteros*, ya que las tres están relacionadas, aunque se desconoce cuál es consecuencia de otra y por qué esta condición afecta a un gran porcentaje de mujeres. De forma natural, en el momento de la ovulación se libera al menos un óvulo que esperará impacientemente ser fecundado por un espermatozoide. El problema de las mujeres con SOP es que ningún óvulo se decide a salir del ovario. La consecuencia de esto es que estas mujeres no tienen posibilidad de quedarse embarazadas. En estos casos, se trata de un problema relativamente fácil de abordar en una clínica de reproducción asistida, pero será recomendable controlar el peso de la mujer puesto que están estrechamente vinculados.

Figura 15.2. Manifestaciones del síndrome de ovario poliquístico

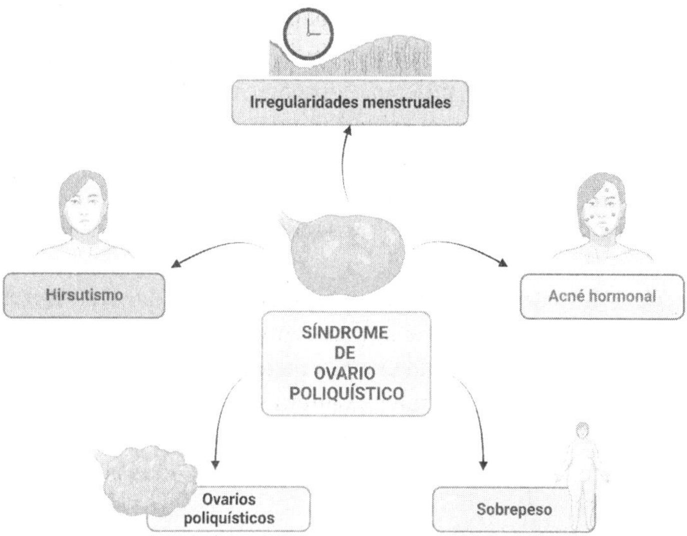

Fuente: Creado con BioRender.com.

Efecto de la obesidad sobre diferentes parámetros reproductivos: óvulos, embriones y endometrio

Para que tenga lugar un embarazo debemos tener en cuenta dos factores: *los gametos* (espermatozoide y óvulo) que se van a unir, y *el endometrio* donde el embrión resultante se va a implantar permaneciendo nueve meses. En las mujeres obesas, en las que se han observado peores resultados, es necesario plantearse si la obesidad afecta a la calidad del óvulo o del endometrio, por lo que se han realizado estudios comparativos con mujeres donantes y mujeres receptoras de óvulos. Es decir, mujeres jóvenes con óvulos de buena calidad donan éstos a otras mujeres, las receptoras, las cuales o no tienen óvulos o, si los tienen, son de muy mala calidad.

¿Cómo se sabe si la obesidad afecta a la calidad de los óvulos? Un estudio realizó un seguimiento en el que participaron parejas en las que la mujer no podía usar sus propios óvulos, por lo que tenían que recurrir a óvulos donados procedentes tanto de mujeres obesas como de mujeres con peso normal. Los embriones obtenidos fueron transferidos a las mujeres receptoras con un IMC ajustado y controlado. Como resultado de este estudio se vio que, si la donante era obesa, la tasa de gestación se veía disminuida, por lo que se pudo confirmar que, efectivamente, el exceso de grasa corporal afecta a los óvulos.

¿Y qué pasa con el endometrio? ¿Se ve afectado? Para investigar esto se realizó un estudio muy parecido al anterior, pero en este caso todas las mujeres donantes tenían un IMC normal. Los óvulos de estas donantes fueron transferidos a mujeres receptoras con diferente IMC, y se observó que, en las mujeres obesas, la probabilidad de quedarse embarazadas y la tasa de implantación eran menores como resultado de la disminución de la receptividad del útero, es decir, que el óvulo, después de haber sido fecundado, no lograba agarrarse al endometrio y desarrollarse. Por tanto, podemos concluir que la obesidad afecta tanto a la calidad de los óvulos y embriones como al endometrio, por lo que dificulta el embarazo. Podríamos decir que tanto el inquilino de la casa como la propia casa tienen problemas.

15.2. Obesidad y fertilidad masculina

Día número 365 del año sin haber salido a correr, llevas sin ver el ansiado y deseado *six-pack* en tu abdomen desde que diste el estirón, último momento en el que creciste a lo largo. Desgraciadamente, el sedentarismo y la mala alimentación también han triunfado entre el grupo masculino de la población en las últimas décadas. De hecho, según las estadísticas proporcionadas por la OMS, en 2016 un 39 por ciento de los hombres adultos mayores de dieciocho años presentaba sobrepeso en el mundo y un 13 por ciento obesidad. Curiosamente, a la par que ha aumentado el número de hombres con sobrepeso y obesidad, la fertilidad también ha descendido. ¿Estará ligado un hecho con el otro?

Existe el erróneo pensamiento de que cuando una mujer no se queda embarazada, siempre estará fallando algo en su sistema reproductor. Comienzan las pruebas hormonales, las ecografías... pero todo está normal. Sin embargo, un bebé proviene de la fusión del óvulo femenino con el espermatozoide masculino. «No soy ningún simple renacuajo —respondió el espermatozoide—, tengo un 50 por ciento de importancia en mi objetivo profesional que es la formación del embrión y futuro bebé.» Y es que el factor masculino es responsable de entre un 20 a un 50 por ciento de todos los casos de subfertilidad (fertilidad reducida) en una pareja, y, por tanto, no debe ser pasado por alto.

Entonces, ¿esos kilos de más pueden estar teniendo un efecto negativo sobre estos pequeños «renacuajos» que albergan los testículos? Como has leído hace unas pocas páginas, numerosos son los estudios que han demostrado las consecuencias negativas que la obesidad tiene en el sistema reproductor de la mujer, pero un mayor debate en la literatura científica existe cuando se pretende asociar la obesidad de un hombre y la calidad espermática.

Posibles mecanismos por los que la obesidad afecta a la fertilidad masculina

En primer lugar, hablemos de hormonas. Sí, todos hemos oído hablar de ellas porque controlan tu vida, tu estado de ánimo, el sueño, el apetito y la fertilidad masculina también. En el hipotálamo y posteriormente en la hipófisis (zonas del sistema nervioso) se secretan unas hormonas denominadas *gonadotrofinas* que iniciarán su viaje por la autopista sanguínea hasta llegar a su destino, los testículos. En ellos se secreta la testosterona, que es la hormona reproductiva masculina por excelencia, necesaria para que comiencen a crecer los espermatozoides por el proceso denominado espermatogénesis. En el hombre obeso, como consecuencia de la acumulación de grasa, además de producirse cambios externos, ocurre una transformación interna y alteraciones en el tejido adiposo que derivan en una rebelión hormonal. De forma fisiológica, en hombres no obesos, parte de la testosterona secretada por los testículos viajará hacia los adipocitos donde, por medio de una reacción enzimática, se transformará en estradiol, otra hormona implicada en la reproducción. El estradiol es capaz de frenar la secreción de las gonadotrofinas liberadas por el sistema nervioso y por tanto también los niveles de testosterona. ¿Qué ocurre en los hombres obesos? Debido a la alteración del tejido adiposo, también ocurre un aumento de la transformación de testosterona en estradiol que potenciará la disminución de las hormonas reproductivas. De hecho, se ha demostrado que los hombres obesos poseen niveles más bajos de testosterona y más altos de estradiol que hombres con un IMC normal, lo que puede afectar a su fertilidad.

Otra hormona que puede desempeñar un papel importante en esta rebelión hormonal es la leptina. En el hombre obeso, las cantidades de leptina que se secretan son mayores que en cualquier individuo de peso normal, lo cual debería ayudar a parar el último mordisco a la hamburguesa XXL de una cena de sábado. Sin embargo, ocurre lo que se conoce como resistencia a la leptina, es decir, que por mucha cantidad de leptina que libere el tejido adiposo, ésta no puede generar una señal de saciedad efectiva en el cerebro y, probablemente, no quedará ni una pizca de la hamburguesa XXL en el plato. Entonces, ¿qué papel puede tener la leptina en todo esto de la infertilidad masculina? Se ha visto que la leptina regula la secreción de las gonadotrofinas en el sistema nervioso central, que posteriormente estimularán la secreción de testosterona, por lo que esta resistencia a la leptina podría contribuir a la disminución de la secreción de hormonas sexuales masculinas en el hombre obeso.

Por otro lado, el motivo de subfertilidad masculina en ocasiones proviene de una disfunción sexual, en concreto una disfunción eréctil. Y es que la prevalencia de disfunción eréctil en hombres en edad reproductiva aumenta según asciende el valor del IMC, hasta situarse en un 53 por ciento en aquellos hombres con un IMC mayor a 40 kg/m^2. A pesar de que la disfunción eréctil tiene un origen multifactorial, podría deberse a la disminución en los niveles de testosterona y al aumento de factores inflamatorios característicos de la obesidad.

Otro posible mecanismo por el que indirectamente la obesidad podría estar afectando a la fertilidad masculina es el incremento de la temperatura escrotal, es decir, la temperatura a la que se encuentra la bolsa que encierra y protege a los testículos del exterior. ¿Sabías que los espermatozoides para desarrollarse necesitan una temperatura ligeramente inferior a la del resto del cuerpo? Se ha demostrado que los hombres con obesidad poseen una temperatura escrotal significativamente mayor que los sujetos con un peso normal. La acumulación de grasa abdominal y escrotal actúa como una capa aislante que incrementará la temperatura, como si fuera una manta, y puede dañar la calidad espermática.

Efecto de la obesidad masculina sobre la calidad seminal y las tasas reproductivas

A diferencia del claro impacto negativo que tiene la obesidad sobre la fertilidad femenina, existe controversia acerca de si la obesidad logra disminuir la calidad seminal. En los laboratorios de andrología se realiza un examen del semen del futuro padre, analizando parámetros como la concentración, la movilidad, la viabilidad, la morfología o el daño del ADN espermático, previamente a la fecundación del ovocito.

Hay estudios que demuestran que los hombres obesos poseen un mayor riesgo de tener una menor concentración de espermatozoides por mililitro de semen en comparación con hombres de peso normal. En una revisión de varios artículos científicos que reunía a más de 13.000 hombres, se llegó a la conclusión de que el riesgo de azoospermia (ausencia de espermatozoides en el semen) y oligozoospermia (baja concentración de espermatozoides, por debajo de un millón por mililitro de semen) es mayor en hombres con obesidad y aún más en hombres con obesidad mórbida. Otras publicaciones, no obstante, afirman no encontrar una relación negativa evidente entre la obesidad y los parámetros seminales como la concentración y la motilidad de los espermatozoides, el volumen de semen, o un daño en el ADN espermático.

El hecho de que una pareja, o alguno de sus miembros, sean obesos no significa que no puedan tener hijos. Sin embargo, se ha visto que aquellas parejas en las que ambos padecen de obesidad necesitan un mayor tiempo para concebir. Además, se ha demostrado que la tasa de embarazo y de nacimientos vivos por ciclo de tratamiento usando FIV (fecundación *in vitro*) o ICSI (inyección intracitoplasmática de espermatozoides) disminuía cuando el padre era obeso. Por tanto, a pesar de que existe cierto debate entre la comunidad científica, la balanza se inclina más hacia un impacto negativo de la obesidad sobre la fertilidad masculina.

15.3. Tratamientos y recomendaciones preventivas

Teniendo en cuenta que la maternidad y paternidad se están retrasando cada vez más en los últimos años debido a causas socioeconómicas, y que la calidad de los gametos va disminuyendo a medida que soplas las velas año tras año, la obesidad supone otro factor en contra de los futuros padres.

Se ha visto que la modificación del estilo de vida contribuye a mejorar los problemas reproductivos derivados de la obesidad tanto en mujeres como en hombres. En las mujeres, una pérdida de aproximadamente un 10 por ciento del peso inicial supone un aumento del 77 por ciento en la tasa de embarazo. En los hombres, una bajada de peso se asocia con el aumento de los niveles de hormonas reproductivas como las gonadotrofinas y la testosterona, y una reducción de los niveles de estradiol. A su vez, se ha observado una mejora de los parámetros seminales como la concentración o la morfología como consecuencia de esta pérdida de peso. Otro estudio realizado en hombres obesos demostró que la reducción de la ingesta calórica y el incremento de la actividad física podían revertir la disfunción eréctil en uno de cada tres hombres obesos.

OBESIDAD Y FERTILIDAD

Amistades peligrosas

BAJA TASA DE GESTACIÓN

Las probabilidades de que una mujer obesa consiga quedarse embarazada es mucho menor que en mujeres no obesas. Esta menor tasa de gestación puede deberse a embriones de mala calidad.

PROBLEMAS EN EL ENDOMETRIO

Otro de los problemas por los que una mujer obesa puede tener dificultades para quedarse embarazada es la calidad de su endometrio. Un endometrio de mala calidad dificulta que el embrión se implante en él.

DISFUNCIÓN ERÉCTIL

Existe una mayor prevalencia de disfunción eréctil en hombres con obesidad. Esto puede deberse a una menor cantidad de testosterona y a factores inflamatorios característicos de la obesidad.

AUMENTO DE LA TEMPERATURA ESCROTAL

El acúmulo de grasa en la zona abdominal y escrotal aumenta la temperatura, hecho que dificulta la correcta formación de espermatozoides en hombres obesos.

PARÁMETROS SEMINALES ALTERADOS

Existe controversia sobre si el número de espermatozoides, su movilidad o calidad se ven afectados por la obesidad. Pero la probabilidad de embarazo es menor si el padre es obeso.

16

Obesidad y gestación. El bollo está en el horno

Alba María Polonio Ramírez
Isabel Córdova Oriz
Elisa Varela Sanz

Para una pareja con deseo de ser padres, una prueba positiva de embarazo indica el logro de uno de sus mayores sueños. Sin embargo, aunque pueda parecer la llegada a la meta, el desafío sólo acaba de comenzar... En una gestación es importante darle al bebé en desarrollo un ambiente óptimo y todos los nutrientes que necesita, en su justa medida, para que pueda crecer correctamente en el útero de la madre. Por lo tanto, una vez logrado el embarazo, la madre no debe descuidar su salud, pues, como en toda carrera, demasiados kilos de más pueden ser un obstáculo en el camino.

La mayoría de las mujeres embarazadas son conscientes de que la obesidad está asociada a mayores riesgos en el embarazo para la madre, pero desconocen que este exceso de peso materno puede, incluso, tener algunas consecuencias en la salud del bebé una vez nacido (y esto es lo que suele preocupar más a una madre). Además, en las mujeres obesas son más frecuentes otras condiciones que pueden complicar la gestación, como son la hipertensión y la diabetes, lo que hace que estos embarazos requieran un mayor control. De esta forma, un excesivo peso durante el embarazo puede complicar los nueve meses de gestación, suponiendo un peligro tanto para la madre como para el bebé.

De hecho, en algunas clínicas de reproducción asistida, a las mujeres con un IMC superior a 30 kg/m^2 se les recomienda bajar de peso antes de poder iniciar el tratamiento. Esto no ocurre sólo por la dificultad de obtener buenos resultados con el tratamiento (en los que ya puede que seas un experto habiendo leído el capítulo anterior), sino también porque el éxito del mismo está comprometido y el manejo del embarazo de las mujeres obesas es más dificultoso, lo que supone un riesgo mayor para la salud y un coste hospitalario muy superior al de las mujeres con un IMC normal. Sin embargo, aún no hay pautas claras sobre si el peso de la mujer debe ser tenido en cuenta para posponer el tratamiento. En cualquier caso, una vez logrado el embarazo, ¿impedirá la báscula llegar a la meta?

Ahora bien, te estarás planteando las siguientes preguntas: «Cualquier embarazada gana peso durante la gestación, pero ¿cuál es el límite? ¿Qué es exactamente el sobrepeso u obesidad durante el embarazo?». Para una mujer gestante, el cálculo de su IMC se basará en su peso previo al embarazo y, para cada valor de IMC previo al embarazo, se asigna un incremento de peso recomendado durante el mismo.

En este capítulo, nuestro objetivo es recoger y resumir lo que se conoce hasta ahora sobre el impacto de la obesidad en el embarazo y en la salud del recién nacido vivo. Además, por último, también se describen las medidas recomendadas por los expertos, que una mujer con obesidad debe seguir, para tener un embarazo saludable y evitar riesgos futuros para el bebé.

16.1. Ganancia de peso durante el embarazo

A medida que el bebé se desarrolla en el vientre materno, es normal que la mujer aumente progresivamente su peso y no sólo por los antojos que el cuerpo le pide. Ten en cuenta que, como coloquialmente se dice, la madre se va a alimentar para dos personas ya que para el crecimiento del bebé y el desarrollo correcto del embarazo se van a necesitar unas mayores cantidades de ácido fólico, hierro, calcio y otros nutrientes esenciales. Este aumento de peso será diferente en cada mujer y, como hemos dicho, dependerá del IMC previo al embarazo.

Si el IMC de la mujer es inferior a 20 kg/m^2, el aumento de peso por semana debe ser de 0,5 kilos durante el segundo y tercer trimestres de embarazo, lo que supone unos 13 kilos en todo el período de gestación. Sin embargo, en el caso de las mujeres con un IMC superior a 26 kg/m^2, es decir, con sobrepeso, los profesionales recomendarán aumentar menos peso. El objetivo de aumento de peso por semana deberá ser de 0,3 kilos durante los dos últimos trimestres, lo que representará de 7 a 11 kilos de más en la báscula. En el caso de una mujer con obesidad, en un embarazo simple, el incremento de peso recomendado será mucho menor, entre 5 y 9 kilos.

Una medida, algo controvertida, que recomiendan otros profesionales, es incluso bajar de peso durante el embarazo como forma de reducir los riesgos maternos y fetales, entre ellos que el bebé nazca con macrosomía.[23] Esta medida no es apoyada por todos los expertos, ya que el bajar de peso o subir muy poco durante el embarazo también podría aumentar, en algunos casos, el riesgo de tener un parto prematuro y dar a luz un bebé cuyo peso sea menor a lo debido.

A pesar de todo, lo esperado es que más de la mitad de las mujeres obesas aumenten por encima del peso recomendado. En cualquier caso, lo más seguro es siempre bajar de peso antes del embarazo y cuidar el incremento de peso durante el mismo.

16.2. Complicaciones durante el embarazo

El embarazo es una condición excepcional del organismo en el que todos los sistemas del cuerpo femenino deben adaptarse para contribuir a la gestación y el parto. Las reformas, por tanto, no se dan sólo en el útero, la futura casa del bebé, sino que el sistema circulatorio, el sistema inmunológico, los diferentes ejes hormonales... deben encargarse de generar un ambiente acogedor para los nueve meses de encierro intensivo que supone la gestación.

Sin embargo, la protagonista de este capítulo tampoco se queda atrás en cuanto a poder de convocatoria. La obesidad genera alteraciones en múltiples sistemas del organismo, que pueden interferir en la regulación tan estricta que requiere la gestación. Digamos que la obesidad es para la gestación como un niño torbelli-

23. Macrosomía: condición de un recién nacido significativamente más grande que el promedio, o un feto que es mayor a lo que le corresponde por su edad gestacional.

no para Marie Kondo: su peor pesadilla. De esta forma, diferentes estudios muestran que las mujeres obesas tienen mayor riesgo de sufrir complicaciones durante el embarazo y en el parto. Veamos qué dicen los expertos...

Abortos, aneuploidías y receptividad endometrial

La obesidad está considerada como un factor de riesgo asociado al aborto. Es decir, una embarazada con obesidad tiene mayor riesgo de sufrir un aborto que una embarazada con un peso normal. Cuando hablamos de aborto, debemos pensar en diferentes factores: los gametos, el embrión y la receptividad endometrial.

Los gametos, el óvulo y el espermatozoide, dan lugar al nuevo individuo tras unirse. Parece obvio que debemos partir de unos gametos de buena calidad para obtener un buen embrión. De ahí el dicho «de tal palo, tal astilla». A través de estos gametos, los padres transmiten la información genética a sus hijos mediante cromosomas, una especie de páginas que, en su conjunto, forman un libro genético en el que están escritas las características del futuro bebé. Es de suma importancia que, en el embrión, todas estas hojas adquieran el orden adecuado y que no falte ni sobre ninguna para que el desarrollo de éste siga su curso correcto. Cuando hablamos de aneuploidías (término ideal para quedar como un experto en genética en una comida familiar), nos referimos a la pérdida o ganancia, por error, de algunos de estos cromosomas, lo cual genera un trastorno genético que es responsable de un gran porcentaje de abortos, así como de malformaciones congénitas en los recién nacidos.

Pues bien, llegados a este punto, un ágil lector como tú estará pensando: «Si las mujeres obesas presentan más abortos, probablemente sea porque sus óvulos y/o embriones resultantes tienen más aneuploidías (o trastornos genéticos)». Aunque debemos darte las gracias por habernos leído con atención en la explicación anterior, lamentamos comunicarte que diferentes estudios han mostrado (contra todo pronóstico) que la tasa de aneuploidías no es mayor en mujeres obesas. No obstante, esto no significa que la calidad del ovocito y del embrión no pueda estar alterada en otros aspectos, aunque éstos no sean detectables con los métodos de evaluación actuales. De hecho, se ha observado que la tasa de gestación es menor en pacientes que reciben ovocitos donados procedentes de mujeres con un elevado IMC. Así que, si estás pensando en ayudar al prójimo donando óvulos, recuerda que unos kilos de más pueden ser un impedimento para dar rienda suelta a tu generosidad, pues el IMC puede excluirte de ser donante de óvulos. Otro dato que apoya esta posible reducción de la calidad embrionaria ligada a la obesidad es la observación de que los embriones procedentes de madres con obesidad consumen y producen moléculas en cantidades diferentes a aquéllos procedentes de madres con peso normal. Recordemos: somos lo que comemos (sí, desde embriones).

Figura 16.1. El riesgo de aborto aumenta de manera considerable durante la obesidad

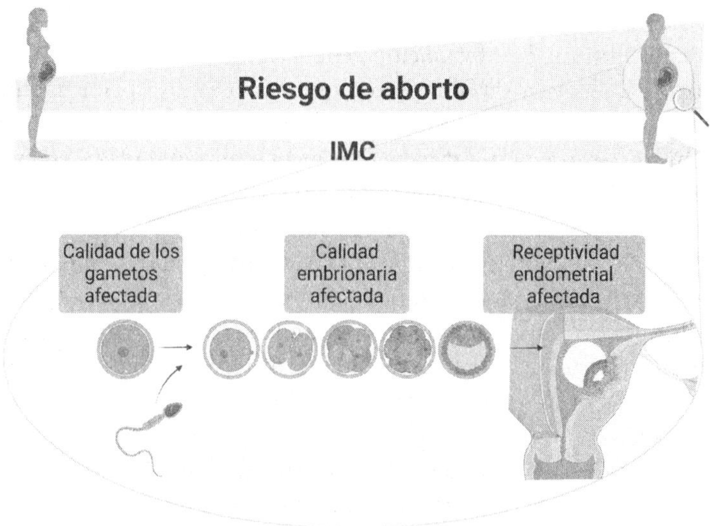

Fuente: Creado con BioRender.com.

Él último de los elementos de esta tríada es la receptividad endometrial. Pero ¿qué es esto de la receptividad? Las parejas que quieren un hijo siempre están superreceptivas a tenerlo, ¿no?

Pues bien, querido lector, permítenos retarte de nuevo: ¿en qué piensas cuando compras la planta más bonita de la floristería, la llevas a casa y la encuentras mustia a los tres días? Efectivamente, en que el ambiente de tu casa no es el idóneo para ella. Pues en la gestación, es igual.

Se sabe que la implantación del embrión es peor en mujeres obesas aun cuando éstas reciben embriones de mujeres jóvenes donantes sin aneuploidías (lo que viene siendo un caramelito de embrión). Esto demuestra que el endometrio (que es la capa que recubre el útero, donde se implanta el embrión) es menos receptivo en estas pacientes obesas. De hecho, incluso se ha demostrado que los genes que se expresan en el endometrio de mujeres con peso saludable y obesidad son diferentes, lo que hace más acogedor el endometrio de mujeres no obesas. Además, no podemos olvidar que, probablemente, las alteraciones de las condiciones hormonales y del metabolismo que encontramos ligadas a la obesidad están afectando al desarrollo embrionario.

En definitiva, la mayor tasa de aborto en la mujer obesa puede estar explicada por varios factores. Está claro que las distintas deficiencias que pueden originarse en la función reproductiva como consecuencia de la obesidad pueden impedir que un embarazo llegue a término. Unos por otros, la casa sin barrer...

Preeclampsia

La preeclampsia es un trastorno que aparece a partir de la semana veinte del embarazo, caracterizado por el establecimiento de hipertensión en la madre, y que puede tener graves consecuencias tanto en la madre como en el bebé. Una embarazada con preeclampsia puede notar los tobillos hinchados, dolores de cabeza recurrentes, alteraciones visuales y su médico puede encontrar proteínas en el análisis de orina. El mejor tratamiento para esta situación de tensión elevada es el parto. Efectivamente, una madre embarazada no ve un gran problema en ello, es lo que lleva esperando nueve meses, ¿no? Sin embargo, en un estado temprano del embarazo, el parto no es el mejor de los escenarios, puesto que, de nacer, nacerá un bebé prematuro. Por otra parte, mantener el embarazo en esta situación puede tener consecuencias muy duras, tanto para la madre, que puede llegar a sufrir convulsiones (es lo que se conoce como eclampsia), como para el bebé, que no está en una situación óptima en la placenta. Imagínate que estás tratando de hinchar un globo y quieres hincharlo hasta el final para que quede lo más grande posible, pero a la vez estás preocupado de que pueda explotar. ¡Qué tensión!

En este momento, probablemente, te estás planteando diferentes preguntas: «¿Qué tiene que ver la tensión con el embarazo? Yo sólo veo tensión cuando explota el globo. ¿Y por qué me hablan de esto si yo quería aprender sobre obesidad?». No te impacientes, vamos por partes...

Pues bien, tras la formación del embrión en el aparato reproductor de la mujer, éste debe migrar al útero para implantarse, donde se desarrollará durante nueve meses. Es algo parecido a lo que hacemos cuando trasplantamos una planta a una nueva maceta, buscando que las raíces de esta planta agarren en la nueva tierra. Del mismo modo en que el agua es imprescindible en este escenario, la vascularización lo es en el útero a la llegada del embrión. Para el correcto desarrollo del embrión y de la placenta que lo albergará es necesario que se forme en el útero una extensa red de vasos sanguíneos por los que la sangre fluirá nutriendo estos tejidos. Así, durante un embarazo saludable, existe un aumento del volumen de sangre y del bombeo del corazón, pero la presión arterial no se eleva porque se produce una dilatación protectora de los vasos para contrarrestarla. Es algo similar a cuando ponemos mangueras más anchas porque sabemos que se necesitará más agua ya que, ahora, tenemos una planta más.

Aunque hay diferentes teorías que intentan explicar el desarrollo de la preeclampsia, una de las más aceptadas plantea su origen en una invasión inadecuada de vasos sanguíneos en el embrión y en una incorrecta remodelación de estos vasos sanguíneos del útero, lo que produce un riego sanguíneo muy bajo en la placenta. Esta deficiencia en el riego sanguíneo hace que la placenta quede sin oxígeno y envíe señales de alarma al organismo. Volviendo a nuestro símil, la planta, que se siente abandonada, triste y sola, busca llamar la atención para que alguien la riegue. Pues bien, entre las señales que manda la placenta se encuentran, por ejemplo, señales proinflamatorias. Aunque pretenden ayudar, su actuación es contraproducente, pues, en esta situación, generan daño en la pared de los vasos por los que circula la sangre, haciendo que se constriñan y dificulten el paso de la sangre por su interior. Esto da lugar a un aumento de la presión en el interior de los vasos, la llamada *hipertensión*. Estamos haciendo pasar un mismo volumen de sangre (o de agua, para nuestra planta) por una manguera que ahora es más estrecha que antes (lo que hace que en su interior haya una mayor presión).

¿Por qué te hemos contado todo esto? Porque existen diferentes factores de riesgo que hacen que una embarazada sea más propensa a sufrir preeclampsia, y uno de ellos es el aumento excesivo de peso antes o durante el embarazo. De hecho, se ha observado que las mujeres tienen un riesgo dos veces mayor de desarrollar preeclampsia si su IMC es superior a 26, y el triple si es superior a 30. La buena noticia es que la pérdida de peso podría ayudar a reducir este riesgo, pero ¿por qué una persona obesa tiene más riesgo de desarrollar preeclampsia? Hay diferentes mecanismos comunes entre la obesidad y la preeclampsia, pero, a grandes rasgos, parece ser que las alteraciones metabólicas que se originan en un organismo obeso (resistencia a la insulina, niveles elevados de lípidos, respuesta inflamatoria...) afectan a la función y perfusión (o riego) de la placenta y empeoran la función de las paredes de los vasos sanguíneos. Por ejemplo, se ha observado que la grasa abdominal produce una serie de factores que dan lugar a un déficit del óxido nítrico, una molécula que se encarga de vasodilatar (o ensanchar) los vasos sanguíneos. La grasa también se empeña en producir factores proinflamatorios que agravan esta disfunción del endotelio.

En definitiva, podemos decir que los vasos sanguíneos no son los únicos que se tensan ante un diagnóstico de preeclampsia. Y, como más vale prevenir que curar, no está de más conocer que el exceso de peso nos hace más vulnerables a la explosión del globo...

Figura 16. 2. La obesidad supone un factor de riesgo durante el embarazo

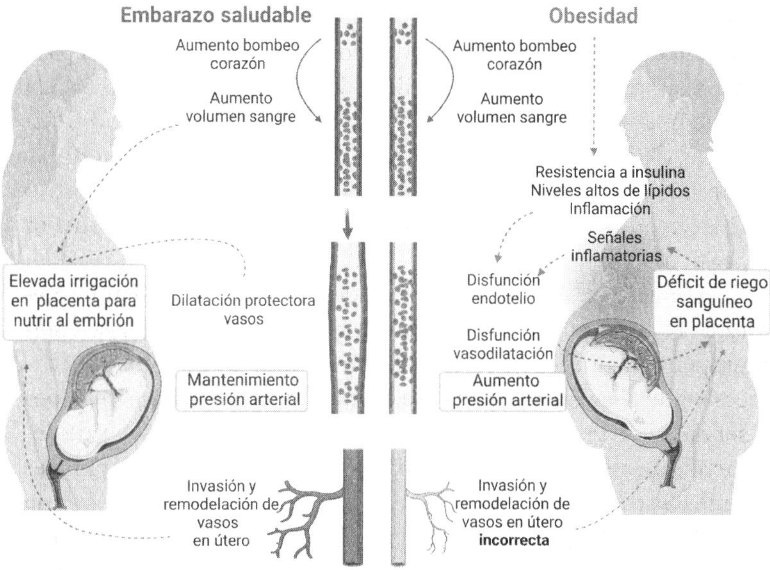

Fuente: Creado con BioRender.com.

Diabetes gestacional

La diabetes gestacional es la intolerancia a la glucosa que se detecta, por primera vez, durante el embarazo y que se manifiesta con unos niveles de glucosa en sangre superiores a los normales.

Seguro que alguna vez has oído a una embarazada decir que tenía que hacerse la prueba del azúcar. El test de O'Sullivan se realiza entre las semanas veinticuatro y veintiocho de gestación y consiste en un pinchacito para detectar la cantidad de azúcar (glucosa) en sangre una hora tras haber tomado 50 g de glucosa por vía oral, a fin de evaluar cómo se va absorbiendo la misma. Un valor de glucosa igual o superior a 140 mg/dl indica un alto riesgo de padecer diabetes gestacional. En este caso, la embarazada tendrá que someterse a una segunda prueba: la temida curva de glucosa larga, en la que la duración de la prueba y la incomodidad se triplica pues deben hacerse sucesivas extracciones de sangre para evaluar la respuesta del organismo al consumo de glucosa a lo largo del tiempo. ¿De verdad hay que pasar por todo esto para tener un hijo? ¿Y por qué tantas molestias para detectar cómo se comporta la glucosa en la sangre de una embarazada?

La diabetes gestacional es la complicación más habitual durante el embarazo. De no ser controlada, puede desencadenar problemas en el bebé (malformaciones, problemas cardíacos, macrosomía...) o incluso poner en peligro su vida. Además, aproximadamente el 50 por ciento de las madres que desarrollan diabetes durante el embarazo acabarán desarrollando diabetes mellitus tipo 2 en diez años.

Pues bien, ¿qué podemos hacer al respecto? Conocer los factores de riesgo. Y cómo no, he aquí de nuevo, entre otros, la obesidad. El riesgo de desarrollar diabetes gestacional está incrementado tres veces en mujeres obesas comparado con el riesgo en mujeres con un IMC normal.

La diabetes gestacional comparte bastante con la diabetes mellitus tipo 2. En un embarazo sano, es normal encontrar un cierto grado de resistencia a la insulina en la madre, especialmente en el tercer trimestre, ya que este proceso garantiza el aporte de glucosa al feto. Lo que ocurre durante la diabetes gestacional es que esta resistencia se hace más pronunciada, y, además, disminuye su producción; es decir, hay menos insulina y el organismo le hace menos caso, lo que conduce al aumento de los niveles de glucosa en sangre. ¿Y por qué la obesidad favorece que esta situación se dé? Pues parece ser que el tejido adiposo es el director de la orquesta, ya que se ha observado inflamación y producción desregulada de las sustancias que proceden del tejido adiposo de pacientes con diabetes gestacional. Éstas son causas descritas de resistencia a la insulina y también se encuentran en pacientes con diabetes mellitus tipo 2. Así que, aunque muchos digan que el embarazo es uno de los momentos más dulces de la vida, demasiado azúcar en la sangre puede llevarnos a un final amargo.

Complicaciones en el parto

Y por fin, tras nueve largos y arduos meses, parece que vemos la luz al final del túnel. Durante el parto, el cuello del útero se dilata para abrir paso al bebé y a la placenta. Es una especie de desconfinamiento en el que las contracciones del útero son esenciales. La primera complicación radica en que, en embarazadas con mayor IMC, los bebés parecen resistirse a salir. La necesidad de inducir el parto pasados los nueve meses de embarazo, así como el fracaso en esta inducción, es mayor en mujeres obesas.

Una vez que se inicia el parto, de nuevo nos encontramos con complicaciones. Para disminuir el dolor del mismo, se utiliza la epidural, un anestésico que se introduce en el espacio epidural (en la columna vertebral) y que bloquea la sensibilidad. En mujeres obesas, al tener un mayor porcentaje de tejido graso, es más frecuente el fallo al inyectar la epidural.

Cuando el parto natural supone un riesgo para la madre o el bebé, se recurre a la cesárea. Pues bien, la frecuencia de cesárea es casi el doble en mujeres con obesidad grave que en mujeres con IMC normal. ¿Qué condiciones hacen que sea más frecuente la cesárea en estas mujeres? Un mayor porcentaje de niños con macrosomía, contracciones del útero deficientes o el acúmulo de grasa en la pelvis hacen que el parto sea más lento y laborioso. La duración del parto y la estructura corporal de la madre hacen que exista también un mayor riesgo de asfixia del recién nacido en partos de mujeres obesas. Pero cabe destacar que, a la hora de valorar la cirugía, las mujeres obesas tienen también más complicaciones previas como diabetes o hipertensión que aumentan los riesgos de la anestesia. Es decir, ninguna de las opciones está exenta de ellos. Posteriormente, tras el parto, las mujeres obesas tienen más riesgo de hemorragia, endometriosis,[24] hospitalización prolongada e infecciones en la cicatriz, entre otros.

24. Endometriosis: patología en la que pequeñas partes del tejido que recubren el útero (el endometrio) se extienden por otros órganos de la pelvis, como los ovarios o las trompas de Falopio. Fuera del útero, este tejido crece y sangra al igual que el endometrio durante el ciclo menstrual, pudiendo causar, en muchos casos, dolor y trastornos reproductivos.

Por último, se ha descrito que las mujeres obesas tienen más riesgo de no poder iniciar la lactancia tras el parto o de tener que finalizarla precozmente, por factores asociados a la anestesia y la cirugía, menor movilidad posparto y alteración en los niveles de progesterona y en la respuesta a la prolactina (hormonas implicadas en la producción de la leche) debido a la grasa corporal.

Así que el parto, que es la última etapa de la gestación, pero no la menos importante, también nos recuerda lo esencial que es preparar nuestro organismo, y no sólo nuestra casa, para la llegada del bebé. Evitar la obesidad, reducir el peso antes del embarazo, así como controlar su incremento durante la gestación son un gran seguro de vida para la futura madre, el futuro bebé y para un proceso seguro y exitoso. De esta forma, la obesidad merece especial atención no sólo por ser un factor de riesgo importante para muchas complicaciones del embarazo, sino porque es abordable y modificable.

16.3. Consecuencias en el recién nacido

Unas de las consecuencias más graves y menos conocidas de la obesidad materna son los defectos congénitos en el recién nacido. Durante el embarazo, el embrión va desarrollándose, conformando las diferentes partes de su organismo. Este desarrollo es un proceso delicado y debe estar estrictamente regulado, pues cualquier alteración puede dar lugar a malformaciones graves. Cada evento debe producirse en el momento adecuado, en el lugar adecuado. Nos encontramos ante un trabajo que requiere máxima precisión. Una de las partes más delicadas del proceso es la formación del tubo neural, una estructura del embrión que dará lugar al sistema nervioso durante el primer trimestre del embarazo. Diversos estudios han sugerido que una obesidad extrema en la madre se encuentra asociada a un mayor riesgo de defectos en su formación, lo que desemboca en defectos en el desarrollo del cerebro, la columna vertebral y la médula espinal. Por cada incremento de una unidad en el IMC, el riesgo de desarrollar estos trastornos aumenta en un 7 por ciento. Seguro que has oído hablar de la espina bífida, una afección que provoca que la columna vertebral no se cierre del todo, lo que da lugar a que algunos nervios, al no estar protegidos, se acaben dañando y se genere una parálisis leve en las piernas del bebé. Otro de estos trastornos en el desarrollo menos conocido y más grave es la anencefalia, en la que gran parte del cerebro y del cráneo no completan su formación, lo que lleva a que estos bebés nazcan sin vida o mueran a los pocos meses de vida. Estos defectos en el desarrollo ocurren muchas veces antes de que la mujer sepa que está embarazada y suelen ser evidentes en el momento de la ecografía.

Seguro que conoces a muchas embarazadas cuyo médico les recomienda tomar un suplemento de ácido fólico. Éste es un tipo de vitamina B, con la que se ha demostrado que puede reducirse el riesgo de que el bebé desarrolle defectos del tubo neural. Te estarás cuestionando ahora si existe una relación, por tanto, entre esta vitamina y la obesidad, puesto que el exceso de peso conduce a un mayor número de defectos en el desarrollo. En efecto, este planteamiento es correcto ya que se ha propuesto la posibilidad de que al embrión de una mujer obesa le llegasen unos niveles menores de vitaminas, entre ellas el ácido fólico, debido a un déficit de absorción o mala distribución de ellas. Imagina un atasco, en el organismo de la madre, donde existe tanta afluencia de moléculas (o coches, en pleno Madrid), y tan mala señalización, que estos pasajeros son incapaces de llegar a su lugar de trabajo a la hora que deben. Y no olvidemos que la puntualidad es esencial en el desarrollo embrionario.

Por otra parte, se ha observado que las mujeres obesas tienen mayores niveles en sangre de ciertas moléculas como la insulina, los triglicéridos, el ácido úrico y los estrógenos, entre otros, debido a alteraciones metabólicas. ¿Qué son y cómo ocurren estas alteraciones metabólicas? Imagina que en nuestro organismo existe una balanza en equilibrio entre los distintos nutrientes y metabolitos que debemos ingerir y procesar. Si esta balanza se desajusta, por una mala dieta o por otros problemas, aparecerán las alteraciones metabólicas que darán lugar a efectos negativos en nuestra salud. Estos desequilibrios metabólicos que ocurren en una persona obesa tendrán también un impacto en el entorno donde se desarrolla el feto, por lo que éste podrá tener una predisposición a sufrir enfermedades en el futuro. Esto ocurre porque los hijos de las mujeres obesas, al haber estado durante el embarazo expuestos a un ambiente de desequilibrios y constantes excesos, tendrán mayores posibilidades de desarrollar alteraciones en su propio metabolismo. De esta manera, será muy probable que durante su infancia o adolescencia acaben desarrollando enfermedades crónicas como son la propia obesidad, la diabetes tipo 2, enfermedades cardiovasculares o enfermedades intestinales. Es lo que suele pasar cuando nos independizamos, que estamos acostumbrados a comer nuestra comida de casa, y ya no sabemos vivir sin los táperes de nuestros padres.

Por último, otra posible causa de que las mujeres obesas tengan más riesgo de dar a luz a bebés con algún tipo de anomalía es la menor capacidad de diagnosticar defectos mediante ecografía a lo largo del embarazo. Esto se debe a que las mujeres con obesidad tienen un incremento de su tejido graso, sobre todo en la zona del abdomen, lo que dificultará la correcta visualización de la anatomía del feto, de igual modo que no se reconoce a una persona dentro de un coche con ventanas tintadas. De hecho, en un estudio se vio que la capacidad de detección de anomalías mediante ecografía estándar en mujeres con peso normal era del 66 por ciento, mientras que en mujeres con obesidad este porcentaje caía a apenas un 25 por ciento. Además, la capacidad de detección disminuía a medida que aumentaba el peso corporal de la madre gestante.

16.4. Recomendaciones para un embarazo saludable

Un profesional de la salud debe seguir siempre de cerca el embarazo de una mujer con obesidad para limitar su impacto y ayudar a garantizar la salud tanto de la madre como del bebé, sobre todo si la mujer tiene alguna enfermedad adicional como la diabetes o la presión arterial alta.

Para el manejo del embarazo el médico puede considerar la posibilidad de realizar análisis sanguíneos, cuestionarios y pruebas adicionales a la mujer gestante si su IMC es superior a 30 kg/m^2, con tal de evitar patologías nombradas anteriormente (la diabetes gestacional, la hipertensión u otras alteraciones metabólicas). Por otro lado, para el análisis de la anatomía del feto también podrán considerar la realización de pruebas ecográficas con mayor resolución como la ecografía anatómica de detalle y la ecocardiografía fetal. En la primera se ven las facciones del feto tan nítidas que se podría discutir de verdad si el bebé se parece más a la familia de la madre o del padre. En el caso de las mujeres obesas interesadas en un parto natural en vez de cesárea, si su IMC no es excesivamente elevado, el hospital requerirá de un instrumental específico para poder llevarlo a cabo. Si el IMC es muy elevado, para evitar mayores complicaciones tendrán que recurrir a cesárea siempre, con medidas adicionales para evitar la formación de trombos e infecciones.

Sin embargo, la mejor medida para disminuir las complicaciones del embarazo en una mujer obesa consiste en lo que los médicos llaman *terapias del estilo de vida*, que combinan dietas con un bajo nivel calórico, ejercicio físico adaptado y apoyo psicológico, las cuales deberían comenzar idealmente antes del embarazo. Algunas de las dietas más comúnmente recomendadas a las mujeres obesas son la dieta de baja carga glucémica (para controlar la cantidad de azúcar en la sangre) y la famosa dieta mediterránea. En cuanto al ejercicio físico, los médicos recomiendan un aumento gradual de la actividad física hasta alcanzar los treinta minutos diarios a una intensidad moderada.

OBESIDAD Y GESTACIÓN

El bollo está en el horno

ABORTOS

La obesidad materna está asociada a un mayor riesgo de aborto ya que la calidad del embrión y la receptividad del endometrio (que lo alberga) pueden verse disminuidas.

DIABETES GESTACIONAL

La obesidad incrementa el riesgo de desarrollar diabetes durante el embarazo. La diabetes gestacional puede afectar a la salud del feto y también implica mayor riesgo de desarrollo de diabetes mellitus para la madre.

PREECLAMPSIA

La obesidad es uno de los factores de riesgo para el desarrollo de preeclampsia o hipertensión arterial durante el embarazo, que puede tener consecuencias tanto en la madre como en el bebé.

COMPLICACIONES EN EL RECIÉN NACIDO

La obesidad de la madre está asociada a un mayor riesgo de defectos en el desarrollo del embrión y podría predisponer a la aparición de enfermedades crónicas durante la infancia y la vida adulta del bebé.

17

Obesidad infantil y obesidad genética. Olvidados pero presentes

Adriana Izquierdo Lahuerta

Entre 1975 y 2016, el número de niños y adolescentes obesos se ha multiplicado por diez. Según la OMS se calcula que en 2016 más de 41 millones de niños menores de cinco años en todo el mundo tenían sobrepeso o eran obesos. También parece ser que la obesidad infantil aparece en mayor medida en niñas, sobre todo antes de la pubertad, y también en niños de familias con una condición socioeconómica más baja. En cualquier caso, las cifras siguen aumentando a un ritmo verdaderamente preocupante.

17.1. ¿Cuáles son las causas? ¿Por qué ha aumentado tanto?

La causa principal de esta obesidad infantil es que los niños ingieren más calorías de las que gastan. Y ¿por qué?, nos planteamos. Pues las razones son fundamentalmente socioeconómicas: se come mal, alimentos ricos en azúcares y grasas, que son baratos y apetecibles para los niños. Muchas veces el bajo nivel cultural, la falta de recursos y de tiempo, hacen que se elija lo más fácil (bollería industrial para merendar, un plato procesado para una comida rápida o una chuchería para un momento de relax), que no siempre es lo mejor. Además, la sociedad actual, en la que imperan las pantallas, tiende a no caminar y a vivir en las ciudades, lo que favorece el sedentarismo de los niños, que no gastan este exceso de calorías ingeridas. ¿Cuántos niños prefieren simular jugar al tenis delante de una pantalla antes que salir a la calle a hacerlo de verdad?

Sin embargo, los niños no tienen la capacidad de elegir dónde viven, ni los alimentos que van a comer y, por supuesto, no son conscientes de las consecuencias que les va a producir este comportamiento. Además, el problema es como una bola de nieve, ya que la mayoría de estos niños obesos lo seguirán siendo cuando lleguen a adultos y, por tanto, tendrán más posibilidades de padecer todas las enfermedades asociadas a la obesidad, como son la diabetes, las enfermedades cardiovasculares, e incluso el cáncer.

Figura 17.1. La obesidad infantil es cada vez más frecuente

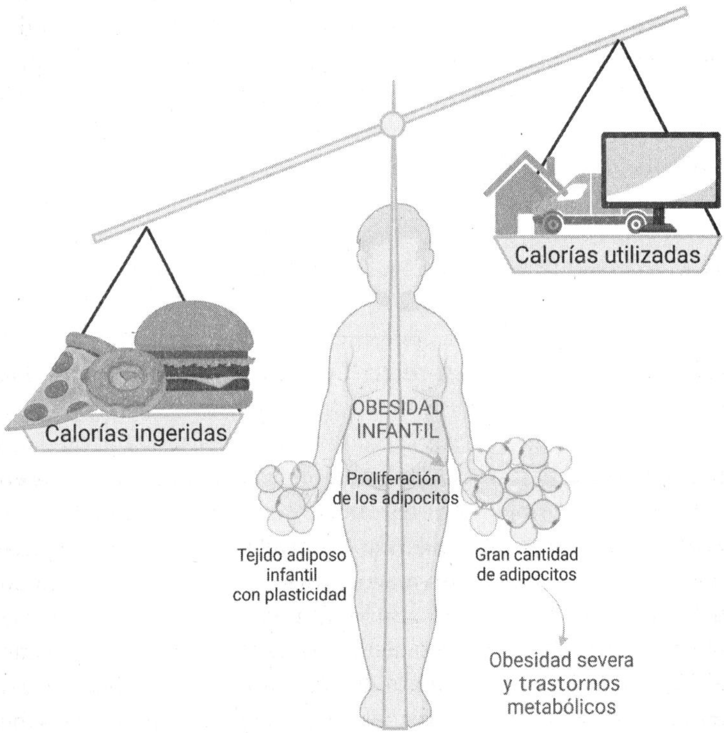

Fuente: Creado con BioRender.com.

17.2. El tejido adiposo del niño

El tejido adiposo blanco es el órgano que se encarga de almacenar la grasa. A estas alturas seguro que ya no tendrás la idea de que el tejido adiposo es un simple almacén de grasa o un órgano pasivo, ya que es capaz de modificarse en función de las condiciones ambientales. En el caso de los niños, el tejido adiposo blanco muestra una especial plasticidad, por lo que los niños y adolescentes obesos van aumentando progresivamente el número de adipocitos. Como consecuencia, cuando la obesidad aparece a edades tempranas, se produce un aumento del número de adipocitos que evita que la cantidad de grasa que guarda cada una de estas células sea muy elevada (hipertrofia) y, por tanto, evita que cambien los patrones de secreción de las adipoquinas durante estas edades. El problema es que esta gran cantidad de adipocitos que presentan los niños obesos va a favorecer el desarrollo de una obesidad severa, y los problemas metabólicos asociados a la misma, en la edad adulta.

17.3. La alimentación y la microbiota

En los últimos años se ha comprobado que el ambiente donde se cría el niño, incluyendo el vientre materno en el que se desarrolla, es fundamental a la hora de prevenir la obesidad infantil.

En este sentido, se ha visto que es tan importante el cuidado prenatal como el posnatal, tal y como ya se ha explicado más en detalle en capítulos anteriores. Así, la obesidad materna durante el embarazo, un problema de salud a nivel mundial, se ha relacionado directamente con un mayor riesgo de desarrollar obesidad infantil en los futuros niños. En los últimos años se ha visto que la obesidad infantil está directamente relacionada con factores como el IMC materno y el aumento de peso durante el embarazo, así como con la aparición de diabetes gestacional. También se sabe que nacer prematuramente y/o tener bajo peso al nacer están directamente relacionados con la aparición de obesidad infantil.

Otro factor que tener en cuenta y que está en relación directa con lo que comen tanto el niño como su madre es la microbiota intestinal. La microbiota materna se transfiere al hijo durante la gestación y la lactancia, y le ofrece protección frente a las infecciones. En particular, si la dieta es rica en fibra, proteínas vegetales y ácidos omega 3, va a contribuir a que el bebé presente también una microbiota saludable, favoreciendo el desarrollo y la salud del recién nacido durante los primeros meses de vida.

17.4. Causas genéticas

Los casos de obesidad infantil por causa genética, tal como la describió Mendel,[25] es decir, por presentar una única mutación o deficiencia en un gen, representan tan sólo un 5 por ciento. Esta obesidad se produce como consecuencia de la herencia, o bien por causa de una mutación durante la concepción de esa persona, en genes conocidos. Puede clasificarse según la causa o el gen mutado en tres grandes categorías:

1. Obesidad causada por la mutación de algún gen que participa en la función del eje hipotalámico leptina-melanocortina. Este eje es una red específica de neuronas, localizadas en el hipotálamo (parte central interna y más «antigua» de nuestro encéfalo) y está encargado de controlar el balance energético, lo cual es crucial para el mantenimiento del peso corporal en humanos. Este grupo de neuronas es capaz de integrar la información sobre las reservas de energía gracias a la acción de la leptina. Son, por tanto, los encargados de regular la sensación de saciedad en respuesta a la masa grasa del individuo. Ahora ya sabes a quién puedes echarle la culpa del hambre constante.

Este tipo de obesidad, por tanto, es debida a mutaciones en el gen de la leptina, receptor de leptina, receptor de melanocortina-4 (MC4R), proopiomelanocortina (POMC), prohormona convertasa 1/3 (PC1/3).

25. Gregor Johann Mendel (Heinzendorf, 1822-Brno, 1884) fue un fraile agustino católico y naturalista. Es considerado el padre de la genética, famoso por establecer sus leyes de la herencia contando guisantes.

Figura 17. 2. En la obesidad infantil intervienen numerosos factores

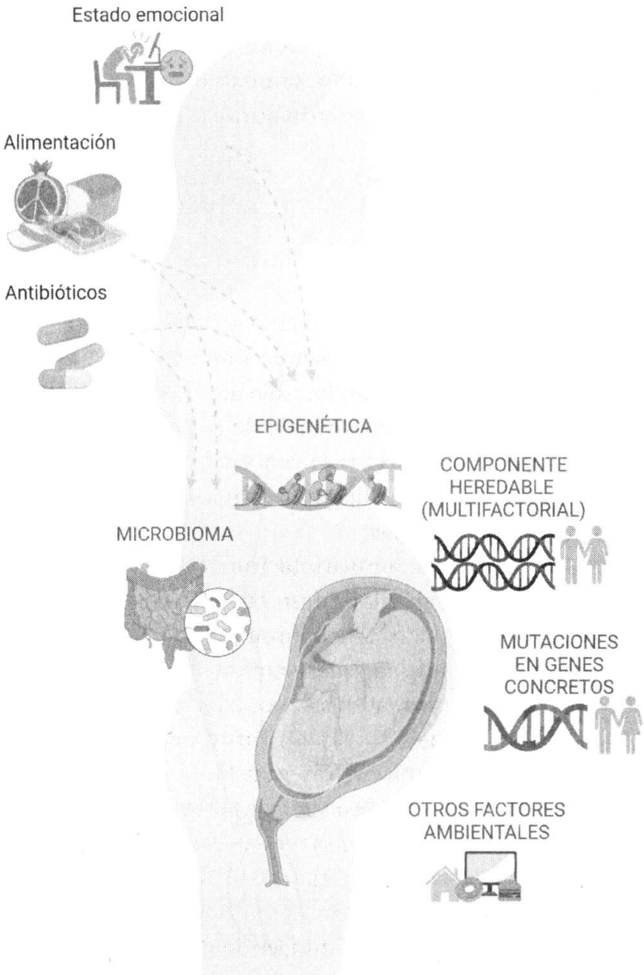

Fuente: Creado con BioRender.com.

2. Obesidad como resultado de la mutación de algún gen necesario para el desarrollo del hipotálamo. Parece ser que el desarrollo anormal del hipotálamo o su deterioro en edad posnatal, o incluso ambos, son responsables de la aparición de la obesidad. Esto pone de manifiesto, de nuevo, la importancia del hipotálamo en el mantenimiento del equilibrio entre la ingesta y el gasto energético. Este tipo de obesidad se debe a mutaciones en genes como SIM1, BDNF y NTRK2.

3. Obesidad como parte de un síndrome complejo en los que también aparece retraso mental, defectos congénitos en órganos, dismorfia facial y de las extremidades y problemas endocrinos. Estos síndromes están causados por la mutación puntual de un gen, aunque su relación con la obesidad no está clara. Los más frecuentes son:

- **Síndrome de Prader-Willi (PW).** Está causado por la ausencia de función de una parte del cromosoma 15 paterno (concretamente de la región 15q11-13, por si te resulta interesante) donde se encuentra el gen SNRPN, entre otros. Este síndrome afecta a uno de cada quince mil-treinta mil nacidos. El peso al nacer es normal, pero los niños muchas veces requieren de alimentación debido a la hipotonía (tienen un bajo tono muscular y no interactúan). Tras este período, los niños con PW desarrollan un apetito insaciable que conduce a que presenten obesidad a la edad de seis años. Presentan otras características físicas como manos y pies pequeños e hipogonadismo.[26] Sufren también retraso en el desarrollo que puede mejorar si se les trata con hormona de crecimiento.
- **Síndrome de Alström (AS).** Es una enfermedad autosómica recesiva,[27] que afecta a uno de cada millón de nacimientos y está causada por una mutación en el gen ALMS1. Los niños afectados de este síndrome desarrollan obesidad hacia los cinco años. Los niños con AS presentan problemas visuales y sordera, que suelen aparecer en la pri-

26. Hipogonadismo: las glándulas sexuales producen poca o ninguna cantidad de hormonas.

27. Enfermedad autosómica recesiva: rasgo o afección genética heredable que no está ligada al sexo. («Recesiva» significa que el niño queda afectado cuando hereda una copia de un gen mutado —cambiado— de cada uno de los padres.)

mera década de la vida. Otra característica típica de este síndrome es la incidencia de diabetes tipo 2, que aparece en torno al 70 por ciento de los individuos a la edad de veinte años. También presentan deficiencia en la hormona del crecimiento, hipertrigliceridemia,[28] retraso en la pubertad, hiperandrogenismo,[29] anomalías renales y cardiopatías que son la causa más común que produce la muerte de estas personas.

- **Síndrome de Bardet-Biedl (BBS).** En esta enfermedad autosómica recesiva se produce una ganancia considerable de peso durante el primer año de vida como consecuencia de una ingesta excesiva de alimentos. Además de la obesidad, aparece una degeneración de la retina, polidactilia,[30] y problemas renales. También es frecuente la pérdida del sentido del olfato (anosmia), el retraso mental, la fibrosis hepática, el hipogonadismo, la hipertensión, la diabetes tipo 2 y la aparición de problemas cardíacos. La obesidad en personas que presentan BBS es reversible con una dieta adecuada y ejercicio.
- **Síndrome de Carpenter.** Es una enfermedad que muestra varios órganos o sistemas afectados. Presenta craniosinostosis (que supone que las suturas craneales del bebé se cierren antes de que su cerebro esté completamente formado), polidactilia, sindactilia (dedos que no se han separado) y obesidad. También se han encontrado enfermos que presentan braquidactilia,[31] agenesia molar (ausencia de dientes), *genu valgum* (piernas en X cuando el niño está de pie), hipogonadismo, problemas congénitos de corazón, hernia umbilical y problemas de aprendizaje.

28. Hipertrigliceridemia: valores de triglicéridos en sangre superiores a 150 mg/dl.

29. Hiperandrogenismo: presencia excesiva de andrógenos (hormonas masculinas, como la testosterona) en la mujer.

30. Polidactilia: malformación en la que existen dedos de más en las manos o en los pies.

31. Braquidactilia: dedos desproporcionadamente cortos en manos y pies.

17.5. Papel de la epigenética

Como hemos comentado antes, el estilo de vida de la madre durante el embarazo, incluyendo su alimentación, la estabilidad emocional y el cariño recibidos, son factores importantes que tener en cuenta en la prevención de la obesidad infantil. En los últimos años, se ha desarrollado toda una rama de la ciencia que se llama epigenética, que estudia cómo lo que comió, vivió o sintió nuestra madre o incluso nuestra abuela puede condicionar cómo seamos nosotros y las enfermedades que vayamos a padecer. Esto parece impensable, pero existen multitud de evidencias que lo corroboran. Tanto la malnutrición o la sobrenutrición, el humo del tabaco e incluso impresiones/miedos muy intensos ocurridos durante el embarazo van a producir «marcas» en nuestros genes que van a ser heredadas por las generaciones futuras (epigenoma).

Existen estudios que muestran cómo los niños que fueron expuestos al humo del tabaco durante el embarazo tienen un mayor riesgo de desarrollar sobrepeso, así como aquellos descendientes de madres sometidas a fuertes hambrunas. Las primeras evidencias de los cambios epigenéticos prenatales se tuvieron cuando se estudió a las mujeres embarazadas durante la hambruna de Holanda en la Segunda Guerra Mundial y a sus descendientes. Estos estudios mostraron un efecto epigenético a través de las generaciones, ya que presentaron algunos genes silenciados. De esta manera, los niños expuestos a la hambruna durante la gestación desarrollaron obesidad, diabetes tipo 2, enfermedades cardiovasculares y psiquiátricas. Los hijos de éstos también presentaban estas alteraciones.

17.6. La obesidad infantil en España

La pregunta que surge a la vista de este panorama es: «¿Cómo estamos en España?». Pues realmente mal. Estamos a la cabeza de los países con mayores tasas de obesidad infantil. El sobrepeso y la obesidad afectan alrededor del 28 por ciento de los niños en España, siendo los trastornos crónicos más prevalentes en la infancia y la adolescencia. ¿Por qué? Porque como hemos planteado antes, la falta de tiempo, de ganas y de información hacen que se abandone la tradicional dieta mediterránea y se sustituya por alimentos procesados de fácil y rápida preparación que, además, no requieren «luchar» con los niños, ya que su alta palatabilidad los hace muy apetitosos. A este escenario le debemos sumar que se sustituye el consumo de fruta fresca por zumos con alto contenido en azúcares y, además, en las meriendas abundan la bollería industrial y los batidos, de nuevo con una cantidad de azúcar desmesurada. Tampoco hay que olvidarse de la cantidad de horas que se pasan los niños delante de la tele, las tabletas, los móviles, la Play... Esto nos puede ayudar a hacernos una idea de lo que está pasando en nuestro país.

OBESIDAD INFANTIL Y OBESIDAD GENÉTICA

Olvidados pero presentes

LA OBESIDAD INFANTIL AUMENTA A NIVEL MUNDIAL

La obesidad infantil es un problema grave de salud que aumenta a un ritmo preocupante. Afecta a familias con una condición socioeconómica baja en el medio urbano.

CAUSAS

La causa principal es que los niños comen más calorías de las que gastan y las razones son, principalmente, económicas: se come mal, alimentos ricos en azúcares y grasas, que son baratos y apetecibles para los niños.

LA IMPORTANCIA DE LA FAMILIA Y LA EDUCACIÓN

Los niños aprenden por imitación los hábitos, más o menos saludables, de alimentación, de ejercicios y de ocio de su familia.

¿Y LA GENÉTICA?

Además, heredamos la mitad de nuestro material genético de nuestro padre y la otra mitad de nuestra madre, lo que hace que el niño porte una «mochila genética» que además puede predisponer a la obesidad infantil.

ES NECESARIO UN CAMBIO

Para ello es necesario una mejora en la atención sanitaria, formación acerca de la alimentación, un cambio en las políticas de transporte, la promoción del deporte y la actividad física y una transformación de la industria alimentaria para disminuir los contenidos en grasas y azúcares.

18

Obesidad e hipoxia. Te dejará sin aliento

Florinda Meléndez Rodríguez

¿Qué es la hipoxia? ¿Sería posible la vida sin oxígeno?[32] La respuesta es no. El aire que respiramos está compuesto por una mezcla de diferentes gases, siendo el oxígeno una quinta parte de dicha mezcla. Esa concentración de oxígeno es esencial para la supervivencia de la mayoría de los seres vivos.

Dicho esto, es importante aclarar que a todas las células del organismo no llega la misma concentración de oxígeno. Mientras que en los pulmones la concentración es muy similar a la del aire que respiramos (aproximadamente un 21 por ciento de oxígeno), al riñón, por ejemplo, llega una décima parte. Esta disminución en la cantidad de oxígeno se conoce como hipoxia, pero es importante resaltar que esta hipoxia es compatible con el correcto funcionamiento de estos órganos; así es como han evolucionado y se han desarrollado. Esta hipoxia compatible con la vida se denomina *hipoxia fisiológica*.

Sin embargo, existen situaciones en las que la concentración de oxígeno puede disminuir de manera general, por ejemplo, cuando estamos en una zona de gran altitud (si subimos una montaña) o incluso de manera intencionada, en algunos deportistas de élite para aumentar su rendimiento,[33] o porque la ejecución lo re-

32. ¡No pongas esa cara, que la pregunta no era tan obvia!

33. A finales de 2007, Raúl, jugador del Real Madrid, fue noticia por dormir en una cámara de hipoxia, siendo motivo de debate por si podía considerarse dopaje.

quiere (en natación sincronizada las deportistas deben estar bajo el agua durante varios minutos).

Pero si de manera voluntaria podemos encontrarnos en situaciones donde el oxígeno no es suficiente, ¿cómo podemos sobrevivir a ello?

18.1. Adaptación del organismo a situaciones de hipoxia

Cuando respiramos aire con una cantidad de oxígeno inferior a la necesaria, es decir, cuando nos encontramos en una situación de hipoxia, nuestro organismo es capaz de sentirlo y adaptarse a ello y nosotros podemos seguir haciendo una vida normal, casi sin darnos cuenta. Para ello, las células de nuestro organismo disponen de mecanismos que las ayudan a adaptarse a esta falta de oxígeno. Así, cuando a la célula llega menos oxígeno del requerido, se acumulan unas proteínas llamadas HIF (por sus siglas en inglés, *Hypoxia Inducible Factors* o factores inducibles por hipoxia), y que desencadenan todo el mecanismo de adaptación a la falta de oxígeno. De este modo, tiene sentido que, si existe una falta de oxígeno, se reduzcan o interrumpan funciones de la célula que necesiten y consuman este gas.

No es de extrañar, por tanto, que una de las respuestas ejecutadas por los HIF sea la inducción de la angiogénesis, es decir, la generación de nuevos vasos sanguíneos a partir de aquellos preexistentes para estimular el suministro de oxígeno. Es normal que, si el aporte de oxígeno se ha visto reducido, el cuerpo busque compensarlo aumentando el flujo sanguíneo a la zona.

En cuanto a los procesos o funciones de la célula que requieren oxígeno, vamos a centrarnos en la mitocondria. La mitocondria es una parte de la célula encargada de la generación de energía a través del consumo de oxígeno. En ella, ocurren una parte de las reacciones que generan energía a partir de subproductos de los azúcares, grasas y proteínas que consumimos y que necesitan oxígeno para ello. Por esto, los HIF se encargan de enlentecer los procesos que ocurren en las mitocondrias de múltiples formas. Si nos imaginamos que las mitocondrias son fábricas de energía, ¿qué formas tendrían los HIF de destruir su producción?:

1. Despidiendo a los empleados encargados de generar el producto: los HIF eliminan proteínas necesarias para llevar a cabo las funciones de las mitocondrias.
2. Contratando empleados que no están cualificados para el puesto y que, por tanto, no pueden realizar el trabajo: los HIF generan proteínas que bloquean o sustituyen a las que realizan las funciones para interrumpir el proceso.
3. Estropeando la estructura de las máquinas necesarias para generar el producto: los HIF evitan la formación de proteínas necesarias para el buen ensamblaje de los complejos de proteínas.
4. Destruyendo la fábrica: los HIF provocan la eliminación de mitocondrias.
5. Evitando la construcción de nuevas fábricas: los HIF evitan la generación de nuevas mitocondrias.

Sin embargo, si los HIF destruyeran todas las formas de generar energía de la célula, ésta no sobreviviría. Por tanto, a cambio, los HIF hacen que se reemplacen estos procesos por otros que tengan la misma finalidad (conseguir energía), pero sin gastar tanto oxígeno. Por ejemplo, los procesos para obtener energía de la glucosa se sustituyen por otros que no necesitan oxígeno, como la fermentación láctica. Sin embargo, estos últimos no son tan eficientes produciendo energía como aquellos que consumen oxígeno. A cambio, para compensar esta ineficiencia, y volviendo al ejemplo de la fábrica:

1. Se aumenta la entrada de material: los HIF potencian la entrada de glucosa en la célula gracias al aumento de sus transportadores.
2. Contrata a operarios que saben realizar estas nuevas funciones: los HIF incrementan las proteínas que se encargan de estas reacciones.
3. Los HIF estimulan el almacenamiento de glucosa para que pueda ser utilizada cuando el aporte de oxígeno se restaure a sus niveles normales.

Figura 18.1. La producción de los HIF durante la hipoxia acarrea consecuencias para las mitocondrias

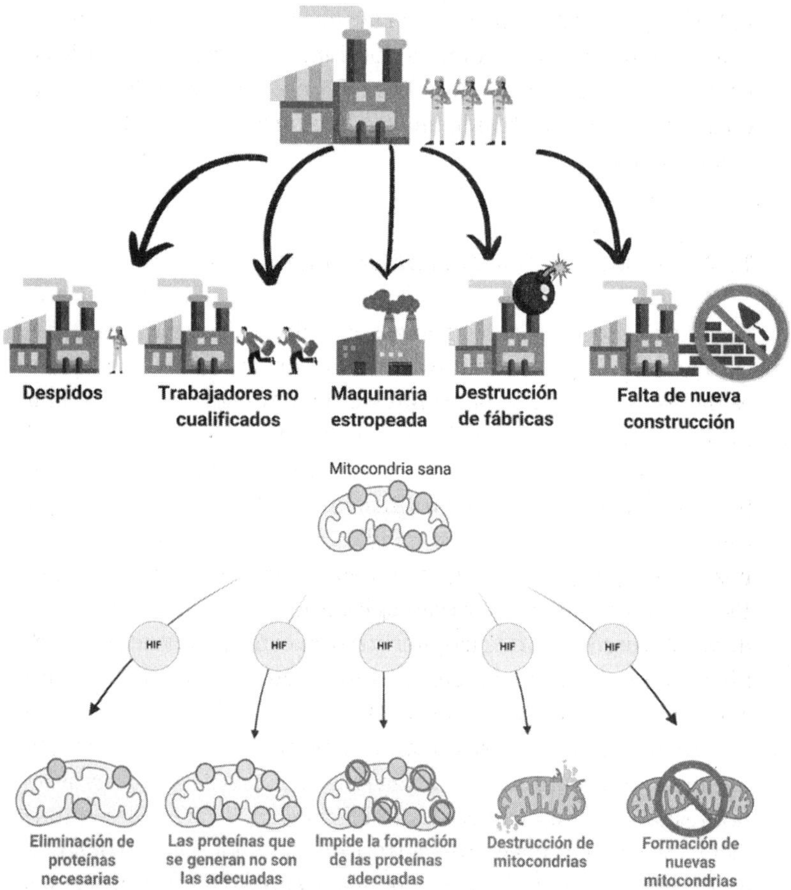

Fuente: Creado con BioRender.com.

Hipoxia fisiopatológica

La hipoxia no siempre es una condición inofensiva para nuestro organismo. Hay enfermedades que generan hipoxia de manera localizada, como por ejemplo el tejido adiposo anormalmente expandido en personas obesas, que genera hipoxia no sólo de manera localizada, sino también general, como veremos en los siguientes apartados. A este tipo de hipoxia se le conoce como hipoxia fisiopatológica, ya que tiene un papel importante en las principales causas de mortalidad, como la obesidad y sus comorbilidades o enfermedades asociadas. Aquí los HIF, protagonistas del apartado anterior, también tienen un papel importante, aunque esta vez como villano.

18.2. Hipoxia generada por la obesidad

En el tejido adiposo se pueden generar, de manera localizada, focos hipóxicos, es decir, puntos donde la concentración de oxígeno es menor de la necesaria. Aunque es fácil imaginar que por una masa de grasa el oxígeno no pase fácilmente, ¿cómo ocurre esto?

Conforme va aumentando el tamaño del tejido adiposo, el paso de oxígeno, denominado difusión, a las zonas más internas es cada vez más complicado, es decir, las células en estas localizaciones tienen una menor llegada o peor distribución del oxígeno. Esto es debido a una pobre vascularización del tejido, a un déficit de vasos sanguíneos que irriguen y lleven el oxígeno a la zona. Debido a ello, se producen en estas localizaciones focos con bajo aporte de oxígeno o focos hipóxicos.

Además de la baja irrigación y menor difusión del oxígeno, la obesidad también genera hipoxia sistémica mediante los trastornos respiratorios asociados a esta enfermedad. Debido a la acumulación de grasa alrededor del cuello, donde se encuentran las vías respiratorias superiores, se produce una obstrucción de dichas vías, impidiendo o dificultando la respiración, especialmente durante el sueño, conocida como apnea del sueño. La apnea del sueño se caracteriza por episodios en los que la respiración se interrumpe de manera recurrente durante el sueño (hasta treinta veces por noche), precedidos por fuertes ronquidos. De la misma manera, la grasa acumulada alrededor del tórax impide su correcta distensibilidad, los pulmones se expanden en menor medida, lo que dificulta la respiración. Ambos trastornos dan lugar a una disminución en la entrada de oxígeno, por lo que se genera hipoxia sistémica.

Figura 18.2. La obesidad contribuye al desarrollo de hipoxia

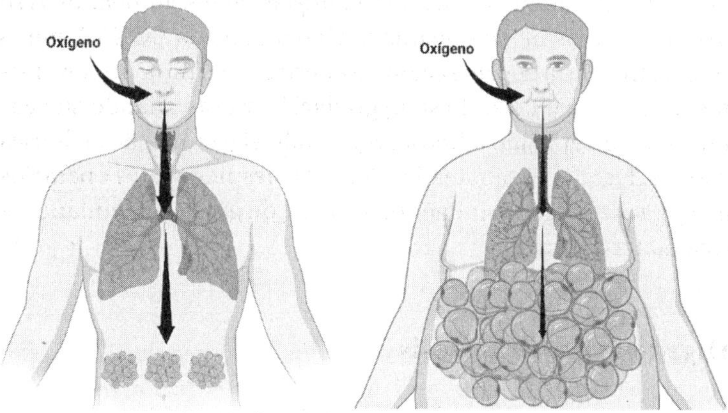

Fuente: Creado con BioRender.com.

18.3. Contribución de la hipoxia a la obesidad y enfermedades asociadas

En esta sección vamos a desglosar la afectación o trastornos de diferentes tejidos causados por la hipoxia generada en personas obesas.

Obesidad (expansión del tejido adiposo)

En el apartado anterior se ha explicado cómo la obesidad genera focos hipóxicos. Sin embargo, ambos eventos, obesidad e hipoxia, se retroalimentan.[34] Una vez originados esos focos, la hipoxia, a través de los HIF, es capaz de promover la captación y almacenamiento de más lípidos, favoreciendo el proceso de expansión del tejido adiposo en los pacientes con obesidad.

En condiciones de hipoxia dicha acumulación de lípidos se potencia debido a que la liberación de los HIF suprime las reac-

34. Tanto monta, monta tanto.

ciones de extracción de energía a partir de grasa (al igual que ocurre con la glucosa) en la mitocondria, ya que requieren oxígeno. Concretamente, en las mitocondrias de los adipocitos HIF disminuyen los niveles de una proteína llamada COX5B que es importante para la generación de energía a partir de subproductos de grasa, reduciendo su degradación y potenciando su acumulación en el tejido adiposo. Siguiendo el ejemplo de la fábrica y los HIF como el saboteador, los HIF despiden a los operarios encargados de generar energía a partir de grasa, acumulándose esta materia prima.

Hígado graso o esteatosis

La acumulación de grasa no ocurre únicamente en el tejido adiposo, sino que también puede darse en otros órganos debido a la hipoxia generada y al exceso de grasa circulante.

Uno de estos casos es el hígado, que puede sufrir esteatosis. El almacenamiento de lípidos en el hígado puede ocurrir por la activación de los HIF tras la hipoxia derivada de las enfermedades respiratorias que padecen los pacientes obesos. Asimismo, el exceso de grasa en la cavidad abdominal presiona los órganos internos como el hígado haciendo que la circulación de la sangre a través de los vasos sanguíneos se vea dificultada, y con ella, el aporte de oxígeno a estos tejidos. De esta manera, los HIF se liberan y fomentan la movilización del transportador de ácidos grasos CD36 hacia la membrana de los hepatocitos (células del hígado), potenciando la captación de grasa en este órgano. En otras palabras, los HIF en su papel de villano son responsables de crear puertas de entradas para los lípidos en el hígado, por lo que consigue que entren más y más grasas y se afecte la funcionalidad del tejido.

Hipertensión pulmonar

La hipertensión pulmonar consiste en un incremento de la presión arterial pulmonar y, junto con otras enfermedades pulmonares, se ha asociado a un estado de hipoxia crónica, como el generado por la apnea del sueño en pacientes obesos.[35]

El endotelio pulmonar, tejido que forma la pared interna de los vasos sanguíneos en el pulmón, participa en el control del flujo sanguíneo y la presión vascular. En condiciones normales, el grosor de la pared de los vasos se mantiene gracias al equilibrio entre el crecimiento y muerte de las células que forman la pared. Sin embargo, se ha observado que la hipoxia producida por la apnea provoca lesiones en el endotelio (cambios en su estructura) por mediación de los HIF, que activan procesos de proliferación e hipertrofia en las células PASMC (por sus siglas en inglés, *Pulmonary Artery Smooth Muscle Cells*, o células de músculo liso de arteria pulmonar) del endotelio, dando lugar al engrosamiento de la pared de los vasos. Por tanto, la hipoxia provoca el aumento en la tensión pulmonar por el engrosamiento de las paredes de los vasos sanguíneos que se produce tras el aumento de las células de dichas paredes.

Inflamación crónica

Otro evento clave para el inicio y progresión de algunas enfermedades asociadas a la obesidad es el estado inflamatorio crónico que se desarrolla en los pacientes obesos. La liberación de compuestos proinflamatorios se ha asociado con la aparición de los focos hipóxicos en las zonas más internas y menos vascularizadas del tejido adiposo expandido. La hipoxia, a través de los HIF, estimula la expresión de genes inflamatorios; también se produce una acumulación de productos derivados de la degradación de la glucosa en condiciones de hipoxia, como el lactato, y que son capaces de activar las células del sistema inmunitario, y con ello, la respuesta inflamatoria. Una respuesta inflamatoria descontrolada puede provocar el ataque a células sanas en diferentes tejidos por parte de las células del sistema inmunitario que se encuentran *en alerta*, lo que contribuye a que se desencadenen una serie de enfermedades.

35. La prevalencia de hipertensión pulmonar en pacientes que sufren apnea del sueño está en un rango entre el 17 y 50 por ciento.

Enfermedades cardiovasculares

La obesidad y la hipoxia son características comunes en las enfermedades cardiovasculares. Vamos a hablar de la cardiomiopatía hipertrófica, otro de los factores de riesgo que sufren los pacientes obesos y que se caracteriza por un engrosamiento o hipertrofia del músculo cardíaco.

Se ha observado que la acumulación de los HIF está seguida por una inflamación del tejido adiposo y un aumento letal en el tamaño del corazón, o cardiomegalia, en ratones. ¿Sabes cómo ocurre? El incremento de compuestos proinflamatorios en sangre activa vías implicadas en el crecimiento y proliferación de los cardiomiocitos (células del corazón que se contraen espontáneamente), lo que afecta al desarrollo, morfología y función del corazón y lleva, finalmente, a una hipertrofia del corazón.

Fibrosis en el riñón

Como hemos visto, la hipoxia crónica generada por la obesidad provoca una respuesta inflamatoria sostenida, hipertensión, proliferación y remodelación del endotelio... y todos estos procesos a su vez potencian el desarrollo de fibrosis. En el caso del riñón, se sabe que los pacientes obesos son propensos a sufrir fibrosis en este órgano.

¿Qué mecanismos están detrás del aumento de la fibrosis en el riñón? Se ha demostrado que los HIF desempeñan una función importante en el desarrollo de fibrosis al inducir de manera indirecta la generación de matriz extracelular, mediante el incremento de colágeno y fibronectina, así como la activación de los fibroblastos. Una excesiva acumulación de matriz extracelular y la proliferación anormal de fibroblastos afectarán a la funcionalidad del riñón.

Trastornos neurológicos

Para mantener las funciones del organismo tanto a nivel general como celular es necesaria una buena regulación del metabolismo, y dicha regulación es aún más crítica en el cerebro. Aunque el cerebro supone una pequeña parte del peso total del cuerpo, es el órgano que más energía consume (alrededor del 20 por ciento de la energía producida). Por tanto, para que el cerebro funcione con normalidad se requiere que el metabolismo esté perfectamente regulado.

Una disminución crónica en la distribución del oxígeno en el cerebro, como ocurre en la apnea del sueño, provoca cambios metabólicos importantes en diferentes tipos celulares del cerebro, como las neuronas. Estos cambios metabólicos pueden producir lesiones en el tejido que a su vez pueden desembocar en diferentes trastornos neurológicos. De hecho, entre las patologías del cerebro en las que la hipoxia y los HIF tienen un papel importante se encuentran la hipertensión, el deterioro cognitivo y las convulsiones, entre otros.

Atrofia muscular

El componente principal de los músculos son las proteínas. Por tanto, los procesos implicados en la síntesis de proteínas son esenciales para mantener el buen estado de los músculos.

La atrofia muscular está asociada a una baja síntesis y una alta degradación de proteínas. Se ha relacionado la hipoxia con una disminución del tamaño del músculo y su consecuente pérdida de fuerza, lo que también se denomina *atrofia muscular*. Sin embargo, aún no se conoce bien el efecto que la hipoxia causada por la obesidad pueda tener en el músculo. Aunque se ha advertido un cambio en la musculatura cercana a las vías aéreas en pacientes obesos que sufren apnea (cambio a fibras más fatigables), éste no se ha observado en los músculos de las extremidades inferiores.

Cáncer

El aumento de la prevalencia de determinados cánceres, como el de hígado, colon o riñón, se ha asociado a la obesidad. Los cánceres asociados a la obesidad aparecen antes, aumentando entre los jóvenes. El ambiente hipóxico generado en el tejido adiposo expandido puede ser uno de los factores clave para la potenciación de la progresión tumoral debido, como hemos visto anteriormente, a todos los procesos patológicos que promueve.

Un ejemplo clásico del papel de los HIF en la progresión tumoral es el carcinoma renal de célula clara. Estos tumores se caracterizan por tener una expresión continua de los HIF, que desempeñan un papel fundamental en el establecimiento de las lesiones primarias, su desarrollo hacia quistes y la progresión hasta carcinoma. Además de promover la proliferación celular y, por tanto, la progresión tumoral, los HIF también potencian la migración e invasión de las células tumorales y, con ello, el carácter metastásico y la agresividad del tumor. Un caso en el que los HIF promueven la migración es el cáncer de mama. Los HIF provocan un cambio en la expresión génica del gen del receptor de estrógeno y, con ello, favorece la transición epitelio-mesénquima. Esta transición es un proceso por el cual las células del tumor pierden la adhesión entre ellas, aumentando sus capacidades invasivas y haciendo que el tumor se vuelva metastásico.

A lo largo de este capítulo hemos analizado algunos de los procesos patológicos que desencadena la obesidad. Estos procesos patológicos, como el estado de inflamación crónica, hipertensión, fibrosis, problemas respiratorios, están favorecidos y, en algunos casos, mediados por la hipoxia que se genera durante la expansión anómala del tejido adiposo en estos pacientes. Un mayor conocimiento de los mecanismos que se activan por esta hipoxia en los diferentes tejidos de los pacientes obesos es crucial para poder desarrollar nuevas estrategias terapéuticas.

OBESIDAD E HIPOXIA

Te dejará sin aliento

HIPOXIA Y FACTORES HIF

La disminución de oxígeno disponible se denomina hipoxia. En situaciones de hipoxia nuestro organismo activa mecanismos para sobrevivir. Estos mecanismos están dirigidos por los factores HIF.

HIPOXIA FISIOLÓGICA Y PATOFISIOLÓGICA

Algunas células en nuestro cuerpo necesitan una cantidad de oxígeno menor para funcionar. Esto se denomina hipoxia fisiológica. Sin embargo, hay enfermedades que generan hipoxia localizada o general, como ocurre en la obesidad. A esta hipoxia se la conoce como hipoxia patofisiológica.

HIPOXIA COMO CONSECUENCIA

La obesidad se caracteriza por una expansión anormal del tejido adiposo. El paso del oxígeno por la grasa se complica, generando hipoxia localizada. Además, la obesidad también provoca hipoxia general a través de enfermedades respiratorias asociadas, como la apnea del sueño.

HIPOXIA COMO CAUSA

A su vez, la hipoxia a través de los factores HIF paraliza procesos que requieren consumo de oxígeno, como la obtención de energía a partir de lípidos. Esto reduce la degradación de lípidos y, por tanto, promueve la acumulación de grasa.

ENFERMEDADES ASOCIADAS

Aparte de una mayor acumulación de grasa en el tejido adiposo, la hipoxia en personas obesas puede desencadenar trastornos en otros tejidos, como hígado graso, hipertensión muscular, enfermedades cardiovasculares y neurológicas, fibrosis renal, atrofia muscular, inflación y cáncer.

19

Obesidad y cáncer. Alimentando al enemigo

Irene López Mateo

El cáncer es la segunda causa de muerte en España, sólo superada por las enfermedades cardiovasculares. Tradicionalmente, se ha visto al cáncer únicamente como una alteración de la proliferación celular, pero durante la última década se ha observado que también debe considerarse como una enfermedad metabólica. Esto es así porque durante el desarrollo tumoral se producen diversos cambios en el metabolismo celular,[36] los cuales incrementan el consumo de nutrientes y la producción de componentes celulares para que el tumor pueda seguir creciendo. Esta nueva aproximación a la enfermedad nos hace ver lo compleja que puede llegar a ser, pero también arroja luz sobre distintos factores de riesgo que la provocan y nos ofrece nuevos horizontes para su tratamiento.

Todos conocemos ciertos factores de riesgo que aumentan la posibilidad de padecer cáncer, pero desde hace algunos años se ha añadido un elemento más a esa lista, la obesidad. Esta patología no sólo aumenta el riesgo de desarrollar algunos tipos de cáncer, sino que cada vez más estudios científicos la asocian con un peor pronóstico.

Pero ¿qué relaciona a estas dos enfermedades? Como nos podemos imaginar, no es fácil contestar a esta pregunta, ya que son varios los factores que influyen y seguramente haya bastantes más que aún desconozcamos.

36. Metabolismo: conjunto de todos los procesos químicos y biológicos que convierten o usan energía en las células vivas de un organismo.

De una manera amplia, se pueden clasificar en tres procesos diferentes:

a. Inflamación crónica
b. Eje resistencia a insulina/IGF (factores de crecimiento insulínicos)
c. Vía hormonas sexuales

Aunque hay que tener en cuenta que ésta es una clasificación «artificial», ya que muchas veces estos procesos se solapan.

19.1. Inflamación crónica

En algunos casos la inflamación se desencadena sin que haya ningún daño o no se detiene una vez hemos sanado. Esto es lo que conocemos como inflamación crónica y a la larga puede llegar a causar daño en el ADN y provocar el cáncer. Por su parte, la obesidad provoca una inflamación crónica que hace que aumente la probabilidad de padecer algunos tipos de cáncer.

Si profundizamos un poco más y estudiamos el efecto de la adiponectina y la leptina, dos adipoquinas, observamos que tienen papeles antagónicos en relación con el cáncer, por lo que podemos decir que se comportan como el ángel y el demonio.

La leptina tiene diferentes efectos que contribuyen a la formación del escenario perfecto para favorecer la aparición y la progresión de tumores:

- Es proinflamatoria.
- Es proangiogénica, es decir, promueve la formación de nuevos vasos sanguíneos, necesarios en este caso para que el tumor se nutra y pueda seguir creciendo.
- Es proproliferativa, es decir, que estimula la división celular.

La adiponectina por su parte es todo lo contrario: antiinflamatoria, antiangiogénica y antiproliferativa.

En un marco de obesidad y de inflamación crónica asociada,

la producción de leptina se ve aumentada y la de adiponectina, disminuida. Esto quiere decir que no sólo estamos quedándonos sin ejército para combatir al cáncer, sino que además le estamos proporcionando soldados para sus filas.

Para algunos tipos de cáncer, como el de hígado, colon, mama o páncreas, se ha observado que la grasa visceral supone un factor de riesgo. Esto se debe a que en ese tejido adiposo se produce un fenotipo inflamatorio y una bajada de los niveles de adiponectina, lo que puede afectar a los órganos circundantes con un efecto carcinogénico. Por tanto, no sólo hay que tener en cuenta el IMC, sino que también es importante dónde se acumula esa grasa.

Figura 19.1. La obesidad y el cáncer están conectados por factores como las adipoquinas

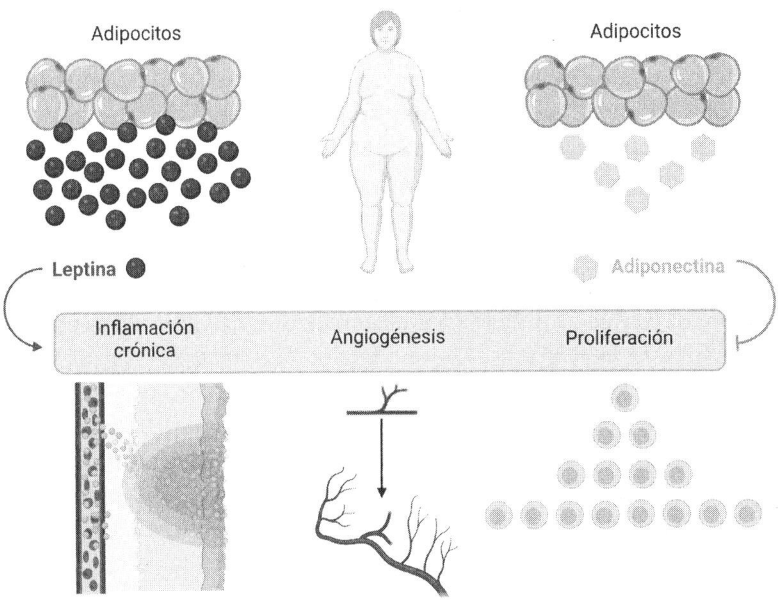

Fuente: Creado con BioRender.com.

19.2. Eje resistencia a insulina/IGF

Uno de los mecanismos por los que se desarrolla la resistencia a la insulina se debe al aumento de citoquinas proinflamatorias producidas por el tejido adiposo, junto con el incremento de ácidos grasos. Se considera la característica principal del síndrome metabólico, el cual se define como un mínimo de tres de cinco trastornos metabólicos que incluyen: la grasa abdominal, niveles altos de glucosa en sangre, presión arterial alta, niveles elevados de colesterol y de triglicéridos. Vamos, un cóctel explosivo.

En un escenario de resistencia a la insulina, los niveles de ésta aumentan. Se cree que la insulina promueve la carcinogénesis, directa e indirectamente, a través de su receptor y de los factores de crecimiento insulínicos (IGF, por sus siglas en inglés *Insulin-Like Growth Factor*):

- **Relación directa:** la insulina se une a su receptor en las células tumorales y lo activa. Como consecuencia, aumenta la actividad metabólica celular, lo que da lugar a un incremento del estrés oxidativo que genera un daño en el ADN.[37] Además, estas células tumorales necesitan producir más material del que están hechas, como ácidos grasos, proteínas... para poder seguir dividiéndose, y la hiperglucemia provocada por la diabetes les sirve el alimento en bandeja.
- **Relación indirecta:** los factores de crecimiento insulínicos o IGF se sintetizan en la mayoría de los órganos del cuerpo, pero principalmente en el hígado, como resultado de la estimulación con la hormona del crecimiento. Entre sus funciones se encuentran la estimulación de la proliferación celular y la inhibición de la apoptosis; al contrario que un insecticida, no las mata y además las ayuda a reproducirse. Los IGF se regulan a través de unas proteínas conocidas

37. Estrés oxidativo: incremento de la actividad oxidativa y acumulación de radicales libres del oxígeno en el interior de la célula, lo que origina un cambio estructural y funcional que lleva al deterioro de ésta. Por eso es recomendable comer alimentos ricos en antioxidantes que ayudan a eliminar estos radicales libres (frutas y verduras).

como proteínas fijadoras de IGF (IGFBP), que impiden su unión a su receptor, inhibiendo así su función. Se ha observado que la insulina disminuye los niveles de IGFBP, provocando un aumento de IGF.

Figura 19.2. La insulina podría promover la carcinogénesis de manera directa o indirecta

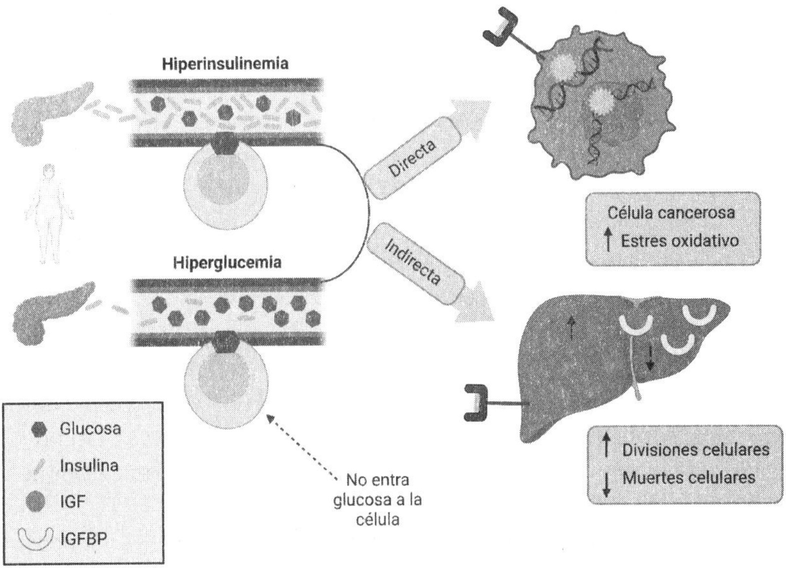

Fuente: Creado con BioRender.com.

Se ha observado que esta vía de la resistencia a la insulina/IGF podría ser particularmente relevante en el cáncer colorrectal, de páncreas y, potencialmente, en el de próstata.

19.3. Hormonas sexuales

El tejido adiposo es el responsable de la aromatización esteroidea, es decir, el proceso por el cual los andrógenos (hormonas sexuales «masculinas») se transforman en estrógenos (hormonas sexuales «femeninas») mediante la enzima aromatasa. En un contexto de obesidad y de exceso de tejido adiposo, se produce un incremento de la actividad de la aromatasa, lo que da lugar a un aumento de la cantidad de estrógenos. Numerosos estudios clínicos y experimentales han demostrado que las hormonas esteroideas, en especial los estrógenos y la progesterona, tienen un papel importante en el cáncer de mama y de endometrio, mediante la regulación de la proliferación celular y la apoptosis. Estas hormonas tienen funciones fisiológicas normales, necesarias para la ovulación, el embarazo y el desarrollo del embrión, entre otras. El problema viene cuando estas moléculas se pasan al lado oscuro, ayudando en la aparición y crecimiento de tumores.

No pensemos que éste es un factor que sólo atañe a las mujeres... El aumento de los niveles de estrógenos también provoca un incremento en el riesgo de padecer cáncer de mama en los hombres, aunque la incidencia de este tumor sea mucho menor en ellos. Además, los estrógenos también juegan un papel relevante en el desarrollo del cáncer de páncreas, seas hombre o mujer.

Cáncer de mama

En la actualidad, el cáncer de mama es el tumor más común entre las mujeres. Aunque las tasas de cáncer de mama son más altas en países desarrollados, la incidencia en España es más baja que en países como Estados Unidos, Canadá y otros países del centro y norte de Europa (Datos Globocan, 2020). Según el Observatorio de la Asociación Española contra el Cáncer (AECC), en España se diagnosticaron 33.551 nuevos casos en 2020, lo que representa algo más del 29 por ciento de todos los tumores del sexo femenino en nuestro país.

La asociación entre cáncer de mama y obesidad es compleja. Numerosos estudios han puesto de manifiesto que después de la menopausia, la obesidad aumenta el riesgo de padecer esta enfermedad. Sin embargo, en mujeres premenopáusicas no se observa este aumento, e incluso parece que podría actuar como factor de protección frente al desarrollo de tumores de mama. En ambos casos, las protagonistas de la historia son las hormonas sexuales, los estrógenos y la progesterona.

Después de la menopausia, el tejido adiposo es el mayor productor de estrógenos del cuerpo y, como hemos explicado anteriormente, la obesidad está asociada con una mayor cantidad de este tejido, lo que conlleva un aumento en la producción de esta hormona. Este hecho explicaría el incremento del riesgo de padecer cáncer de mama en mujeres con obesidad (más estrógenos = más proliferación celular). No obstante, en esta historia tiene que existir algún actor más que desconocemos, puesto que el riesgo también aumenta en el caso de tumores ER- (receptor de estrógenos negativo), es decir, que ya no responden a estrógenos.

En el caso de mujeres premenopáusicas, se cree que la principal razón para la relación inversa entre obesidad y cáncer de mama es una menor exposición a la progesterona. Esto se debe a que la obesidad provoca una acumulación de andrógenos (hormonas «masculinas») en los ovarios y, como consecuencia, una reducción de la progesterona. Esto podría ser «bueno» para no desarrollar cáncer de mama, pero acarrea muchísimos problemas para estas mujeres, incluida la infertilidad.

A pesar de que las hormonas sexuales tienen un papel muy importante en la aparición y crecimiento de tumores de mama en mujeres obesas, también se han descrito efectos de otros procesos que ya hemos mencionado, como la inflamación crónica o el aumento de la actividad de los IGF.

Cáncer colorrectal

El cáncer colorrectal es aquél que se desarrolla en el colon o en el recto. Teniendo en cuenta ambos sexos y todas las edades, es el tipo de cáncer más frecuente en España, con 38.539 casos detectados en 2020 (según datos de la AECC) y el tercero a nivel mundial, con casi dos millones de nuevos casos, sólo superado por los tumores de mama y pulmón (Datos Globocan, 2020). En los últimos años, se viene observando un aumento de su incidencia en países desarrollados y se le considera un marcador de la transición nutricional experimentada por zonas en vías de desarrollo.

Existen numerosas evidencias que relacionan la obesidad con un riesgo mayor de padecer cáncer colorrectal. De manera general, las personas con obesidad presentan un 20-30 por ciento más de probabilidad de padecer este tipo de tumor, comparadas con individuos con peso normal. Sin embargo, esta asociación es mayor en hombres que en mujeres y mayor para el cáncer de colon que para el de recto. A pesar de que aún desconocemos el porqué de esta diferencia entre sexos, una de las posibles razones radicaría en la distinta distribución de la grasa corporal.

Entre las causas que relacionan la obesidad y el cáncer colorrectal se encuentran la alteración de la microbiota y la rotura de la barrera intestinal. En este punto es claro que la alimentación juega un papel clave en la obesidad y es una de las asignaturas pendientes en nuestra sociedad. El consumo excesivo de carnes rojas y de alimentos precocinados está fuertemente asociado al desarrollo de cáncer colorrectal. Por el contrario, la ingesta de fruta y vegetales, ricos en fibra, se relaciona con un menor riesgo de padecer esta enfermedad. Además, la microbiota intestinal tiene un papel en la digestión de los alimentos, por lo que influye en su disponibilidad para la absorción y, consecuentemente, participa en diferentes trastornos metabólicos, como la obesidad y el cáncer.

El nexo común que une la alteración de la microbiota, la obesidad y el cáncer es la inflamación. Como consecuencia de la muerte normal de las bacterias de la microbiota se libera LPS (lipopolisacárido o endotoxina), un componente de la pared bacteriana. Este LPS provoca un aumento de citoquinas proinflamatorias y ya hemos explicado cómo afectan negativamente estas moléculas en el riesgo de padecer cáncer. En condiciones normales, la barrera intestinal sólo permite la entrada al torrente sanguíneo de una pequeña cantidad de LPS; sin embargo, en individuos obesos, se ha detectado casi el doble de esta molécula en sangre. Además, se ha observado que el aumento de los niveles de leptina que se produce en la obesidad aumenta el riesgo de padecer cáncer de colon en hombres, aunque parece que no es así en mujeres.

Cáncer de hígado

El cáncer de hígado es, a nivel mundial, el quinto tumor más frecuente en hombres y el noveno en mujeres. Sin embargo, es el segundo tipo de cáncer que causa más mortalidad en hombres, sólo superado por el cáncer de pulmón. En España, es el sexto tumor más frecuente en hombres, siendo menor la incidencia en mujeres (Datos Globocan, 2020).

El tipo de cáncer de hígado más común es el hepatocarcinoma celular (HCC), el cual representa el 70-90 por ciento de todos los tumores de este órgano. A nivel general, la causa principal del HCC es la infección del virus de la hepatitis B o C, sobre todo en países menos desarrollados, donde el acceso a los tratamientos es más limitado. Sin embargo, en países desarrollados, el aumento del número de casos de HCC que se viene observando en las últimas dos décadas se debe a un incremento en el número de pacientes con enfermedad del hígado graso no alcohólico.

Pero ¿cómo se relaciona la acumulación de tejido adiposo en este órgano con un mayor riesgo de padecer hepatocarcinoma? La obesidad y la acumulación de grasa en el hígado hacen que aumente el estrés oxidativo y la liberación de citoquinas (inflamación). Debido a estos factores se produce la muerte de células del hígado, lo que provoca un aumento de la proliferación celular para compensarlo y un incremento de la inflamación. Y esto es la pescadilla que se muerde la cola: la inflamación provoca daño celular, que lleva a la muerte de la célula y eso genera más inflamación. Al final, estos ciclos de muerte celular y regeneración crean un microambiente adecuado para el desarrollo del HCC. Para contribuir a este desastre, el aumento de LPS en sangre, debido a la rotura de la barrera intestinal, y la subida de los niveles de leptina producidos en la obesidad, incrementan aún más la inflamación en el hígado y facilitan la aparición de daño hepático que a la larga puede derivar en un cáncer de hígado.

Aparte del incremento del riesgo de padecer HCC en personas obesas, también se ha observado una mayor tasa de mortalidad en estos individuos debido a esta patología. Esta diferencia es mucho más clara en hombres y en países occidentales. Las causas no están claras, aunque numerosos estudios apuntan a una menor detección precoz de este cáncer (la grasa dificulta la ecografía) y a complicaciones posoperatorias.

Eso sí, la buena noticia es que se ha observado que la pérdida de peso revierte el aumento de riesgo de padecer HCC, así que mejor empezar cuanto antes con una alimentación saludable y ejercicio.

Cáncer de páncreas

El cáncer pancreático es el séptimo tumor más frecuente en España y el tercero más mortal (teniendo en cuenta ambos sexos), según el Global Cancer Observatory. Cada vez son más las evidencias que relacionan la obesidad y este tipo de tumor, de ahí que no nos extrañe que su incidencia sea mayor en países desarrollados. Comparados con personas de peso normal, los pacientes con obesidad presentan hasta un 20 por ciento más de riesgo de padecer cáncer de páncreas. Entre los posibles mecanismos que asocian la obesidad y el aumento de este riesgo se encuentran: la resistencia a la insulina, y su consiguiente hiperinsulemia/hiperglucemia, la inflamación crónica y las hormonas sexuales.

Otros tipos de cáncer

Además de los tumores de los que hemos hablado, existen evidencias muy concluyentes que relacionan la obesidad con un aumento del riesgo de padecer cáncer esofágico, de endometrio o renal. Pero la lista no acaba ahí. A pesar de que se necesitan más estudios, también se ha visto que, muy probablemente, la obesidad está relacionada con una mayor incidencia de cáncer de ovarios, de vesícula biliar, de tiroides y un largo etcétera.

En resumen, que desarrollemos un cáncer es como un sorteo en el que todos llevamos papeletas, pero la obesidad, para bastantes tipos de tumores, es como comprar muchos más números de la rifa.

OBESIDAD Y CÁNCER

Alimentando al enemigo

INFLAMACIÓN CRÓNICA

Durante la obesidad se mantiene un estado inflamatorio crónico. La leptina, liberada por el tejido adiposo, favorece la inflamación, la formación de nuevos vasos sanguíneos y la proliferación celular.

EJE RESISTENCIA A INSULINA/IGF

La insulina podría favorecer la carcinogénesis mediante una acción directa (por unión a los receptores en las células tumorales) o indirecta (a través de los factores de crecimiento insulínicos).

HORMONAS SEXUALES

Las hormonas esteroideas, en especial los estrógenos y la progesterona, tienen un papel importante en el cáncer de mama y de endometrio.

¿OBESIDAD Y CÁNCER DE MAMA?

Se ha observado una relación entre los dos factores en mujeres posmenopáusicas. Al aumentar la cantidad de tejido adiposo, aumenta también la liberación de estrógenos.

¿Y OTROS TIPOS DE CÁNCER?

Se ha observado una mayor incidencia de cáncer colorrectal, hepatocarcinoma, pancreático, cáncer esofágico, de endometrio o renal, entre otros, en personas obesas.

20

Tratamiento de fisioterapia en obesidad. *Shake, shake, shake. Shake your booty*

Laura Bonilla Barba

20.1. Tratamiento de fisioterapia en obesidad

La fisioterapia forma parte del tratamiento activo, no sólo de la obesidad referida como una patología única, sino también de todas las secuelas que aparecen asociadas a ella. La herramienta más potente con la que contamos los fisioterapeutas es la pauta de ejercicio terapéutico que, a diferencia de la actividad física por sí sola, tiene la finalidad de corregir posibles alteraciones, mejorar y potenciar el rendimiento físico y optimizar el estado general de salud del paciente mediante el acondicionamiento físico, por lo que prevenimos posibles riesgos que lo harían empeorar.

El papel principal que ejerce el ejercicio físico es la regulación del equilibrio energético. La unión del ejercicio con una dieta baja en calorías contribuye a un menor balance energético, por lo que ayuda a perder el exceso de peso. Además, el ejercicio aporta otros beneficios muy numerosos, ya que es reconocido por mejorar el acondicionamiento físico y aumentar la velocidad de la marcha, el equilibrio y la capacidad aeróbica. Por si no lo sabías, este acondicionamiento incrementa las capacidades físicas, como son fuerza, resistencia, flexibilidad y velocidad, haciendo que tengamos un cuerpo más sano. Un cuerpo acondicionado mejora el rendimiento del desempeño de las actividades diarias y ayuda a mantener el bienestar físico y mental. Parece que el ejercicio físico nos aporta muchas cosas buenas, ¿verdad?

Los programas de ejercicio terapéutico, por norma general, tienen una pauta de 150 minutos/semana como mínimo, a una intensidad moderada (aquélla que llega a un 40-60 por ciento de la capacidad máxima del individuo) o de 65 minutos/semana a intensidad vigorosa (aquélla que sobrepasa el 60 por ciento de la capacidad máxima) para poder comprobar los beneficios a medio plazo, siempre y cuando se siga una buena pauta alimentaria. En el caso de que el paciente obeso no cambie sus hábitos nutricionales, tendríamos que elevar hasta 225-420 minutos semanales para poder conseguir una pérdida de masa grasa. Será mejor renunciar a la tercera hamburguesa semanal que tener que dedicar cada vez más parte de tu tiempo libre a realizar actividad física, estarás pensando. Pero una vez que se ha logrado disminuir el peso, lo difícil para los pacientes es la capacidad de mantenerlo en el tiempo y, para ello, serían necesarios unos 200-300 minutos semanales de actividad física a una intensidad moderada para evitar que la báscula vuelva a subir.

Este mantenimiento del peso corporal generalmente provoca un sufrimiento tanto físico como mental en el paciente. Es muy conocida la expresión de dietas yoyó o dietas en las que se pierde una elevada cantidad de peso en un período muy corto de tiempo, pero tienen la misma facilidad para recuperar los kilos perdidos. Es en el período de mantenimiento o de «meseta» cuando debemos reforzar el plan de entrenamiento físico, además de intervenir en el estilo de vida con una reducción de la ingesta calórica, ya que la pérdida de peso es mucho más efectiva cuando combinamos ejercicio junto a dieta saludable que si recurrimos a cualquiera de ellas de manera individual.

Para mantener un nivel adecuado de actividad física e integrarla en el día a día, sería importante incluir en este espacio la actividad física como estilo de vida, que es aquélla que no está destinada a realizarse en un período estructurado de ejercicio, sino que forma parte de nuestras actividades cotidianas, es decir, ir caminando al trabajo, a diferencia de programar una caminata de treinta minutos con la finalidad de realizar un ejercicio concreto. Es en estas actividades en las que el paciente puede motivarse llevando consigo un podómetro o un reloj de muñeca que mida la cantidad de pasos que realiza durante un día, que contabiliza una cantidad total de actividad física no estructurada y que le serviría de motivación para seguir esforzándose y superar los datos día a día.

Según las recomendaciones sanitarias, sería necesario al menos alcanzar la cifra de 10.000 pasos diarios en los que, descontando unos 6.000 a 7.000 pasos para la realización de las actividades físicas de la vida diaria, nos quedaría un margen de 3.000 a 4.000 pasos que sería recomendable añadir para obtener mejores resultados en salud.

Uno de los beneficios más destacables de la actividad física, además de la finalidad de perder peso, se observa en la mejora de la salud cardiovascular y de la función respiratoria que se ven favorecidas tras la implantación de un programa de ejercicio terapéutico incluso sin que exista pérdida de peso corporal.

Se ha observado que una persona obesa o con sobrepeso que realiza ejercicio de manera habitual tiene el mismo riesgo de padecer complicaciones cardiovasculares e incluso la misma mortalidad que aquellas personas con un peso normal que no realicen actividad física.

20.2. Aspectos generales

Antes de programar ejercicio en un paciente obeso, será necesario realizar una entrevista preliminar detallada, ya que el profesional deberá conocer de primera mano antecedentes de patologías previas. Así, los pacientes se clasificarán en bajo, moderado o alto riesgo y esto servirá para modular tanto la cantidad como la intensidad del programa de ejercicios a realizar.

Debido a que la obesidad se correlaciona con la predisposición a sufrir diferentes patologías musculoesqueléticas, como la osteoartritis, y a que la sobrecarga articular es mayor en personas obesas, ésta puede verse incrementada con una elevación en el ritmo del ejercicio, por lo que podría ser necesario realizar ejercicios de bajo impacto y de corta duración al principio, hasta que se logre una pérdida de peso significativa. De manera contraria, podemos favorecer la aparición de fatiga y con ello la pérdida del interés en continuar en estos programas. ¡Recuerda que menos es más!

20.3. Tipo de ejercicio

Podemos englobar la actividad física en tres grandes grupos. Los ejercicios aeróbicos y de resistencia (carrera, ciclismo, baile, natación...) contribuyen a la movilización de la grasa, primer paso para que nuestro organismo se deshaga de ella. Ambos en conjunto aumentan la masa magra corporal más que si se entrena el ejercicio aeróbico por sí solo. Son ejercicios seguros, incluso en pacientes obesos (con mayor riesgo de caídas). Los ejercicios aeróbicos que más se recomiendan realizar son caminar a paso ligero, montar en bicicleta o nadar (en definitiva, aquéllos que hacen aumentar el ritmo cardíaco). Suelen ser las primeras opciones escogidas por ser un tipo de actividad popular y eficaz para ayudar a perder peso, son fáciles de realizar e implican un alto gasto energético. Pero de manera aislada no induce a la pérdida de peso, sino que debe ser empleado de manera conjunta con otros tipos de ejercicios. Sin embargo, sí que contribuye al aumento de la masa libre de grasa, mejora la fuerza muscular y aumenta el gasto energético. Dentro de este tipo de ejercicio encontramos el trabajo de los principales grupos musculares unas dos a tres veces por semana.

Otro tipo de ejercicio que podemos añadir al de resistencia es ejercicio en intervalos y de alta intensidad, conocido como HIIT (por sus siglas en inglés, *High Intensity Interval Training*). Consiste en realizar ejercicios con alta intensidad (superan el 80-85 por ciento de la potencia máxima) en períodos cortos de tiempo, alternándose con ejercicios de baja intensidad o descansos. Aun así, no existe una evidencia clara que respalde que los cambios respecto a la duración o la intensidad del ejercicio sean claves para lograr una pérdida de peso óptima.

El ejercicio de alta intensidad sí que hace perder más masa grasa respecto al ejercicio de intensidad moderada, además de producir un mayor estímulo de entrenamiento que el ejercicio continuo. Sin embargo, hay personas que no refieren seguridad realizando este tipo de ejercicio y prefieren realizarlo a intensidad moderada. Lo ideal en este tipo de pacientes es realizar sesiones grupales, donde realicen ejercicio a intensidad moderada durante una sesión de duración más prolongada, a poder ser en un entorno agradable en el que el paciente se sienta cómodo e incentivando la sociabilización dentro del grupo para favorecer la adherencia a largo plazo.

Por último, el ejercicio de fuerza (se realiza con cargas, por ejemplo, con pesas o con el propio peso corporal o autocarga) hace incrementar la masa libre de grasa, la fuerza muscular y la potencia. Podría ser un candidato perfecto para la ayuda de pérdida de peso si lo combinamos con otros tipos de ejercicios junto a las restricciones de ingesta calórica, ya que además ayudan a reducir el porcentaje de grasa. Suelen generar mayor adherencia que los ejercicios de resistencia.

Estos tres tipos de ejercicios son los más empleados en la búsqueda de pérdida de peso en pacientes obesos; sin embargo, un programa de ejercicio eficaz deberá comenzar con una intensidad moderada, que irá aumentando un 5 por ciento cada semana, entrenando a un máximo del 65 por ciento de la capacidad máxima. Según se vaya adaptando el organismo, se deberán incluir cortas repeticiones a intensidad submáxima.

20.4. Planificación

Es necesario gastar cerca de 2.500 kcal de actividad física semanal. No todo el mundo responde de la misma manera a un mismo programa de ejercicio, por las diferencias de sexo, comportamientos y diferentes mecanismos moleculares tras el ejercicio y la propia motivación que el paciente tenga para realizarlo. No se conoce la causa exacta, pero todo parece apuntar a que la genética tiene un papel clave en esta ocasión. Aun así, no debes alarmarte ya que, si no estás consiguiendo los objetivos deseados, quizá el ejercicio que estás realizando no es el adecuado para ti. Todos tenemos un amigo que come como una lima, se mueve menos que Espinete en una cama de velcros y no tiene ni medio gramo de más.

Asimismo, la combinación de ejercicio de resistencia (mínimo tres veces por semana) unido a una dieta hipocalórica o alta en proteínas, previene la aparición de sarcopenia, aumenta la fuerza muscular, la resistencia, la capacidad aeróbica, el equilibrio y la capacidad funcional. Es más, sólo con la realización de ejercicio de resistencia se logra aumentar la masa muscular, se reduce la masa grasa y se potencia la funcionalidad del paciente, mientras que el entrenamiento aeróbico aislado sólo mejora la capacidad funcional, o lo que es lo mismo, la facultad que tenemos para realizar aquellos requerimientos que nos exige nuestro entorno como el asearnos, el poder realizar una actividad laboral o social.

Tal vez no te guste el deporte y se te haya pasado por la cabeza coger un atajo, como la utilización de un aparato de gimnasia pasiva, tan recurrentes en la teletienda. Lo siento. Aquellos métodos en los que el paciente no realiza una actividad de manera activa, como puede ser la electroestimulación, son ineficaces, ya que es necesario la activación muscular para lograr los objetivos.

Como ya habrás leído en el capítulo dedicado a los efectos de la obesidad en el aparato musculoesquelético, sabrás que la presencia de obesidad tiende a ser la responsable del dolor lumbar en estos pacientes. Aparte de la pérdida de peso y prevención de la sarcopenia, el ejercicio también actúa en el dolor lumbar. El ejercicio de fuerza, resistencia, acuático e incluso de pilates han mostrado tener un beneficio acerca de una menor percepción del dolor, aumento de la funcionalidad en las actividades de la vida diaria y aumento de la calidad de vida percibida.

El objetivo principal que tenemos los fisioterapeutas es la reducción del dolor, disminuir los posibles miedos iniciales a la realización de actividad física y, también, incentivar la autoeficacia y conseguir una adherencia al tratamiento. Sería interesante la realización de ejercicio de manera más intensiva entre dos y cuatro meses, período tras el cual es deseable ir integrando otros ejercicios más enfocados en la pérdida de peso.

A modo de ejemplo, un modelo de entrenamiento óptimo en las primeras etapas para lograr pérdida de peso sería:[38]

38. Cada plan de entrenamiento debe ser individualizado y pautado por personal cualificado para evitar la aparición de lesiones. Este ejemplo de plan debe ser tenido en cuenta en un paciente que además lleva a cabo un plan nutricional complementario.

Tabla 20.1. Plan de entrenamiento

<table>
<tr><th>Lunes</th><th>Martes</th><th>Miércoles</th><th>Jueves</th><th>Viernes</th><th>Sábado</th><th>Domingo</th></tr>
<tr><td colspan="7">Calentamiento (10 minutos de movilización articular general, actividad aeróbica suave-caminar lento-entrenamiento de fuerza con peso bajo)</td></tr>
<tr><td>Caminar (30 min.) Pesas: mitad superior (15 min.)</td><td>Baile (30 min.)</td><td>Trabajo abdominal (planchas, pilates) (20 min.)</td><td>Caminar (30 min.) Pesas: mitad inferior (15 min.)</td><td>Nadar (30 min.)</td><td colspan="2">Descanso</td></tr>
<tr><td colspan="7">Enfriamiento/ estiramiento (10 minutos de actividad lenta y sin pesos)</td></tr>
<tr><td colspan="7">Cada semana aumentaremos el 5 por ciento del esfuerzo, ya sea en aumento de peso o repeticiones en trabajo de resistencia y de frecuencia o distancia en ejercicio aeróbico</td></tr>
<tr><td colspan="7">Incluimos las actividades de la vida diaria o aquella actividad que no busca un fin de ejercicio (ir a comprar, limpiar la casa, actividad durante la jornada laboral)</td></tr>
</table>

Fuente: Elaboración propia.

Tratamiento de la obesidad infantil

Tan sólo cerca de un 36 por ciento de los estudiantes de secundaria alcanzan los niveles recomendados de actividad física. Las recomendaciones actuales apuntan a que tanto niños como adolescentes realicen un mínimo de actividad física vigorosa de entre treinta a sesenta minutos semanales y sesenta minutos de actividad aeróbica. Igualmente, dosificar esa cantidad de entrenamiento en veinte minutos diarios durante cinco días a la semana también permite obtener mejoras visibles, como una mejor resistencia a la insulina y una mejor condición física general.

En población infantil se considera que hay intensidad moderada cuando la actividad aeróbica que está realizando el niño es capaz de aumentar la capacidad cardíaca y respiratoria o lo que sería lo mismo: en una escala de cero a diez, la intensidad moderada rondaría en torno a una puntuación de cinco o seis. Una intensidad vigorosa sería descrita como una actividad que hace que el corazón se sienta latir más fuerte y rápido de lo normal o una puntuación de siete a ocho en la escala antes citada. También podría ser descrita como muchos hemos podido a llegar a sentir en algún momento tras un sobreesfuerzo que el corazón «se nos sale por la boca».

En cuanto al tratamiento de la obesidad en el paciente en edad infantil, los fisioterapeutas deben hacer más atractiva su aplicación mediante el juego. Si ya de por sí puede resultar aburrido para la mayoría de los adultos, imagínate para los niños y adolescentes. Y si, además, durante la intervención del tratamiento incluimos la participación del entorno (la familia, la escuela y la comunidad), se promoverá un estilo de vida más saludable ya que los niños están directamente influenciados por los hábitos de las personas que constituyen su entorno. La diferencia de actividad física es muy significativa si comparamos la vida de campo que han llevado nuestros abuelos a la que tenemos la mayoría de nosotros viviendo en entornos urbanitas.

El ejercicio aeróbico debe ser adecuado para la edad del niño o adolescente que lo realiza y siempre deberá ser atractivo para él, ya que de esta manera será mucho más fácil que se adhiera al programa de entrenamiento. En esta época de la vida son recomendados los ejercicios que incluyan impacto, como correr, saltar, jugar a voleibol, a baloncesto o a tenis porque gracias a ellos se logra una mejor salud en los huesos y promover el crecimiento saludable. Se estima que el 95 por ciento de la masa ósea adulta se forma al final de la adolescencia.

El entrenamiento de fuerza es muy similar al ejercicio aeróbico, sólo que en este caso la duración, en lugar de ser continuada, se fundamenta en repeticiones. Este tipo de ejercicio es muy seguro y mejora la fuerza, la potencia muscular, el rendimiento deportivo y disminuye el riesgo cardiovascular, ya que se trabaja la musculatura a un rendimiento mayor del que pueden llegar a trabajar durante las actividades de la vida cotidiana. En esta edad no se busca aumentar la masa muscular, sino mejorar la conciencia corporal, la coordinación, el equilibrio y la resistencia, las bases para la realización de una correcta actividad física en el futuro. Por ello, es importante que el entrenamiento esté en todo momento supervisado por un adulto especializado, para evitar la aparición de lesiones debidas a aumentos excesivos de cargas y garantizar la correcta ejecución del ejercicio.

Las habilidades fundamentales del movimiento son aquellos patrones observables que incluyen la combinación de dos o más partes del cuerpo en movimiento, como son el correr o el saltar, y el control de objetos como es el lanzar o atrapar objetos también en movimiento. El desarrollo de estas habilidades motoras permite al niño controlar de manera independiente su entorno y proporcionar la participación en diversas actividades físicas como juegos y deportes a lo largo de su vida. Los niños con bajas habilidades y coordinación motoras sufren problemas de equilibrio, velocidad y agilidad e, incluso, sufren restricciones en la ejecución de actividades de la vida cotidiana, por lo que se reduce la motivación para participar en la realización de actividad física con el resto de los compañeros, lo que podría explicar su menor actividad, mayor tiempo de sedentarismo y el incremento de peso.

Los programas intensivos de modificación del estilo de vida pueden a llegar a funcionar para el control del peso ya no sólo a corto, sino a largo plazo, pues se ha visto que a mayor duración e intensidad de los programas y cuanto mayor sea el niño, mayores serán los beneficios obtenidos del programa de entrenamiento.

El ejercicio físico no sólo es positivo en cuanto a la capacidad corporal, sino que también se asocia con una mejora de la autoestima y autoconcepto y con una disminución de la depresión y la ansiedad, así como con un aumento del rendimiento académico y de la función cognitiva. A medida que el niño va creciendo, la actividad física ayuda a establecer los componentes básicos para las interacciones sociales adecuadas y una mayor autoestima.

TRATAMIENTO DE FISIOTERAPIA EN OBESIDAD

Shake, shake, shake. Shake your booty.

TRATAMIENTO ACTIVO

La fisioterapia utiliza el ejercicio terapéutico como herramienta. La finalidad es corregir posibles alteraciones y potenciar el rendimiento físico.

DIETA + EJERCICIO = PÉRDIDA DE PESO

Se estima que 150 minutos de ejercicio moderado o 75 minutos de ejercicio intenso semanales son los mínimos para considerarse saludables. Es necesario generar buenos hábitos en la alimentación y en la práctica de ejercicio físico, ya que unidos generan mayores beneficios.

PASO A PASO

La actividad física debe ser pautada por un profesional cualificado, que respete la progresión individual. Algo tan sencillo como caminar 10.000 pasos diarios podría ser un buen comienzo para mejorar la condición cardiopulmonar.

¿QUÉ EJERCICIO HACER?

Combinar ejercicio aeróbico (caminar, bici) y ejercicio de resistencia (pesas) disminuye la grasa y aumenta la masa muscular, solución eficaz para perder peso. El HIT o ejercicio a intervalos de alta intensidad es una opción interesante para pacientes experimentados que desean perder grasa de manera más rápida.

¿CÓMO LO PLANIFICO?

La planificación debe ser individual, pero en términos generales se recomienda el gasto de 2.500 kcal semanales y la realización de al menos 3 días de ejercicio aeróbico y/o de resistencia.

21

Tratamientos farmacológicos en la pérdida de peso. No, la tele no lo sabe todo

Lourdes Arroyo Durán

Los expertos sanitarios coinciden en que la pérdida de peso óptima se consigue a través de una dieta equilibrada, el consumo de alimentos saludables, la reducción de calorías y la práctica de ejercicio físico. Sin embargo, cambiar nuestros hábitos diarios no es tarea fácil y menos aún cuando es nuestro propio organismo el que no colabora.

Algunos de los genes relacionados con la obesidad tienen propiedades sensoriales como, por ejemplo, el sabor amargo, de forma que aquellas personas que tienen un menor umbral para el sabor amargo tienen una peor tolerancia al mismo. La mayoría de las verduras tienen sustancias amargas en su composición (carotenos, clorofila, luteína), por lo que son estas personas las que sufren un mayor rechazo hacia todo lo «verde» y realizan ingestas más ricas en grasas y con menos fibra. Seguro que ahora estás pensando que eso es exactamente lo que te pasa, por eso comes menos verduras y más alimentos calóricos, pero eso no es excusa suficiente. Con un cambio en las elaboraciones, equilibrio nutricional y ayudas complementarias, la pérdida de peso saludable es posible.

21.1. Complementos orales

Es muy frecuente que las personas que se someten a un proceso de pérdida de peso recurran a complementos orales para acelerarlo. Los preparados adelgazantes dirigidos por un especialista pueden suponer un empujón en nuestro objetivo, pues son numerosas sus acciones:

- Reducir el apetito y saciar, evitando la ansiedad y calmando la sensación de hambre. Estos compuestos suelen ser cápsulas de fibras que aumentan su tamaño en el estómago y deben ingerirse con abundante agua entre una hora y media hora antes de las comidas para que tengamos esa sensación de estómago «lleno» y no comamos de más.
- Si lo que queremos es quemar y captar las grasas de una comida más pesada que vayamos a ingerir en el día, se suelen tomar dos cápsulas antes de esa comida. De esta forma, podemos reducir hasta un 30 por ciento las calorías. No obstante, no debemos olvidar que esto es una ayuda, no un milagro, por lo que esto no significa que puedas comer por dos o pedirte tres postres.
- Drenar líquidos, lo que mejora la pérdida de volumen en el organismo. Lo ideal es ingerirlos a lo largo del día, sobre todo si se trata de polvos o ampollas, diluidos en un litro de agua; pero hay que tener cuidado con las dosis para evitar que se produzca una desmineralización del organismo, sobre todo en verano o cuando se realiza alguna actividad física intensa.

Si bien es cierto que su uso puede significar una ayuda extra, el empleo de estos productos sin control podría ser perjudicial, pues muchos de ellos pueden interactuar con medicamentos o presentar riesgos si se tienen problemas médicos o si se ha programado una operación.

Reductores del apetito y saciantes

1. **Garcinia *gummi-gutta* (antigua *Garcinia cambogia*).** La garcinia es un arbusto originario del sudeste asiático, muy utilizado en la preparación del curry. La piel de su fruto contiene ácido hidroxicítrico, que actúa en la regulación del peso cor-

poral y el apetito. Este compuesto inhibe la producción hepática de la enzima ATP-citrato liasa, cuyo papel es clave en la transformación de los azúcares en triglicéridos y lipoproteínas de baja densidad. De esta forma, produce una ralentización de la producción y del almacenamiento de la grasa corporal.

La garcinia ayuda a controlar la sensación de hambre y tiene un efecto importante en la reducción del peso, cintura, IMC y masa grasa. Por otra parte, su empleo puede recomendarse en personas con problemas cardiovasculares y casos de hiperlipidemias, ya que regula los niveles de colesterol y triglicéridos. Actualmente, a pesar de que se comercializa en algunos supermercados, está sometida a investigación por su posible daño hepático.

2. **Glucomanano.** El *Amorphophalus konjak* es una fibra soluble con capacidad de absorber agua en el estómago y formar un gel de gran volumen que contribuye a la sensación de saciedad; con ello ayuda a enlentecer el vaciado gástrico e impide la ingesta de más alimento.

   Según varios estudios, el glucomanano puede ayudar a reducir el estreñimiento, favorece el control glucémico y tiene efectos probióticos. Sin embargo, la cualidad más apreciada de este polisacárido, sin duda, es la saciante.
3. **Fucus.** Engloba a varias especies de algas de la familia de las Fucáceas, aunque la más utilizada es *Fucus vesiculosus*, abundante en las costas rocosas de los mares templados y fríos del hemisferio norte. Constituye un verdadero concentrado de sales minerales, oligoelementos (cobre, cromo, zinc, selenio, hierro, manganeso, yodo), vitaminas (C, B_1, B_2, B_6, B_{12}). Esta composición ayuda a cubrir las necesidades esenciales del organismo durante las dietas de control de peso, donde puede verse comprometida la disponibilidad de estos elementos. Además, por su contenido en ácido algínico, el fucus se hincha en contacto con el agua, produciendo un considerable aumento de volumen (el ácido algínico es capaz de absorber de doscientas a trescientas veces su peso en agua), por lo que cuando se ingiere con abundante líquido induce sensación de saciedad y, en el intestino, acción laxante mecánica.

Por último, su contenido en mucílagos ejerce un efecto retardante (barrera) en la absorción de nutrientes, por lo que disminuye la absorción de colesterol, triglicéridos y azúcares. Y su contenido en yodo estimula fundamentalmente la glándula tiroides, actuando sobre el incremento generalizado de la actividad metabólica, por lo que su uso se desaconseja en personas con alteraciones de esta glándula.

Figura 21.1. Mecanismo de acción de la *Garcinia cambogia* Desf. y del glucomanano

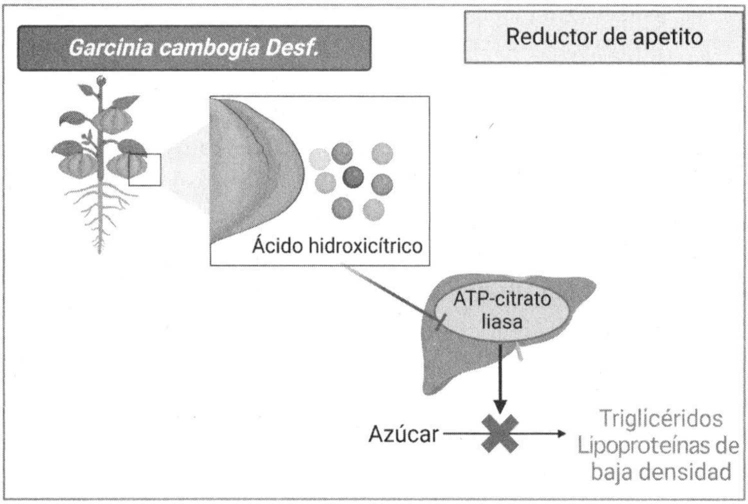

Fuente: Creado con BioRender.com.

Quemagrasas

1. **Guaraná.** Procede de un arbusto (*Paullinia cupana*) del Amazonas. La parte utilizada es la semilla, cuyo contenido en cafeína supone entre un 3 y un 5 por ciento, bastante superior al café o al té.

La cafeína acelera la «combustión» de los cuerpos grasos y aumenta el metabolismo basal de las células, de forma que favorece la eliminación de las grasas almacenadas por el organismo. Por otra parte, al estimular la liberación de catecolaminas, como la adrenalina, permite que el organismo «queme» más rápidamente las grasas.

2. **Naranja amarga.** La *citrus aurantium* es una planta de la familia de las rutáceas (*Rutaceae*) originaria de Asia. Las plantaciones de *citrus aurantium* se encuentran sobre todo en la costa mediterránea (en especial en España), aunque puede encontrarse en cualquier país tropical o subtropical.

   Contiene sinefrina, cuya acción es termogénica, lipolítica y anorexígena, es decir, tiene la capacidad de aumentar el calor en el organismo para acelerar el metabolismo de grasas (acción termogénica), de romper la grasa almacenada y facilitar su degradación (acción lipolítica) y disminuye la sensación de apetito (acción anorexígena).

   La sinefrina se une a los receptores adrenérgicos presentes en el tejido graso blanco, tejido graso pardo y tejido muscular. La activación de estos receptores estimula la lipolisis, el metabolismo lipídico y el gasto metabólico. Quiere decir que la sinefrina activa estos tejidos de tal manera que los fuerza a utilizar las reservas de energía reduciendo la ganancia de peso y mejorando la sensibilidad a la insulina, el control de la glucemia y los parámetros lipídicos plasmáticos.

Captagrasas

1. **Orlistat.** Es un producto derivado de la lipstatina extraída de la bacteria *Streptomyces toxytricine*. Es un inhibidor potente, específico y de larga acción de las lipasas gastrointestinales. La enzima inactivada no puede hidrolizar la grasa de la dieta en forma de triglicéridos a ácidos grasos libres absorbibles y monoglicéridos, por lo que supone una reducción de la absorción de grasas del 30 por ciento.

Los datos almacenados procedentes de cinco estudios de dos años de duración, con orlistat y dieta hipocalórica, muestran que después de doce semanas de tratamiento, el 37 por ciento de los pacientes tratados con orlistat frente al 19 por ciento de los tratados con placebo perdieron al menos un 5 por ciento de peso corporal.

2. **Chitosán.** Producto derivado de la chitina, un polímero natural extraído de las cutículas de crustáceos marinos. Es biodegradable y carece de efectos secundarios, lo que lo convierte en un producto con numerosas aplicaciones en el campo de la medicina, la bioquímica y la nutrición.

   Su fibra es de origen marino, y no se absorbe ni se digiere. Al llegar al estómago y encontrarse en un medio ácido, atrapa a los lípidos presentes para eliminarlos posteriormente en la excreción.

   Además, el chitosán puede captar hasta cinco veces su propio peso en grasa, inhibiendo la absorción del 15-20 por ciento de la grasa ingerida a través de la alimentación.

Figura 21.2. Mecanismo de acción de la naranja amarga y el orlistat

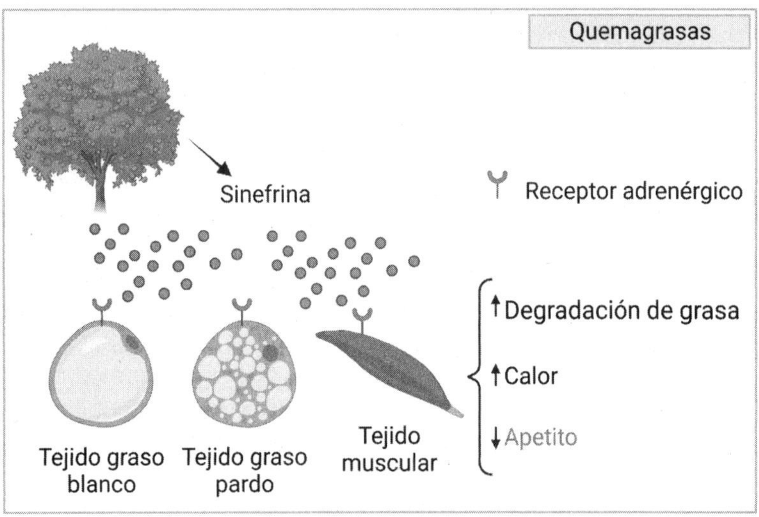

Fuente: Creado con BioRender.com.

Detoxificantes y depurativos

1. **Alcachofa.** Se trata de una gran planta herbácea cuya parte empleada son las hojas basales, principalmente del primer año. Está compuesta fundamentalmente por lactonas sesquiterpénicas, ácidos fenólicos, flavonoides y taninos.

   Se ha comprobado, en ensayos tanto en animales como en humanos, que la alcachofa podría producir una pequeña disminución de los niveles de colesterol. Sin embargo, no parece afectar a los niveles de triglicéridos.

   La actividad hipolipemiante se ha asociado con la presencia de cinaratrósido y, sobre todo, a su genina luteolina. En ensayos *in vitro*, estos principios activos inhiben de forma indirecta a la hidroximetil-glutaril-coenzima A-reductasa (HMGCoA-reductasa), una enzima clave en la producción corporal de colesterol. Además, aumenta la eliminación de bilis, que tiene un efecto coadyuvante al facilitar el drenaje del colesterol.
2. **Cola de caballo.** La *Equisetum arvense L.* es común en Europa, y muy probablemente te hayas encontrado con ella sin darte cuenta. Su parte utilizada es el tallo estéril. Desciende de los árboles del Paleozoico y el nombre del género *Equisetum* deriva del latín *Equus* ['caballo'] y *seta* ['crin'].

   Su composición en sales minerales (ácido silícico, sales potásicas y magnésicas), flavonoides y ácidos fenólicos favorecen la producción de orina, por lo que contribuyen a su efecto diurético.
3. **Ortosifón.** El *Orthosiphon stamineus* o «té de Java» es originario del Asia tropical, concretamente de Malasia e Indonesia. Sus hojas son la parte utilizada por su riqueza en flavonoides, polifenoles, aceites esenciales y potasio. Es un importante diurético que aumenta la eliminación de orina. Debido a su acción drenante, favorece la eliminación de arenillas de oxalato cálcico y microcristales.

   Asimismo, está indicado para prevenir las recaídas de cólicos nefríticos. Las piedras en el riñón se ven especialmente favorecidas en pacientes que han sido sometidos a cirugía bariátrica, debido a la alteración que se produce en su microbiota bacteriana, por lo que sería un coadyuvante en estos pacientes.

4. **Diente de león.** Se emplean las raíces y las hojas de *Taraxacum officinale*, especie muy abundante en Europa, incluida la península ibérica. Se llama así por las hojas tan recortadas que posee. La raíz contiene un alto porcentaje de inulina y fructosa. También es rica en potasio.

   El diente de león estimula la secreción de los órganos de la digestión, por lo que se utiliza en caso de hipoacidez gástrica y en los trastornos digestivos en general. Además, se ha demostrado científicamente que aumenta de dos a cuatro veces la secreción de la bilis, además de destacar por su acción laxante y diurética.

21.2. Sustitutivos: barritas y batidos

La necesidad de una pérdida de peso rápida nos impulsa al consumo de complementos sustitutivos de comidas. Éstos deben utilizarse bajo supervisión de un especialista y nunca como opción única en la pérdida de peso.

¿Cuál es el sustitutivo que debo elegir? Lo importante es su composición: es fundamental que contengan proteínas de alto valor biológico, fibra, y ácidos grasos esenciales.

¿Cuántas veces al día puedo tomarlos? Lo ideal es llevar a cabo una planificación dietética conjunta con un especialista que adecue las necesidades de cada uno.

Hay que tener en cuenta que estos complementos son sustitutivos de una o dos comidas, pero no de un menú completo. Debemos recordar que las dietas milagro no existen y que la pérdida de peso debe hacerse de forma gradual y manteniendo el equilibrio nutricional en nuestro organismo sin eliminar los alimentos de nuestra dieta; de lo contrario, los cambios bruscos en el metabolismo podrían ocasionar el llamado efecto yoyó o rebote, lo que supondría una ganancia de peso mayor en el tiempo.

¿En qué momentos es recomendable su uso? Además del plan dietético-nutricional basado en un especialista, estos sustitutivos son útiles en un contexto de pérdida de peso en el que de forma ocasional resulte la opción más adecuada.

Un claro ejemplo se produce cuando esa comida o cena sería lo que llamamos comida basura o comida rápida, baja en calidad nutricional con alto aporte calórico y rico en grasas, por lo que la alternativa recomendada sería el sustitutivo.

21.3. Complementos tópicos

Cremas y geles anticelulíticos y reafirmantes

La celulitis es uno de los problemas estéticos que más preocupan a las mujeres. Por este motivo, los proveedores de activos cosméticos tratan de desarrollar nuevos ingredientes que sean eficaces en su función.

1. **Glaucina.** Su función es estimular la lipolisis e inhibir la aparición de nuevos adipocitos. Esto significa que la glaucina es capaz de favorecer la reversión del tejido adiposo hacia un tejido con características fibroblásticas. De esta forma, la glaucina reduce de forma visible el aspecto de «piel de naranja» y recupera su firmeza.

   Los estudios realizados con diecisiete voluntarias que aplicaron una crema al 2,5 por ciento del activo comercial en uno de los muslos, dos veces al día durante cincuenta y seis días, demuestran que: la rugosidad de la piel y los depósitos grasos han disminuido, el agua liberada en la hipodermis (drenaje) es mayor y que la firmeza de la piel es significativamente superior que al inicio del estudio.
2. **Árnica *(Arnica montana L.).*** Es conocida como planta medicinal desde el siglo XII, crece en las montañas centroeuropeas y en Europa del Este. El poder de la árnica reside en las, aproximadamente, ciento cincuenta sustancias activas que componen sus flores de color amarillo radiante. Entre ellas, se encuentran flavonoides, carotenos, resina y aceites esenciales naturales. Además, contiene ácido silícico, una

sustancia básica y nutriente para la formación del tejido y la estructura de la piel, que garantiza la retención necesaria de agua en nuestras células. De hecho, ninguna otra sustancia puede retener trescientas veces su peso en agua.

Sus características aportan un efecto tonificante a la musculatura y favorecen la circulación periférica. También mejora la microcirculación consiguiendo que la piel recupere su firmeza, tonicidad y se reduzca el edema anticelulítico además de una piel más suave y luminosa.

3. **Centella asiática *L.*** Planta de la familia de las *Apiaceae*, originaria de la zona pantropical del océano Índico. Su actividad farmacológica puede deberse a la acción sinérgica de varios de sus componentes, especialmente los compuestos triterpénicos. Cada uno de ellos, por separado, ha mostrado *in vitro* capacidad para estimular la activación fibroblástica y la producción de colágeno I y III, clave en la curación de heridas, por su consecuente efecto reepitelizante.

   Reafirma y alisa la «piel de naranja» reestructurando el nódulo de colágeno, favoreciendo la formación de colágeno nuevo y estimulando la circulación.
4. **Hiedra trepadora.** La *Hedera helix* posee efecto sobre la actividad circulatoria y expectorante. Se conoce farmacológicamente como expectorante, diurética y venótropa. En el campo de la farmacia, la *Hedera helix* nos brinda propiedades como anticelulítica, analgésica y de mejora de los dolores menstruales. En su composición se identifican las saponinas que actúan en la ruptura celular, evitando las celulitis.

TRATAMIENTOS FARMACOLÓGICOS EN LA PÉRDIDA DE PESO

No, la tele no lo sabe todo

COMPLEMENTOS ORALES

El uso de complementos orales nos puede ayudar a acelerar la pérdida de peso gracias a sus acciones reductoras del apetito y saciantes, de quema y captación de grasas y de drenaje de líquidos.

REDUCTORES DE APETITO Y SACIANTES

Este tipo de compuestos hacen que tengamos una sensación de estómago «lleno» y deben tomarse antes de las comidas. Dentro de ellos encontramos la garcinia, el glucomanano o el fucus.

QUEMAGRASAS Y CAPTAGRASAS

Se trata de compuestos que ayudan a quemar y a captar las grasas de la comida y se suelen tomar dos cápsulas antes de la comida, lo que permite reducir hasta un 30 por ciento de las calorías. Entre ellos encontramos la guaraná, la naranja amarga, el orlistat y el chitosán.

DETOXIFICANTES Y DEPURATIVOS

Estos compuestos están destinados a drenar y perder volumen, y lo ideal es consumirlos a lo largo de todo el día diluidos en agua. Dentro de ellos encontramos la alcachofa, la cola de caballo, el ortosifón y el diente de león.

SUSTITUTIVOS Y COMPLEMENTOS TÓPICOS

Los sustitutivos, como barritas o batidos, son productos que deben utilizarse bajo supervisión y nunca como única opción en la pérdida de peso. Además, existen complementos tópicos, como cremas y geles anticelulíticos y reafirmantes, con componentes como la glaucina, la árnica, la centella asiática o la hiedra trepadora.

22

Tratamiento quirúrgico de la obesidad. Última parada

Sonia Peinado Escalada

Como hemos visto en capítulos anteriores, históricamente la obesidad ha estado muy ligada a la idea de una buena salud y de un poder adquisitivo superior y, sin embargo, siempre hemos dispuesto de fórmulas para adelgazar centradas en la dieta.

No es hasta mediados del siglo XIX cuando se empieza a utilizar el término «bariátrico» en algunas publicaciones sobre la alteración del balance nutricional tras una resección intestinal, aunque es a mediados del siglo XX cuando surge el enfoque actual: actuar sobre el estómago con la finalidad de reducir su capacidad de reservorio, por lo que se popularizaron los conceptos de *bypass* gástrico, gastroplastia vertical con banda y la gastroplastia con anillo como los métodos de elección para el tratamiento de la obesidad mórbida (años ochenta y noventa del siglo pasado).

Ya en el siglo XXI la obesidad es declarada pandemia y no parece desconocido para nadie el incremento diario de las tasas de ésta, tanto en la población adulta como en la infanto-juvenil; lo que sí parece que se nos escapa es la manera de erradicarla y es que, en muchos aspectos, todavía nos es desconocida. Las primeras barreras de contingencia que solemos recomendar son las medidas dietéticas y farmacológicas junto al ejercicio físico, que rara vez resultan exitosos como única vía de tratamiento frente a grandes obesidades por alta tasa de abandono; de ahí que se haga necesario un enfoque multifactorial con un equipo multidisciplinar que pueda acompañar al paciente en este difícil camino que resulta ser llegar a un índice de masa corporal saludable sin billete de vuelta.

Por ello, cada vez se ven más pacientes que quieren someterse a una operación de cirugía bariátrica, cuya definición englobaría a todas aquellas técnicas necesarias para dar lugar a una pérdida drástica del peso del paciente.

Estas técnicas tienen distintos grados de complejidad y han ido evolucionando y depurándose a lo largo de los años para conseguir una reducción de la morbimortalidad y un aumento de la calidad de vida de los pacientes que la requieren, ya que sabemos que son las más efectivas a largo plazo y capaces de mejorar y hasta revertir casos de diabetes mellitus, reflujo gastroesofágico, apnea del sueño... al conseguir una pérdida de peso suficiente y mantenida en el tiempo.

Como todo procedimiento que se considere correcto, estas técnicas persiguen cumplir una serie de requisitos mínimos, como una alta tasa de seguridad, reproducibilidad y utilidad, así como generar pocas secuelas o efectos secundarios. Sin embargo, pese a esta buena carta de presentación, debo decir que no existe hoy en día la técnica ideal cien por cien segura, irreversible, que no entrañe riesgos y que no requiera de la colaboración del paciente; todos y cada uno de los métodos, sean o no quirúrgicos, requieren esta última parte que, además, es la que garantiza el éxito a largo plazo.

Los profesionales de la salud debemos informar al paciente las veces que resulten necesarias sobre los tipos de intervenciones disponibles según su perfil, variables metabólicas, riesgo perioperatorio, relación coste/beneficio... teniendo en cuenta sus preferencias y las recomendaciones del equipo médico, primando ante todo salud y seguridad.

En muchos casos, ya sea por contraindicación médica, miedo al quirófano, las secuelas/riesgo asociado o la inviabilidad económica, lo cierto es que los pacientes son más proclives a comenzar con técnicas menos drásticas y restrictivas de las que también debemos hablar para formarnos una idea global.

Dentro de las técnicas endoscópicas habituales destacamos:

Tabla 22.1. Técnicas endoscópicas más habituales

Vía endoscópica	Vía quirúrgica
BIG	*Bypass*
Pose	Manga
Apollo	Banda

Fuente: Elaboración propia.

22.1. Vía endoscópica

Balón intragástrico

El BIG o balón intragástrico es una esfera o pelota de silicona rellena de una solución de suero salino junto a una coloración de azul de metileno que permitirá percatarse al paciente visualmente de una fuga o rotura al miccionar de este «color azulado». Su superficie es lisa para evitar la erosión de la mucosa gástrica y resistente a los ácidos gástricos generados al comer. Su colocación por vía endoscópica minimiza los riesgos y complicaciones y puede hacerse de manera ambulatoria por sedación, por lo que a las pocas horas el paciente puede volver al domicilio. Tras retirar el endoscopio el balón es introducido en la cavidad gástrica con ayuda de una cánula o tubo y se hinchará *a posteriori*; el volumen dependerá del peso del paciente, así como del tamaño del estómago. Entre seis meses y un año después hay que retirar el balón insertado. Los mayores resultados se observan durante los primeros tres meses de la puesta del mismo, parece que debido a una disminución de los niveles de grelina (hormona involucrada en la sensación de hambre) y también en parte porque el espacio que ocupa el balón en nuestro estómago produce un enlentecimiento del vaciado gástrico, mayor sensación de plenitud y saciedad.

Es muy importante la información sobre la técnica y lo que podemos esperar de ella: no es definitiva y el paciente debe realizar un gran esfuerzo para no recuperar el peso a largo plazo ya que, como hemos dicho anteriormente, la mayor pérdida se produce en los primeros meses. Es una técnica que recomendaría ante tres situaciones generales: 1) sobrepeso en personas con una gran fuerza de voluntad y con poca ansiedad; 2) estados de sobrepeso puntuales, como el de un embarazo; 3) como método barrera en grandes obesidades que necesitan ayuda para no seguir engordando y así poder mejorar su perfil nutricional y comorbilidades asociadas al sobrepeso o como preparación a una cirugía mayor que en principio es descartada por el riesgo asociado al exceso de peso.

Figura 22.1. Técnica del balón intragástrico

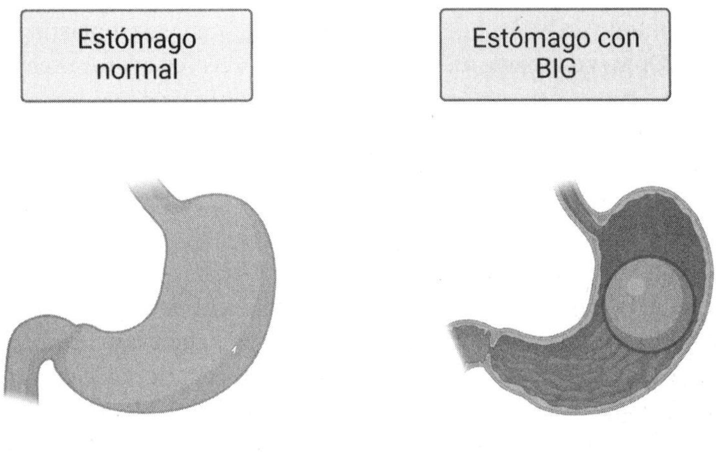

Fuente: Creado con BioRender.com.

Método Pose *(Primary Obesity Surgery Endolumenal)*

Es una técnica endoscópica restrictiva que consiste en realizar una serie de pliegues en el fundus y antro gástricos para reducir la capacidad de la cavidad gástrica (en torno a un 10-30 por ciento como mucho), y enlentecer el vaciamiento del estómago. Diciéndolo de otra manera, se intenta reducir el tamaño del estómago mediante la colocación de grapas. Es una técnica reversible y mínimamente invasiva que da lugar a mayor sensación de llenado y saciedad. Apenas encontramos estudios longitudinales al respecto, pero parece que estas plicaturas resultan insuficientes para la gran fuerza de tracción que hace el estómago y, finalmente, se acaban soltando. Además, la pérdida de peso parece producirse durante los primeros cuatro o seis meses para después estancarse, por lo que, aunque está recomendada hasta en obesidades tipo II y III con y sin comorbilidades asociadas al exceso de peso, podría llegar a ser un método insuficiente, aunque resulte seguro.

Apollo o método *endosleeve*

El método *endosleeve*, conocido también como gastroplastia endoscópica en manga, ha sido diseñado para realizar suturas continuas a través del canal del endoscopio, sin cirugía ni incisiones. Es una técnica endoscópica restrictiva que cambia la morfología del estómago dándole aspecto de «tubo» y consiguiendo una reducción más pronunciada y duradera del estómago (45-50 por ciento), ya que las suturas se realizan a través del espesor total de la pared gástrica iniciándose desde la zona distal a la proximal (o lo que es lo mismo, desde la zona más cercana al esófago que se conoce como fundus, avanzando por el cuerpo y curvatura mayor, ya que consideramos que el estómago tiene forma de *J*, y acabando en la zona distal o más lejana que podríamos considerar que es el antro pilórico) con patrones de sutura triangulares que se repiten después en sentido contrario.

Según los estudios disponibles es una técnica reproducible con bajo riesgo y resultados mantenidos al menos durante seis meses, aunque por los datos extraídos parece que puede alargarse en el tiempo, siempre que haya un adecuado seguimiento nutricional con cambios de hábitos dietéticos y de estilo de vida. Además, se ha observado mediante pruebas endoscópicas que se crean canales fibrosados donde antes se encontraban las plicaturas, manteniendo así la configuración de la técnica inicial y haciendo de él una intervención ideal para pérdidas de más de 15-20 kilos, siendo más duradera que la técnica anterior y dando mejores resultados a largo plazo.

22.2. Vía quirúrgica

Bypass gástrico

Es la técnica restrictiva y malabsortiva por excelencia que se suele recomendar frente a obesidades mórbidas. Consiste en crear una pequeña porción de estómago separado del resto del mismo y unido al yeyuno mediante un brazo (*Y* de Roux) de longitudes variables. Los problemas generales con este tipo de operaciones son la falta de consenso en las longitudes del estómago que se deja, así como del yeyuno y de las asas. El estómago debería ocupar entre 15 y 30 cm^3 para evitar posibles úlceras y dilataciones posteriores que puedan llevar a perder menos peso, y no debe ser menor para que no se produzca dificultad para tragar (disfagia). El largo del asa también es importante, ya que parece asociarse más centímetros a mayor pérdida de peso, pero también a mayores déficits nutricionales.

Figura 22.2. Esquema del proceso de *bypass* gástrico

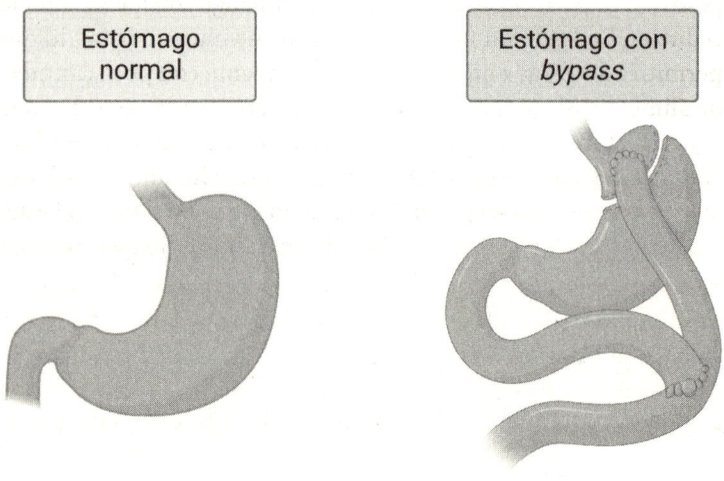

Fuente: Creado con BioRender.com.

Sin duda es un tipo de cirugía muy invasiva pero que aporta grandes beneficios a pacientes con grandes obesidades, como la reducción de un 40 por ciento de causas de mortalidad, así como la resolución de diabetes, hipertensión y mejoría de las dislipidemias. Como contrapartida, habría que asumir la toma de complejos multivitamínicos que compensen, junto a una buena alimentación, estos déficits nutricionales producidos por la propia operación, así como el posible desarrollo de síndrome de Dumping (precoz o tardío) que consiste en el vaciamiento rápido de líquidos y alimentos por mala asimilación y reducción del reservorio principal que se encarga de almacenar, triturar y vaciar los alimentos hacia el duodeno: el estómago.

Gastrectomía vertical laparoscópica o manga gástrica

Es una técnica restrictiva pero no malabsortiva (al no tocar el intestino) que surge como consecuencia de querer desarrollar una técnica de menor riesgo que el *bypass* gástrico. Relativamente más nueva que otro tipo de intervenciones bariátricas, resulta prometedora y ha dado buenos resultados de pérdida y mantenimiento del peso a largo plazo. Consiste en dejar el estómago con forma tubular reduciendo desde un 80-90 por ciento su volumen total, lo que permitirá a los pacientes saciarse precozmente con poca cantidad de alimento. Sin embargo, tal y como advertimos en consulta, aún con un estómago minúsculo se puede engordar. Si te preguntas cómo, la respuesta es sencilla: consumiendo alimentos o bebidas altamente calóricas en pequeñas cantidades que no saturen el estómago (con la contribución añadida de un estilo de vida sedentario).

Banda gástrica ajustable

Es una técnica restrictiva bastante conocida mundialmente por su durabilidad y capacidad de ser ajustada. Consiste en la colocación (por vía laparoscópica) de una banda o cinturón de silicona en la parte alta del estómago que está conectado a un catéter del mismo material que sale del abdomen y se conecta a un reservorio subcutáneo que puede ser manipulado por el personal médico apropiado y que permitirá la adaptación individualizada del paciente, aumentando la sensación de plenitud conforme se va cerrando la banda o disminuyendo su presión si hay vómitos o intolerancias. Al crear esta especie de reloj de arena con el estómago se restringe la ingesta en cuestión de volúmenes y se ponen en marcha mecanismos de saciedad periférica que aún faltan por estudiar. Como beneficio de la técnica podría destacar que no se necesitan grapas ni suturas ni se divide el estómago o se cambia su morfología; sin embargo, este tipo de operación puede dar lugar a complicaciones tardías como la herniación gástrica por portar un objeto extraño que aprieta el estómago de forma continua o la erosión/infección, desconexión o deslizamiento de la misma.

Si bien en todos los procedimientos es importante el seguimiento nutricional, en éste es fundamental, ya que el paciente debe comprometerse con el equipo para realizar correctamente sus controles y ajustes, unidos a sus cambios de alimentación, donde además se deberá vigilar la disminución brusca del nivel de proteínas, desequilibrios en la homeostasis esquelética o mineral, anemia, malabsorción de grasas, vitaminas o minerales, etcétera.

22.3. Complicaciones y tratamiento nutricional posintervención bariátrica

Todos los procedimientos anteriores requieren de una dieta posquirúrgica cuya finalidad será mejorar la inflamación del estómago tras la intervención. Su durabilidad variará conforme a la complicación de dicha intervención, por lo que será lógico que un paciente sometido a cirugía endoscópica tenga un tratamiento menos restringido que un paciente sometido a una cirugía mayor, donde se ha cambiado la configuración del estómago y/o intestino.

Con las recomendaciones nutricionales pretendemos, además de bajar la inflamación, recuperar el funcionamiento y movimientos intestinales habituales lo antes posible, así como minimizar déficits de macro y micronutrientes, ya que hay una incidencia de un 60 por ciento aproximadamente que sería evitable con un adecuado seguimiento.

La primera fase será la dieta de líquidos claros, que generalmente se produce en las siguientes 24-48 horas de la intervención, cuando ya ha habido una buena tolerancia con el agua. Se aconsejan líquidos a temperatura ambiente y que dejen mínimos residuos gástricos, ya que la finalidad de ésta es aportar líquidos y electrolitos al paciente, minimizando el azúcar. A continuación, pasaremos a una dieta líquida completa (durante unas dos o tres semanas), en la cual elegiremos alimentos bajos en grasa y ricos en proteína que ayudarán al proceso de cicatrización, así como al mantenimiento de la masa muscular, evitando debilidad, fatiga y calambres, entre otros síntomas.

Una dieta triturada sería recomendable cuando se haya producido una buena asimilación de las pautas anteriores y su seguimiento variará en torno a las dos o tres semanas nuevamente. Además, la consistencia o espesor de los alimentos dependerá del grado de tolerancia del paciente, que puede incluir en los días finales alimentos semisólidos como quesos frescos bajos en grasa, yogures o huevos en forma de tortilla francesa. Previamente, se ha debido tolerar la reintroducción de proteínas magras y grasas en forma de pollo, pavo, conejo, pescados blancos y azules, huevos y carnes rojas, como la ternera disuelta en las cremas de verduras.

Finalmente, durante otro par de semanas el paciente progresa a una dieta blanda, donde ya podrá masticar, pues es una sensación que echan mucho en falta psicológicamente. Deberán comenzar tomándose su tiempo, masticando pausadamente y sin prisas para no hacer tapón u oclusiones o provocar la náusea o el vómito; este último paso que puede parecer sencillo es lo que más nos cuesta, ya que estamos acostumbrados a comer con los ojos y devorar la comida sin apenas hacer una pausa para respirar, como si nos fueran a quitar el plato o de una prueba de *Supervivientes* se tratase.

Después de sobrevivir (no sin arañazos) al proceso de cambio y a las dietas de protocolo médico, los pacientes deberán seguir acudiendo a sus consultas nutricionales para realizarles pesajes, explicándoles la redistribución de los porcentajes corporales, así como con médicos y enfermeros que mandarán analíticas de supervisión y control de déficits y también en los casos que procedan, a las citas con sus psicólogos, que les llevarán de la mano en este difícil proceso que en la mayoría de los casos se encuentra relacionado con la vivencia o sufrimiento de diversas situaciones límite que compensan con la comida como mecanismo de control emocional, cuando lo realmente importante es que sean conscientes de qué situaciones les han llevado a ese *impasse* en sus vidas y cómo poder afrontarlo sin perjudicarse a sí mismos.

22.4. Y si todo lo demás falla... ¿cirugía bariátrica?

La gran pregunta.

No soy de respuestas absolutistas e intento predicar con el ejemplo; la mejor respuesta sería *sí* y *no*, porque como todo tratamiento no etiológico, la cirugía sigue siendo una solución imperfecta en el gran problema que sigue siendo la obesidad. Lo que sí sabemos es que es una enfermedad multidisciplinar y a consecuencia de ello hay que tratarla desde distintos puntos de vista (aunque algunos, a día de hoy, aún se nos escapan): genético, hormonal, nutricional, psicológico, farmacológico y deportivo serían los conceptos primordiales a abarcar, algunos a nuestro alcance y otros aún por definir.

Sin embargo, en pacientes que ya han recurrido a vías menos invasivas (modificaciones del estilo de vida, ejercicio y terapia conductual, así como el tratamiento complementario con fármacos) sin conseguir los resultados esperados, o en el caso de pacientes que buscan además una mejora en las comorbilidades asociadas para mejorar su calidad de vida, y siempre que se encuentren en los baremos adecuados, la cirugía bariátrica podría ser de gran ayuda. Además, tendrán que añadir como ingrediente principal su colaboración durante todo el proceso y no pensar que es el método definitivo para seguir comiendo como limas manteniendo el cuerpo de una sílfide.

Para ello y como punto final, será imprescindible ser conscientes de los cambios perennes que requiere el procedimiento y no estar sujetos a contraindicaciones importantes, tales como el fallo pulmonar, la úlcera péptica activa, el deterioro de la capacidad intelectual, la incapacidad de comprender los cambios a implementar, el abuso de alcohol/drogas, la falta de motivación o negación para llevar un seguimiento, enfermedades psiquiátricas no tratadas o el embarazo o deseo del mismo en los primeros doce meses tras la operación.

TRATAMIENTO QUIRÚRGICO DE LA OBESIDAD

Última parada

¿QUÉ ES?

La cirugía bariátrica se define como el conjunto de intervenciones quirúrgicas diseñadas para producir pérdidas importantes de peso.

LA IMPORTANCIA DE CONOCER EL PROCESO

Están, además, asociadas a la mejora del síndrome metabólico, diabetes mellitus, hipertensión arterial así como a una reducción global de la mortalidad por tumores hormonodependientes, como el endometrio y de mama.

LAS TRES P

Para garantizar una mejora en la calidad de vida es necesario hacer un balance siguiendo la regla de las Tres P: - Previsión - Perseverancia -Paciencia.

EVALUACIÓN PREOPERATORIA

Imprescindible para diagnosticar cuál es el estado fisiológico del paciente por el cirujano bariátrico y el nutricionista así como cardiólogos, neumólogos, gastroenterólogos, neurólogos, traumatólogos y psiquiatras.

MÉTODOS

Endoscópicos: BIG y Apollo quirúrgicos: banda gástrica, manga gástrica y *bypass*

Sobre los autores

Lourdes Arroyo Durán

Licenciada en Farmacia por la Universidad Complutense de Madrid (UCM) y en Nutrición por la Universidad San Pablo CEU de Madrid, además de contar con un Máster en Ensayos Clínicos y Gestión de Proyectos. Ha colaborado con el Hospital MD Anderson Cancer Center y con el Hospital Universitario de Fuenlabrada en la atención clínica a pacientes elaborando planes nutricionales adaptados a sus necesidades y a sus patologías. Posteriormente realizó evaluaciones nutricionales y seguimiento dietético desde su puesto en Oficina de Farmacia, especializándose en Nutrición Infantil. Además, participa como nutricionista en la página web <https://sonmasde9meses.com> realizando un seguimiento nutricional a mujeres embarazadas y lactantes.

María Teresa Barrús Ortiz

Doctora en Ciencias Biológicas por la Facultad de Ciencias de la Universidad Autónoma de Madrid. Su labor docente se ha desarrollado entre la IE University (antes Universidad SEK) y la Universidad Rey Juan Carlos. Su labor investigadora ha estado dedicada al estudio de la hipertensión y el desarrollo de la resistencia a la insulina durante el envejecimiento. Es coautora de 14 publicaciones, ha presentado comunicaciones en 33 congresos nacionales e internacionales, ha participado en 20 proyectos de investigación financiados y ha realizado 3 estancias posdoctorales. Pertenece al European Council for Cardiovascular Research y actúa como editora en revistas internacionales.

Ester Blanco Arranz

Licenciada en Psicología Clínica y de la Salud por la Universidad Complutense de Madrid. Habilitada como psicóloga general sanitaria por el Ministerio de Sanidad, ha cursado el Máster en Atención Temprana por ISEB y el Máster en Psicopedagogía Terapéutica por ISEB (Universidad Isabel I). Además, es especialista en Terapia Cognitivo-Conductual en la Infancia y Adolescencia por la UNED, en Intervención en Trastornos de la Conducta Alimentaria y Obesidad en población adulta e infanto-juvenil y experta en el tratamiento de la violencia o acoso en el ámbito educativo por la UNED. Asimismo, es titulada en Nutrición Materno-Infantil y tiene amplia experiencia en el tratamiento en trastornos de la conducta alimentaria (TCA) en población infanto-juvenil y adultos, trastorno de ansiedad y depresión, autoestima, problemas de conducta, fobias, duelo, TEAF, TDA/TDAH, orientación educativa y dificultades de aprendizaje, entre otros.

Laura Bonilla Barba

Doctora en Fisioterapia por la Universidad Rey Juan Carlos. Cuenta con el Máster en Fisioterapia Manual del Aparato Locomotor por la Universidad de Alcalá de Henares, es especialista en Fisioterapia Deportiva por la Universidad Complutense de Madrid, experta en Fisioterapia Neurológica por la Universidad Rey Juan Carlos y experta en Fisioterapia Oncológica por la Universidad Pontificia de Salamanca.

Jesús Carrasco Vázquez

Licenciado en Filosofía y Letras, es doctor en Historia por la Universidad de Alcalá. En 2008 y en colaboración con el Ayuntamiento de Guadarrama, creó el Aula de Humanidades, de la que es su coordinador desde entonces. Es el responsable de la asignatura de Historia dentro de los cursos que organiza la Universidad de Alcalá. Además, es autor de diversos trabajos académicos, bien artículos de revista, obras colectivas o monografías, que se publican en diversos medios especializados.

Consciente de la importancia que tienen las redes sociales como instrumentos de divulgación, creó en el 2006 el blog <https://cuadernosdelaula.blogspot.com/> y un canal de YouTube titulado «La Historia en las ondas».

Lucía Chico Sordo

Actualmente es becaria predoctoral de la Fundación IVI en el Instituto de Investigación La Fe (Valencia). Forma parte del grupo de investigación de Telómeros y Reproducción, liderado por Elisa Varela y Juan Antonio García Velasco de IVIRMA Madrid. Se graduó en Biología Sanitaria en la Universidad de Alcalá de Henares y durante el último año de la carrera realizó una estancia práctica en el Departamento de Genética Humana y Patología Molecular del Instituto de Investigación Alberto Sols-CSIC (Madrid), donde trabajó en proyectos sobre diferentes displasias esqueléticas. Posteriormente, se especializó en Biotecnología de la Reproducción Humana Asistida en IVIRMA y en genética clínica en la Universidad de Valencia. Empezó su doctorado en el año 2020.

En la actualidad, su carrera científica se centra en el análisis de los telómeros de pacientes con problemas de fertilidad.

Isabel Córdova Oriz

En la actualidad, es doctoranda en el grupo de Telómeros y Telomerasa en Reproducción de la Fundación IVI, liderado por Elisa

Varela y Juan Antonio García Velasco, formando parte del Instituto de Investigación Sanitaria de La Fe. Se graduó en Ciencias Biomédicas por la Universidad de Lleida y comenzó su especialización en Reproducción Asistida cursando el Máster en Biotecnología de la Reproducción Humana Asistida en la Universidad de Valencia.

Actualmente, está adscrita al programa de doctorado en Biotecnología de la Universidad de Valencia, becada por el Ministerio de Ciencia, Universidades e Innovación. El proyecto del que forma parte se basa en el estudio de la implicación de la vía telomérica en la fertilidad de las mujeres, y, concretamente, tiene por objetivo rejuvenecer los ovarios a través de la activación de la telomerasa, una enzima que alarga los telómeros.

Elia Escasany Martínez

Graduada en Bioquímica y Biología Molecular por la Universidad Complutense de Madrid, ha cursado el Máster en Biomedicina Molecular en la Universidad Autónoma de Madrid. Comenzó su carrera investigadora en Queen's University (Canadá) en el área de diabetes gestacional e hizo su tesis del Máster en Adaptaciones Metabólicas de Células Cancerígenas.

Además, es doctora en Ciencias de la Salud por la Universidad Rey Juan Carlos, donde caracterizó el daño renal asociado a la falta del gen TFGβ-3, por el cual obtuvo el premio Margarita Lorenzo en reconocimiento a jóvenes investigadoras. Ha realizado estancias internacionales en centros de gran prestigio como el Instituto de Enfermedades Metabólicas de la Universidad de Cambridge.

Actualmente, trabaja en el campo de los ensayos clínicos como gestora de proyectos.

Almudena García Carrasco

Licenciada en Farmacia por la Universidad Complutense de Madrid, donde se inició en el mundo de la investigación en el grupo de

Manuel Benito de las Heras, participó en numerosos congresos para estudiantes de Ciencias de la Salud presentando trabajos sobre diabetes y células β pancreáticas. También cursó el Máster de Biomoléculas y Dinámica Celular en la Universidad Autónoma de Madrid, donde centró su trabajo en el estudio del hígado graso no alcohólico.

Actualmente realiza su tesis doctoral sobre el papel que tiene la obesidad en el riñón en el grupo LIPOBETA en la Universidad Rey Juan Carlos. Además, participa en numerosas actividades de divulgación como *Pint of Science* o el Día de la Mujer y la Niña en la Ciencia.

Raquel García Panadero

Graduada en Biología Sanitaria por la Universidad de Alcalá de Henares, en 2019 recibió una beca de estudios de posgrado otorgada por la Fundación Mutua Madrileña para continuar sus estudios de máster en el extranjero. Viajó al Reino Unido donde comenzó su especialización estudiando el Máster de Tecnologías de la Reproducción Asistida en la Universidad de Nottingham. Más tarde, volvió a España para realizar prácticas en el grupo de Telómeros y Reproducción de IVIRMA Madrid liderado por los doctores Elisa Varela y Juan Antonio García Velasco.

Actualmente trabaja como técnico de laboratorio en la Unidad de Biología Molecular del laboratorio de diagnóstico clínico Eurofins-Megalab.

Águeda González Rodríguez

Licenciada y doctora en Farmacia por la Universidad Complutense de Madrid, desarrolló su actividad posdoctoral en el Instituto de Investigaciones Biomédicas Alberto Sols (CSIC, Madrid). Durante esta primera etapa, realizó varias estancias tanto pre como posdoctorales en diferentes laboratorios de prestigio en Inglaterra y en Estados Unidos.

En 2015, se incorporó al Instituto de Investigación Sanitaria del Hospital Universitario de La Princesa con un contrato de excelencia Miguel Servet que le permitió desarrollar su actividad investigadora liderando su propio grupo de investigación en el laboratorio de Síndrome Metabólico y Riesgo Vascular, en la Unidad de Investigación del Hospital Universitario Santa Cristina. A finales de 2021, tomó posesión de una plaza como científica titular del CSIC en el Instituto de Investigaciones Biomédicas Alberto Sols.

Asimismo, es miembro de la Sociedad Europea de Estudio de la Diabetes (EASD) y pertenece a la Red de Excelencia de Investigación en Hipoxia, a la Red de Enfermedades Metabólicas y Cáncer y al Registro Hepamet, además de ser coinvestigadora principal de un grupo dentro del CIBERDEM (ISCIII). Es editora asociada de las revistas *Frontiers of Pharmacology* y *Metabolism and Target Organ Damage.*

Carlos Guillén Viejo

Su labor científica comienza en la Fundación Jiménez Díaz, bajo la supervisión del doctor Pedro Esbrit. Durante ese período estudió las acciones biológicas del fragmento C-terminal de la proteína relacionada con la parathormona (PTHrP), trabajando con diferentes líneas celulares con fenotipo osteoblástico y con osteoblastos humanos. También obtuvo el premio de investigación básica FAES-SEIOMM de la Sociedad Española de Investigaciones Óseas y Metabolismo Mineral (SEIOMM) en el año 2001.

En su primera etapa posdoctoral con el doctor Jorge Moscat en el Centro de Biología Molecular Severo Ochoa (CBMSO), estudió los mecanismos reguladores de la producción de las dos isoformas de la caspasa-2. Posteriormente, se trasladó al laboratorio del doctor Manuel Benito de las Heras, donde ha llevado a cabo diferentes estudios de señalización en células β pancreáticas.

Más recientemente, han conseguido determinar la relevancia de la amilina humana en el fracaso de las células β pancreáticas, y la producción diferencial de vesículas extracelulares portadoras de amilina agregada en su interior en modelos *in vitro*.

Actualmente, realiza estudios en diferentes modelos animales para determinar la relevancia de estos exosomas en la posible conexión entre diabetes y la enfermedad de Alzheimer y otras enfermedades neurodegenerativas.

Nira Hernández Martín

Psicóloga por la Universidad de La Laguna en Tenerife, se especializó con el Máster de Neurociencia en la Universidad Autónoma de Madrid. Allí, dedicó su trabajo a modelos de epilepsia relacionados con la maternidad y la regulación de la prolactina ante las crisis. Más tarde, trabajó en los procesos de regulación metabólica y de ingesta en la enfermedad de Alzheimer en la Universidad Rey Juan Carlos.

Actualmente se encuentra en la Universidad Complutense de Madrid con una beca Alfonso-Casanovas desarrollando una tesis sobre regulación y valoración del metabolismo cerebral en procesos epileptogénicos, utilizando la tomografía por emisión de positrones (PET).

Adriana Izquierdo Lahuerta

Es profesora titular del Área de Bioquímica y Biología Molecular de la Facultad de Ciencias de la Salud de la Universidad Rey Juan Carlos (URJC), secretaria académica del Comité de Ética de la Investigación de la URJC y coordinadora de primer curso del grado de Medicina.

Investigadora del Grupo de Investigación de Alto Rendimiento en el estudio de los mecanismos moleculares de glucolipotoxicidad y resistencia a la insulina: implicaciones en obesidad, diabetes y síndrome metabólico de URJC (LIPOBETA), ha participado en más de 19 proyectos de investigación, 30 artículos en revistas, un artículo en revistas no indexadas y 4 capítulos en libros internacionales. Directora de tres tesis doctorales con Mención Europea, un Trabajo Fin de Máster y cuatro Trabajos Fin de Grado, así como de varios estudiantes en formación de otras instituciones nacionales e internacionales.

Ha realizado estancias en las Universidades de Bristol y Filadelfia y miembro de la Sociedad Española de Bioquímica y Biología Molecular (SEBBM) y de la Sociedad Española de Obesidad (SEEDO).

Antonio López Sánchez

Licenciado en Medicina y Cirugía por la Universidad Complutense de Madrid (UCM), donde también se doctoró. Entre medias realizó en la Escuela de Estomatología de la UCM la especialidad médica de Estomatología en 1986 (por cierto, a extinguir al aparecer los estudios de Odontología). Comenzó a ejercer inmediatamente, combinando la práctica asistencial y la docencia, primero en la Escuela de Estomatología de la UCM y luego en su transformada Facultad de Odontología (1986-1998). Ha realizado estudios de posgrado en Periodoncia, en Medicina Oral y en Medicina Forense, entre otros.

También ha ejercido la docencia en Odontología entre la Universidad Europea de Madrid y la Universidad Rey Juan Carlos, donde además dirige el Máster en Periodoncia y Osteointegración, es especialista en Periodoncia Avanzada y Osteointegración y experto en Medicina Oral.

Colabora además en la docencia en la UCM, la Universidad de Barcelona (UB) y la Universidad de Santiago de Compostela (USC), y ha sido profesor del Máster Oficial en Odontología de la Universidad Rey Juan Carlos (URJC).

Irene López Mateo

Investigadora posdoctoral en el CSIC, se licenció en Bioquímica en el año 2010 por la Universidad Autónoma de Madrid, donde también cursó un Máster en Biomedicina Molecular. Gracias a una beca JAEpredoc del CSIC, pudo realizar sus trabajos de tesis doctoral sobre la regulación del supresor tumoral p53, lo que la llevó a doctorarse en Biociencias Moleculares en 2015.

Actualmente desarrolla su trabajo en el Instituto de Investigaciones Biomédicas Alberto Sols, centrándose en el estudio de las hormonas tiroideas y su relación con el cáncer de mama y la inflamación.

Patricia Marañón Barnusell

Graduada en Farmacia por la Universidad Complutense de Madrid, realizó el Máster en Biotecnología impartido por la Universidad Autónoma de Madrid. En 2023, finalizó su tesis en la Unidad de Investigación del Hospital Santa Cristina (Instituto de Investigación Sanitaria del Hospital Universitario de La Princesa), en el laboratorio de Síndrome Metabólico y Riesgo Vascular, donde está desarrollando una línea de investigación relacionada con los procesos moleculares involucrados en la patogénesis de la enfermedad del hígado graso no alcohólico.

En el año 2021, como parte de su formación y desarrollo de su tesis doctoral, realizó una estancia de investigación en el laboratorio del profesor Rajiv Jalan en la Universidad de Londres, donde ha realizado un proyecto relacionado con el estudio del daño hepático agudo sobre crónico.

Marta Martínez Casales

Graduada en Bioquímica por la Universidad de Murcia, cuenta con un Máster en Investigación Farmacológica por Universidad Autónoma de Madrid. En 2017 comenzó a impartir clases prácticas de Fisiología Humana en varias titulaciones de Ciencias de la Salud en la Universidad Rey Juan Carlos, donde ha llevado a cabo su investigación de doctorado en el Departamento de Ciencias Básicas de la Salud de la Facultad de Ciencias de la Salud de la Universidad Rey Juan Carlos bajo la supervisión de la doctora María Jesús Alonso.

Su investigación se centra en el estudio de la implicación de diferentes mediadores, como los canales de potasio dependientes de voltaje Kv1.3 y el factor de transcripción Nrf2, en las alteraciones cardiovasculares implicadas en la hipertensión, una enfermedad con una elevada prevalencia a nivel mundial; además, evalúa un nuevo compuesto que podría llegar a constituir un nuevo tratamiento en esta enfermedad.

Con el fin de completar los experimentos que conforman su tesis doctoral, ha desarrollado prácticas en el Departamento de

Biomedicina de la Universidad de Aarhus (Dinamarca), donde llevó a cabo experimentos relacionados con el estudio de la función vascular en hipertensión.

Florinda Meléndez Rodríguez

Doctora en Biología Molecular, actualmente es analista de datos en una empresa de biotecnología. Durante la etapa escolar siempre disfrutó de las asignaturas de Ciencias, decantándose finalmente por la licenciatura de Biotecnología en la UPO (Sevilla), fascinada por cómo la ciencia puede cambiar la vida de las personas. En 2010 cursó un Máster en Biología Molecular y Celular en la Universidad Autónoma de Madrid, comenzando los estudios de doctorado al año siguiente en el campo de la hipoxia y las patologías asociadas, enfocándose en cáncer de riñón.

Con varias publicaciones científicas gracias a la participación en varios proyectos y colaboraciones nacionales e internacionales, defendió su tesis doctoral en 2019. Sin embargo, por diferentes motivos, como la falta de financiación en investigación en España, en 2020 se introdujo de lleno en el mundo de la programación para análisis de datos, trabajando hoy en día en el análisis de datos clínicos y de laboratorio para avanzar en la detección precoz del cáncer.

Blanca Migueláñez Medrán

Licenciada en Odontología en la Universidad Rey Juan Carlos en el año 2011 y gracias al doctor López-Sánchez, que participa en este libro, descubrió su pasión: la medicina oral, en la que se especializó. Realizó su tesis doctoral sobre cáncer oral en la URJC y en el Hospital Universitario de La Paz.

Actualmente es profesora asociada de la Universidad Rey Juan Carlos e imparte prácticas clínicas en la Universidad Alfonso X el Sabio de Madrid. También forma parte del Comité de Ética e Investigación de la URJC y trabaja en la Fundación Clínica Universidad Rey Juan Carlos y compagina su labor docente con la práctica clínica.

Sonia Peinado Escalada

Graduada en Nutrición Humana y Dietética por la Universidad Autónoma de Madrid, está especializada en Condicionantes Genéticos del Crecimiento y Desarrollo por la Universidad de Granada y en Nutrición y Salud Hormonal en la Mujer por el Instituto de Ciencias de Nutrición y Salud (ICNS).

Experta en Restauración Colectiva por el Centro de Estudios Avanzados de Nutrición (CEAN), lleva años trabajando en el Instituto Médico Europeo de la Obesidad con pacientes con problemas de sobrepeso y obesidad u otras patologías, muchos de ellos sometidos a cirugía bariátrica, para mejorar sus hábitos alimentarios. Actualmente cursa un máster de docencia por la Universidad Internacional de Valencia.

Alba María Polonio Ramírez

Es estudiante de doctorado en el Instituto de Investigación Sanitaria de La Fe (Valencia) y forma parte del grupo de Telómeros y Telomerasa en Reproducción de Fundación IVI, liderado por María Elisa Varela y Juan Antonio García Velasco. Se graduó en Biomedicina Básica y Experimental por la Universidad de Sevilla en 2018 y, posteriormente, se especializó en Reproducción Asistida cursando el Máster en Biotecnología de la Reproducción Humana Asistida en la Universidad de Valencia.

Inició su carrera de investigación en 2019, inscrita en el programa de doctorado en Biotecnología de la Universidad de Valencia gracias a la financiación del Ministerio de Ciencia, Universidades e Innovación. El proyecto en el que trabaja pretende aumentar nuestra comprensión, mediante el modelo de ratón, de cómo envejece el ovario y cómo influye el mantenimiento de los telómeros en la fertilidad.

Sergio Portal Núñez

Se licenció en Ciencias Biológicas por la Universidad de Navarra y obtuvo su doctorado en la misma universidad. Más tarde, se trasladó al NIH/NCI para realizar sus estudios posdoctorales. De vuelta en España en 2008, se incorporó al Laboratorio de Metabolismo Mineral y Óseo, del Instituto de Investigaciones Sanitarias-Fundación Jiménez Díaz-UAM (IIS-FJD) dentro de la Red Temática de Investigación Cooperativa en Envejecimiento y Fragilidad (RETICEF).

En septiembre de 2017 se incorporó al Departamento de Ciencias Médicas Básicas de la Facultad de Medicina de la Universidad CEU San Pablo como profesor colaborador y doctor de Histología y Biología Celular. Esta trayectoria profesional se refleja en el reconocimiento de dos sexenios de investigación, cuarenta y dos publicaciones en revistas de revisión por pares y la dirección de una tesis doctoral.

Patricia Puerta Gil

Doctora en Ciencia, Tecnología y Gestión Alimentaria por la Universitat Politècnica de València (UPV), con la especialidad de Ciencia Sensorial y del Consumidor, es doblemente licenciada en Biología y en Ciencia y Tecnología de los Alimentos por la Universidad Autónoma de Madrid y posee un Máster en Microbiología para la Industria Alimentaria por el Institut Universitari de Ciència i Tecnologia de Barcelona (IUCT).

Actualmente trabaja en el Instituto de Agroquímica y Tecnología de Alimentos (IATA-CSIC) de Valencia, y su labor investigadora se centra en el análisis sensorial y la ciencia del consumidor. También ha participado en diversos congresos tanto nacionales como internacionales y en programas de especialización en estrategias de divulgación científica organizados por la Universitat Politècnica de València y el IATA-CSIC.

Elisa Varela Sanz

Actualmente es investigadora principal del grupo de Telómeros y Reproducción en IVIRMA Madrid. Su reto profesional consiste en entender los mecanismos moleculares que llevan al envejecimiento del ovario, con el fin de poder revertirlos.

Comenzó a investigar en temas relacionados con el medio ambiente, mientras realizaba su doctorado en el Centro de Investigaciones Biológicas (CSIC) en el grupo de la doctora M. J. Martínez y el doctor A. T. Martínez. Al terminar su doctorado, viajó a Estados Unidos, al laboratorio del doctor M. Tien. Allí tuvo mucho contacto con el laboratorio del doctor J. Workman, en el que se estudiaba la estabilidad de los cromosomas, imprescindible para evitar el cáncer. Así es como se decidió a cambiar el campo de investigación. Para ello, se unió al laboratorio de la doctora Susan Gasser (Suiza, 2004). Allí tuvo la oportunidad de colaborar con la doctora R. Espósito (catedrática de Genética en la Universidad de Chicago) y también realizó una estancia de tres meses en Londres, en el grupo dirigido por el doctor F. Uhlmann.

En 2009 regresó a Madrid, al laboratorio de la doctora María A. Blasco, para estudiar los telómeros en mamíferos y su implicación en el envejecimiento, en el cáncer y en la biología de las células madre.

Bibliografía

1. La obesidad en la historia. Obesos de peso

Allam, Adel H. *et al.*, «Atherosclerosis in Ancient Egyptian Mummies», *Jacc cardiovascular Imaging*, 4 (2011), pp. 315-327. Pertenece a los llamados *Textos sapienciales*, diseñados para expandir virtudes morales con un afán de enseñar, de aportar sabiduría (*sebayt*); la forma utilizada por los egipcios para estos escritos destinados a perdurar.

Cervantes Saavedra, M., *Don Quijote de la Mancha*, edición dirigida por Francisco Rico, Instituto Cervantes y Crítica, Barcelona, 1998.

Domínguez, Nuño, «Las venus paleolíticas eran obesas mórbidas, no símbolos de fertilidad», *esmateria* 12, 23 (2013), <http://esmateria.com/2013/12/23/las-venus-paleoliticas-eran-obesas-morbidas-no-simbolos-de-fertilidad/>.

Fernández López, Vicente, «La tribu obesa», *Quo*, 31 de enero de 2015, <https://quo.eldiario.es/ser-humano/g14487/la-tribu-obesa/>.

Gargantilla Madera, P., *Enfermedades que cambiaron la historia*, La Esfera de los Libros, Madrid, 2016.

Hipócrates, *Aforismos*, Ediciones Obelisco, Barcelona, 2002.

Mayor Ferrándiz, Teresa María, «La imagen de la mujer en la Prehistoria y en la Protohistoria», *Revista de Claseshistoria*, 10 (2011), pp. 123-144, <https://dialnet.unirioja.es/descarga/articulo/5145599.pdf>.

Johnson, R. J., *The Fat Switch*, Mercola, EE. UU., 2012.
Núñez de Alba, Diego, *Diálogos de la vida del soldado*, editado por Antonio María Fabié, Librería de los Bibliófilos Ricardo Fé, Madrid, 1890.
Patrick, Pip, *The Obese Medieval Monk: A Multidisciplinary Study of a Stereotype*, BAR British Series 590, BAR Publishing, Reino Unido, 2014.
Wansink, B.; y Wansink, C. S., «The largest Last Supper: depictions of food portions and plate size increased over the millennium», *International Journal of Obesity*, 1-2 (2010), pp. 943-944.

2. ¿Por qué engordamos? El troglodita que aún llevamos dentro

«Alimentación sana», Organización Mundial de la Salud, abril de 2023, <https://www.who.int/es/news-room/fact-sheets/detail/healthy-diet>.
Anekwe, C. V. *et al.*, «Socioeconomics of obesity», *Current obesity reports*, 9 (2020), pp. 272-279.
Fenton T. R.; y Fenton C. J., «Paleo diet still lacks evidence», *American Journal of Clinical Nutrition*, 104, 3 (2016), p. 844.
Malomo, Keneilwe; y Ntlholang, Ontefetse, «The Evolution of Obesity: From Evolutionary Advantage to a Disease», *Biomedical Research and Clinical Practice*, 3, 2 (2018), pp. 1-5.
Neel, J. V., «Diabetes mellitus: a thrifty genotype rendered detrimental by progress?», *The American Journal of Human Genetics*, 14 (1962), pp. 353-362.
Nicolaidis, S., «Environment and obesity», *Metabolism Clinical & Experimental*, 100, 2 (2019).
Singh A.; y Singh D., «The Paleolithic Diet», *Cureus*, 15, 1 (2023), e34214.

3. Psicología de la obesidad. Del revés

Aranceta-Bartrina, J.; Serra-Majem, Ll.; Foz Sala, M.; y Moreno-Esteban, B., Grupo colaborativo de la SEEDO, «Prevalencia de obesidad en España», *Med Clin* (Barc), 125, 12 (2005), pp. 460-466.

Brownell, K. D., *The LEARN program for weight management 2000*, American Health Pub. Co., EE. UU., 2000.

Chinchilla Moreno, A., *Obesidad y psiquiatría*, Masson, Barcelona, 2005.

Fairburn, C. G.; y Berglin, S. J., «Assessment of eating disorders: Interview or self-report questionnaire?», *International Journal of Eating Disorders*, 16 (1994), pp. 363-370.

Morandé Lavín, Gonzalo; Graell Berna, Montserrat; y Blanco Fernández, María Ascensión, *Trastornos de la conducta alimentaria y obesidad: un enfoque integral*, avalado científicamente por AETCA (Asociación Española para el Estudio de los Trastornos de la Conducta Alimentaria), Editorial Médica Panamericana, Madrid, 2014.

«¿Qué se puede hacer para luchar contra la epidemia de obesidad infantil?», *Estrategia mundial sobre régimen alimentario, actividad física y salud*, Organización Mundial de la Salud, 2010.

Saldaña, C., *Trastornos del comportamiento alimentario*, Fundación Universidad-Empresa, Madrid, 1994.

Vila, G. *et al.*, «Mental disorders in obese children and adolescents», *Psychosom Med*, 66, 3 (2004), pp. 387-394.

4. Alteraciones locomotoras en la obesidad. Tu cuerpo, tu jaula

Álvarez-Nemegyei J. *et al.*, «Asociación entre sobrepeso/obesidad y estado clínico en artritis reumatoide», *Reumatol Clin*, 16, 6 (2018), p. 462.

Barcones-Molero, M. F. *et al.*, «Influencia de la obesidad y la ganancia de peso sobre la calidad de vida según el SF-36 en individuos de la cohorte dinámica Seguimiento Universidad de Navarra», *Rev Clin Esp.*, 218, 8 (2018), pp. 408-441.

Blanco, F. J., «La artrosis y la ateroesclerosis de la articulación», *Reumatol Clin*, 14, 5 (2018), pp. 251-253.

Brown C. L.; y Perrin E. M., «Obesity Prevention and Treatment in Primary Care», *Academic pediatrics*, 18, 7 (2018), pp. 736-745.

Choi, K. M., «Sarcopenia and sarcopenic obesity», *Korean J Intern Med*, 31, 6 (2016), pp. 1054-1060.

D'Arcy, Y., «Control del dolor en los pacientes con obesidad», *Nursing*, 32, 5 (2015), pp. 45-51.

De Feo, P., «Is high-intensity exercise better than moderate-intensity exercise for weight loss?», *Nutrition, Metabolism, and Cardiovascular Diseases*, 23, 11 (2013), pp. 1037-1042.

Delgado-López, P. D.; y Castilla-Díez, J. M., «Impacto de la obesidad en la fisiopatología de la enfermedad degenerativa discal y en la morbilidad y resultados de la cirugía de columna lumbar», *Neurocir*, 29, 2 (2017), pp. 93-102.

Fassio, A. *et al.*, «The obesity paradox and osteoporosis», *Eat Weight Disorders*, 23, 3 (2018), pp. 293-302.

Frelut, M. L., «Obesidad en el niño y el adolescente», *EMC pediatría*, 36, 3 (2001), pp. 1-9.

—, «Obesidad del niño y el adolescente», *EMC pediatría*, 44, 4 (2009), pp. 1-15.

—, «Obesidad en el adolescente». *EMC tratado de medicina*, 15, 2 (2011), pp. 1-9.

Fonseca-Junior, S. J. *et al.*, «Physical exercise and morbid obesity: a systematic review», *ABCD Arq Bras Cir Dig*, 26, S1 (2013), pp. 67-73.

Gallego Gómez, A. M. *et al.*, «Estudio comparativo del índice de masa corporal y el equilibrio postural en estudiantes universitarios sanos», *Fisioterapia*, 33, 3 (2011), pp. 93-97.

Gaul, D.; Fernandez, L.; y Issartel, J., «"It ain't what you do, it's the way that you do it": does obesity affect perceptual motor control ability of adults on the speed and accuracy of a discrete aiming task?», *Exp Brain Res*, 236, 10 (2018), pp. 2703-2711.

Godziuk, K. *et al.*, «The impact of sarcopenic obesity on knee and hip osteoarthritis: a scoping review», *BMC Musculoskeletal Disorders*, 19, 1 (2018), p. 271.

Hita-Contreras *et al.*, «Osteosarcopenic obesity and fall prevention strategies», *Maturitas*, 80, 2 (2015), pp. 126-132.

Ho, S. S. *et al.*, «The effect of 12 weeks of aerobic, resistance or combination exercise training on cardiovascular risk factors in the overweight and obese in a randomized trial», *BMC Public Health*, 12, 1 (2012), p. 704.

Ibrahimi-Kaçuri, D. *et al.*, «Low Back Pain and Obesity», *Med Arch*, 69, 2 (2015), pp. 114-116.

Isacco, L.; y Miles-Chan, J. L., «Gender-specific considerations in physical activity, thermogenesis and fat oxidation: implications for obesity management», *Obesity reviews*, 19, S1 (2018), pp. 73-83.

Jakicic, J. M.; y Davis, K. K., «Obesity and Physical Activity», *Psychiatr Clin N Am*, 34, 4 (2011), pp. 829-840.

López-Gómez, J. J.; Pérez Castrillón, J. L.; y De Luis Román, Daniel A., «Influencia de la obesidad sobre el metabolismo óseo», *Endocrinol Nutr*, 63,10 (2016), pp. 551-559.

Petridou, A.; Siopi, A.; y Mougios, V., «Exercise in the management of obesity», *Metabolism Clinical and Experimental*, 92 (2019), pp. 163-169.

Polyzos, S. A.; y Margioris, AN., «Sarcopenic obesity», *Hormones*, 17, 3 (2018), pp. 321-331.

Sánchez Naranjo, J. C.; López Zapata, D. F.; y Pinzón Duque, O. A., «Osteoartritis, obesidad y síndrome metabólico», *Rev Colomb Reumatol*, 21, 3 (2014), pp. 146-154.

Solís-Hernández, J. L.; Rojano-Mejía, D.; y Marmolejo-Mendoza, M., «Disfuncionalidad de rodilla en la población general y factores asociados», Cirugía y cirujanos, 84, 3 (2016), pp. 208-212.

Swift, D. L. *et al.*, «The Effects of Exercise and Physical Activity on Weight Loss and Maintenance», *Progress in cardiovascular diseases*, 61, 2 (2018), pp. 206-213.

Vaquero-Álvarez, M., *et al.*, «Estudio de la obesidad en una población infantil rural y su relación con variables antropométricas», *Aten Primaria*, 51, 6 (2019), pp. 341-349.

Wannamethee, S. G.; y Atkins, J. L., «Muscle loss and obesity: the health implications of sarcopenia and sarcopenic obesity», *Proceedings of the Nutrition Society*, 74, 4 (2015), pp. 405-412.

Westerterp, K. R., «Changes in physical activity over the lifespan: impact on body composition and sarcopenic obesity», *Obesity reviews*, 19, S1 (2018), pp. 8-13.

Zamboni, M.; Rubele, S.; y Rossi, A., «Sarcopenia and obesity», *Curr Opin Clin Nutr Metab Care*, 22, 1 (2019), pp. 13-19.

5. Obesidad y tejido adiposo. El despertar de la grasa

Acquarone, E. *et al.*, «A Reappraisal», *Mech Ageing Dev*, 178 (2019), pp. 46-63.

Achari, A. E.; y Jain, S. K., «Adiponectin, a Therapeutic Target for Obesity, Diabetes, and Endothelial Dysfunction», *Int J Mol Sci*, 18, 6 (2017), p. 1321.

Barak, Y. *et al.*, «PPARγ is required for placental, cardiac, and adipose tissue development», *Mol Cell*, 4, 4 (1999), pp. 585-595.

Carobbio, S.; Pellegrinelli, V.; y Vidal-Puig, A., «Adipose tissue function and expandability as determinants of lipotoxicity and the metabolic syndrome», *Advances in Experimental Medicine and Biology*, 960 (2017), pp. 161-196.

Cui, H.; López, M.; y Rahmouni, K., «The cellular and molecular bases of leptin and ghrelin resistance in obesity», *Nature Reviews Endocrinology*, 13, 6 (2017), pp. 338-351.

Ding, C.; Chan, Z.; y Magkos, F., «Lean, but not healthy: the 'metabolically obese, normal-weight' phenotype», *Curr Opin Clin Nutr Metab Care*, 19, 6 (2016), pp. 408-417.

Engin, A. B., «What is lipotoxicity?», *Advances in Experimental Medicine and Biology*, 960 (2017), pp. 197-220.

Gray, S. L. *et al.*, «Leptin deficiency unmasks the deleterious effects of impaired peroxisome proliferator-activated receptor γ function (P465L PPARγ) in mice», *Diabetes*, 55, 10 (2006), pp. 2669-2677.

Kubota, N. *et al.*, «PPARγ mediates high-fat diet-induced adipocyte hypertrophy and insulin resistance», *Mol Cell*, 4, 4 (1999), pp. 597-609.

Longo, M. *et al.*, «Adipose tissue dysfunction as determinant of obesity-associated metabolic complications», *Int J Mol Sci*, 20, 9 (2019), p. 2358.

Medina-Gomez, G. *et al.*, «PPAR gamma 2 prevents lipotoxicity by controlling adipose tissue expandability and peripheral lipid metabolism», *PLoS Genet*, 3, 4 (2007), pp. 0634-0647.

Medrikova, D. *et al.*, «Sex differences during the course of diet-induced obesity in mice: Adipose tissue expandability and glycemic control», *Int J Obes*, 36, 2 (2012), pp. 262-272.

Sims, E. A. H., «Are there persons who are obese, but metabolically healthy?», *Metabolism Clinical and Experimental*, 50, 12 (2001), pp. 1499-1504.

Tan, C. Y.; y Vidal-Puig, A., «Adipose tissue expandability: The metabolic problems of obesity may arise from the inability to become more obese», *Biochemical Society Transactions*, 36, 5 (2008), pp. 935-940.

Tsushima, Y. *et al.*, «Uric acid secretion from adipose tissue and its increase in obesity», *J Biol Chem*, 288, 38 (2013), pp. 27138-27149.

Tzanavari, T.; Giannogonas, P.; y Karalis, K. P., «TNF-alpha and obesity», *Curr Dir Autoimmun*, 11 (2010), pp. 145-156.

Unamuno, X. *et al.*, «Adipokine dysregulation and adipose tissue inflammation in human obesity», *European Journal of Clinical Investigation*, 48, 9 (2018).

6. Obesidad y músculo. Guerra de titanes

Akhmedov, D.; y Berdeaux, R., «The effect of obesity on skeletal muscle regeneration», *Frontiers in Physiology*, 4 (2013), p. 371.

Kenney, W. L.; Wilmore, J. K.; y Costill, DL., *Fisiología del Deporte y del Ejercicio* (Capítulo 22: «Obesidad, diabetes y actividad física»), Editorial Médica Panamericana, Madrid, 2012 (5.ª edición).

Maffiuletti, N. A. *et al.*, «The impact of obesity on in vivo skeletal muscle and function», *Curr Obes Rep*, 2 (2013), pp. 251-260.

Sherwood, L., *Human Physiology. From Cells to Systems*, Cengage Learning, EE. UU., 2014 (9.ª edición).

Silverthorn, D. U., *Fisiología Humana. Un enfoque integrado*, Editorial Médica Panamericana, Madrid, 2019 (8.ª edición).

Tallis, J.; James, R. S.; y Seebacher, F., «The effects of obesity on skeletal muscle contractile function», *Journal of experimental Biology*, 221 (2018), p. 163840.

Tanner, C. J. *et al.*, «Muscle fiber type is associated with obesity and weight loss», *Am J Physiol Endocrinol Metab*, 282 (2002), pp. E1191-E1196.

Tomlinson, D. J. *et al.*, «The impact of skeletal muscle strenght and structure through adolescence to old age», *Biogereontology*, 17 (2016), pp. 467-483.

Wu, H.; y Ballantyne, C. M., «Skeletal muscle inflammation and insulin resistance in obesity», *Journal of Clinical Investigation*, 27, 1 (2017), pp. 43-54.

7. Obesidad y sistema cardiovascular. Un corazón que no cabe en el pecho

Alpert, M. A.; Omran, J.; y Bostick, B. P., «Effects of Obesity on Cardiovascular Hemodynamics, Cardiac Morphology, and Ventricular Function», *Curr Obes Rep*, 5 (2016), pp. 424-434.

«Aterosclerosis», National Heart Lung and Blood Institute, mayo de 2022, <https://www.nhlbi.nih.gov/health-topics/espanol/aterosclerosis>.

Csige I. *et al.*, «The Impact of Obesity on the Cardiovascular System», *J Diabetes Res*, noviembre (2018), p. 3407306.

«El sistema eléctrico del corazón», Fairview (Patient Education), 2022, <https://www.fairview.org/patient-education/82748#:~:text=>.

Karastergiou, K. *et al.*, «Epicardial adipokines in obesity and coronary artery disease induce atherogenic changes in monocytes and endothelial cells», *Arterioscler Thromb Vasc Biol*, 30, 7 (2010), pp. 1340-1346.

Lee, H. Y.; Després, J. P.; y Koh, K. K., «Perivascular adipose tissue in the pathogenesis of cardiovascular disease», *Atherosclerosis*, 230, 2 (2013), pp. 177-184.

Lima-Martínez, M. M.; Blandenier, C.; y Iacobellis, G., «Epicardial adipose tissue: More than a simple fat deposit?», *Endocrinol y Nutr*, 60, 6 (2013), pp. 320-328.

López De Fez, C. M. *et al.*, «Mecanismos de hipertensión en obesidad», *An Sist Sanit Navar*, 27, 2 (2004), pp. 211-219.

Matloch, Z., Kotulák, T., Haluzík, M., «The role of epicardial adipose tissue in heart disease», *Physiol Res*, 65, 1 (2016), pp. 23-32.

«Preguntas y respuestas sobre la hipertensión» (en inglés), Organización Mundial de la Salud, septiembre de 2015, <https://www.who.int/news-room/questions-and-answers/item/noncommunicable-diseases-hypertension>.

Ros Pérez, M.; y Medina-Gómez, G., «Obesidad, adipogénesis y resistencia a la insulina», *Endocrinol y Nutr*, 58, 7 (2011), pp. 360-369.

Salvador J., «Obesidad abdominal: un estandarte del riesgo cardiometabólico», *Endocrinol y Nutr*, 55, 9 (2008), pp. 420-432.

Tesauro, M.; y Cardillo, C., «Obesity, blood vessels and metabolic syndrome», *Acta Physiol*, 203, 1 (2011), pp. 279-286.

Tortosa i Moreno, A., «Sistema cardiovascular: Anatomía», *Infermera virtual*, 2018, <https://www.infermeravirtual.com/files/media/file/100/Sistema cardiovascular.pdf?1358605522>.

8. Obesidad y riñón. Sin filtro

Bayrasheva, V. K. *et al.*, «Uninephrectomized High-Fat-Fed Nicotinamide-Streptozotocin-Induced Diabetic Rats: A Model for the Investigation of Diabetic Nephropathy in Type 2 Diabetes», *J Diabetes Res*, 2016 (2016), p. 8317850.

Cao, Y. L. *et al.*, «Correlation between omental TNF-alpha protein and plasma PAI-1 in obesity subjects», *Int J Cardiol*, 128, 3 (2008), pp. 399-405.

Cui, D. *et al.*, *Atlas of Histology with Functional and Clinical Correlations*, Wolters Kluwer Health/Lippincott Williams & Wilkins, Países Bajos, 2010.

D'Agati, V. D. *et al.*, «Obesity-related glomerulopathy: Clinical and pathologic characteristics and pathogenesis», *Nat Rev Nephrol*, 12, 8 (2016), pp. 453-471, <http://dx.doi.org/10.1038/nrneph.2016.75>.

De Vries, A. P. J. *et al.*, «Fatty kidney: emerging role of ectopic lipid in obesity-related renal disease», *The Lancet Diabetes Endocrinol*, 2, 5 (2014), pp. 417-426.

GBD 2013 Mortality and Causes of Death Collaborators, «Global, regional, and national age–sex specific all-cause and cause-specific mortality for 240 causes of death, 1990–2013: a systematic analysis for the Global Burden of Disease Study 2013», *The Lancet*, 385, 9963 (2015), pp. 117-171, <https://www.thelancet.com/journals/lancet/article/PIIS0140-6736 (14)61682-2/fulltext>.

Herman-Edelstein, M. *et al.*, «Altered renal lipid metabolism and renal lipid accumulation in human diabetic nephropathy», *J Lipid Res*, 55, 3 (2014), pp. 561-572.

Kershaw, E. E.; y Flier, J. S., «Adipose tissue as an endocrine organ», *J Clin Endocrinol Metab*, 89, 6) (2004), pp. 2548-2556.

Li, N.; y Karin, M., «Is NF-kappaB the sensor of oxidative stress?», *FASEB J*, 13, 10 (1999), pp. 1137-1143.

Lysaght, M. J., «Maintenance dialysis population dynamics: current trends and long-term implications», *J Am Soc Nephrol*, 13, S (2002), pp. 37-40.

Meng, X. M. *et al.*, «Inflammatory macrophages can transdifferentiate into myofibroblasts during renal fibrosis», *Cell Death Dis*, 7, 12 (2016), p. e2495.

Meyer, C. *et al.*, «Renal substrate exchange and gluconeogenesis in normal postabsorptive humans», *Am J Physiol Endocrinol Metab*, 282, 2 (2002), pp. E428-E434.

National Kidney Foundation, «K/DOQI clinical practice guidelines for chronic kidney disease: evaluation, classification, and stratification», *Am J Kidney Dis*, 39, 2 Suppl 1 (2002), pp. S1-S266.

Schreck, R.; Rieber, P.; y Baeuerle, P. A., «Reactive oxygen intermediates as apparently widely used messengers in the activation of the NF-kappa B transcription factor and HIV-1», *EMBO J*, 10, 8 (1991), pp. 2247-2258.

Sharma, K. *et al.*, «Adiponectin regulates albuminuria and podocyte function in mice», *J Clin Invest*, 118, 15 (2008), pp. 1645-1656.

Sharma, M.; Doley, P.; y Das, H. J., «Etiological profile of chronic kidney disease: A single-center retrospective hospital-based study», *Saudi J Kidney Dis Transpl*, 29, 2 (2018), pp. 409-413.

Tomiyama-Hanayama, M. *et al.*, «Effect of interleukin-6 receptor blockage on renal injury in apolipoprotein E-deficient mice», *Am J Physiol Renal Physiol*, 297, 3 (2009), pp. 679-684, <https://journals.physiology.org/doi/full/10.1152/ajprenal.90680.2008>.

Venegas-Pont, M. *et al.*, «Tumor necrosis factor-alpha antagonist etanercept decreases blood pressure and protects the kidney in a mouse model of systemic lupus erythematosus», *Hypertens*, 56, 4 (2010), pp. 643-649.

Virtue, S.; y Vidal-Puig, A., «Adipose tissue expandability, lipotoxicity and the Metabolic Syndrome: an allostatic perspective», *Biochim Biophys Acta*, 1801, 3 (2010), pp. 338-349.

Zhang, Q-L., Rothenbacher, D., «Prevalence of chronic kidney disease in population-based studies: Systematic review», *BMC Public Health*, 8, 1 (2008), p. 117. <http://bmcpublichealth.biomedcentral.com/articles/10.1186/1471-2458-8-117>.

Zoccali, C.; Mallamaci, F.; y Tripepi, G., «Adipose tissue as a source of inflammatory cytokines in health and disease: focus on end-stage renal disease», *Kidney Int*, 63, Suppl 84 (2003), pp. S65-S68.

9. Obesidad y hueso. Fácil de roer

Akune, T. *et al.*, «PPARγ insufficiency enhances osteogenesis through osteoblast formation from bone marrow progenitors», *J Clin Invest*, 113, 6 (2004), pp. 846-855, <https://pubmed.ncbi.nlm.nih.gov/15067317/>.

Bennett, J. H. *et al.*, «Adipocytic cells cultured from marrow have osteogenic potential», *J Cell Sci*, 99, 1 (1991), pp. 131-139, <https://pubmed.ncbi.nlm.nih.gov/1757497/>.

Cock, T. A.; Auwerx, J., «Leptin: Cutting the fat off the bone», *The Lancet*, 362, 9395 (2003), pp. 1572-1574, <https://pubmed.ncbi.nlm.nih.gov/14615115/>.

Compston, J. E. *et al.*, «Relationship of weight, height, and body mass index with fracture risk at different sites in postmenopausal women: The global longitudinal study of osteoporosis in women (GLOW)», *J Bone Miner Res*, 29, 2 (2014), pp. 487-493. <https://pubmed.ncbi.nlm.nih.gov/23873741/>.

Gao, B. *et al.*, «Dose-dependent effect of estrogen suppresses the osteo-adipogenic transdifferentiation of osteoblasts via canonical Wnt signaling pathway», *PLoS One*, 9, 6 (2014), p. e99137, <https://pubmed.ncbi.nlm.nih.gov/24918446/>.

Han, L. *et al.*, «The shift in the balance between osteoblastogenesis and adipogenesis of mesenchymal stem cells mediated by glucocorticoid receptor», *Stem Cell Research and Therapy*, 10 (2019): 377, <https://pubmed.ncbi.nlm.nih.gov/31805987/>.

Hou, J. *et al.*, «Obesity and Bone Health: A Complex Link», *Frontiers in Cell and Developmental Biology*, 8 (2020), p. 600181, <https://pubmed.ncbi.nlm.nih.gov/33409277/>.

Kiefer, F. W. *et al.*, «Osteopontin expression in human and murine obesity: Extensive local up-regulation in adipose tissue but minimal systemic alterations», *Endocrinology*, 149, 3 (2008), pp. 1350-1357, <https://pubmed.ncbi.nlm.nih.gov/18048491/>.

Portal Núñez, S. *et al.*, «Adverse Effects of Diabetes Mellitus on the Skeleton of Aging Mice», *J Gerontol A Biol Sci Med Sci*, 71, 3 (2016), pp. 290-299, <http://www.ncbi.nlm.nih.gov/pubmed/26386012>.

Qiao, D. *et al.*, «Association of obesity with bone mineral density and osteoporosis in adults: a systematic review and meta-analysis», *Public Health*, 180 (2020), pp. 22-28, <https://pubmed.ncbi.nlm.nih.gov/31837611/>.

10. Obesidad y cavidad oral. Por la boca muere el pez

Arboleda, S. *et al.*, «Review of obesity and periodontitis: an epidemiological view», *British Dental Journal*, 227, 3 (2019), pp. 235-239.

Boesing, F. *et al.*, «The interface between obesity and periodontitis with emphasis on oxidative stress and inflammatory response», *Obesity reviews*, 10 (2009), pp. 290-297.

Breda, J.; Jewell, J.; y Keller, A., «The importance of the World Health Organization sugar guidelines for dental health and obesity prevention», *Caries research*, 53, 2 (2019), pp. 149-152.

Chaffee, B. W.; y Weston, S. J., «Association between chronic periodontal disease and obesity: a systematic review and meta-analysis», *Journal of periodontology*, 81, 12 (2010), pp. 1708-1724.

Cuenca Sala, Emili; y Baca García, Pilar, *Odontología preventiva y comunitaria*, Elsevier Health Sciences, Barcelona, 2013 (4.ª edición).

Fadel, Hani T. *et al.*, «Clinical and biological indicators of dental caries and periodontal disease in adolescents with or without obesity», *Clinical oral investigations*, 18, 2 (2014), pp. 359-368.

Giacaman, R., «Sugars and beyond. The role of sugars and the other nutrients and their potential impact on caries», *Oral Diseases*, 24, 7 (2017), pp. 1185-1197.

Gustafsson, B. E. *et al.*, (1954), «The Vipeholm dental caries study; the effect of different levels of carbohydrate intake on caries activity in 436 individuals observed for five years», *Acta Odontologica Scandinavica*, 11, 3-4 (1954), pp. 232-264.

Mathus-Vliegen, E. M. H.; Nikkel, D.; y Brand, H. S., «Oral aspects of obesity», *International Dental Journal*, 57 (2007), pp. 249-256.

Modéer, T. *et al.*, «Association between obesity, flow rate of saliva and dental caries in adolescents», *Obesity*, 18 (2010), pp. 2367-2373.

Perlstein, M. I.; y Bissada, N. F., «Influence of obesity and hypertension on the severity of periodontitis in rats», *Oral Sur Oral Med Oral Pathol*, 43 (1977), pp. 707-719.

11. Obesidad e intestino. Un círculo vicioso

Cho, G. S. *et al.*, «Quantification of *Slackia* and *Eggerthella* spp. in human feces and adhesion of representatives strains to Caco-2 cells», *Frontiers in Microbiology*, 7 (2016), p. 658.

Del Campo-Moreno, R. *et al.*, «Microbiota en la salud humana: técnicas de caracterización y transferencia», *Enfermedades Infecciosas y Microbiología Clínica*, 36, 4 (2018), pp. 241-245.

DiBaise, J. K. *et al.*, «Gut microbiota and its possible relationship with obesity», *InMayo clinic proceedings*, 4, 83 (2008), pp. 460-469.

Eckburg, P. B. *et al.*, «Diversity of the human intestinal microbial flora», *Science*, 308, 5728 (2005), pp. 1635-1638.

Farías, M. M.; Silva, C.; y Rozowski, J., «Microbiota intestinal: rol en obesidad», *Revista chilena de nutrición*, 38, 2 (2011), pp. 228-233.

«Guidelines for the Evaluation of Probiotics in Food», Joint FAO/OMS Working Group Report on Drafting Guidelines for the Evaluation of Probiotics in Food, 2002, <https://www.mhlw.go.jp/file/05-Shingikai-11121000-Iyakushokuhinkyoku-Soumuka/0000197343.pdf>.

Gut Microbiota for Health, «Lo que hay que saber sobre la microbiota intestinal», *European Society of Neurogastroenterology & Motility* (2015), <https://www.gutmicrobiotaforhealth.com/es/lo-que-hay-que-saber-sobre-la-microbiota-intestinal/>.

Haslam, D. W.; y James, W. P., «Obesity», *The Lancet*, 366, 9492 (2005), pp. 1197-1209.

Ley, R. E. *et al.*, «Human gut microbes associated with obesity», *Nature*, 444, 7122 (2006), pp. 1022-1023.

Martinez, J. A., «Body-weight regulation: causes of obesity», *Proceedings of the nutrition society*, 59, 3 (2000), pp. 337-345.

«Obesidad y sobrepeso», Organización Mundial de la Salud, 2021, <https://www.who.int/es/news-room/fact-sheets/detail/obesity-and-overweight>.

Ojeda Ríos, M., «Microbioma humano», *Microbioenergética*, 2014, <https://microbioenergetica.squarespace.com/el-microbioma>.

Romaní-Pérez, M. *et al.*, «Holdemanella biformis improves glucose tolerance and regulates GLP-1 signaling in obese mice», *The FASEB Journal*, 35, 7 (2021): e21734.

Sanz, Y.; Santacruz, A.; y Dalmau, J., «Influencia de la microbiota intestinal en la obesidad y las alteraciones del metabolismo», *Acta Pediatr Esp*, 67, 9 (2009), pp. 437-442.

Sotillos, A. E., «Obesidad y aparato digestivo», *Medicina integral: Medicina preventiva y asistencial en atención primaria de la salud*, 36, 5 (2000), pp. 173-178.

Tinahones, F. J., «La importancia de la microbiota en la obesidad», *Rev Esp Endocrinol Pediatr*, 8,1 (2017), pp. 16-20.

Turnbaugh, P. J. *et al.*, «An obesity-associated gut microbiome with increased capacity for energy harvest», *Nature*, 444, 7122 (2006), pp. 1027-1031.

12. Obesidad y cerebro. ¿Quién está al mando?

Bischof, G. N.; y Park, D. C., «Obesity and Aging: Consequences for Cognition, Brain Structure and Brain Function», *Psychosom Med*, 77, 6 (2015), pp. 697-709.

Ceasrine, A. M. *et al.*, «Maternal diet disrupts the placenta-brain axis in a sex-specific manner», *Nat Metab*, 4 (2022), pp. 1732-1745.

Geha, P. *et al.*, «Reorganization of brain connectivity in obesity», *Hum Brain Mapp*, 38 (2017), pp. 1403-1420.

Guillemot-Legris, O.; y Muccioli, G. G., «Obesity-Induced Neuroinflammation: Beyond the Hypothalamus», *Trends Neurosci*, 40, 4 (2017), pp. 237-253.

Horstmann, A., «It wasn't me; it was my brain – Obesity-associated characteristics of brain circuits governing decision-making», *Physiol Behav*, 176 (2017), pp. 125-133.

Jastreboff, A. M. *et al.*, «Altered brain response to drinking glucose and fructose in obese adolescents», *Diabetes*, 65 (2016), pp. 1929-1939.

Lennerz, B.; y Lennerz, J. K., «Food addiction, high glycemic index carbohydrates and obesity», *Clin Chem*, 64, 1 (2018), pp. 64-71.

Li, M. *et al.*, «Gut-brain circuits for fat preference», *Nature*, 610, 7933 (2022), pp. 722-730.

Mancini, M. *et al.*, «Leptin promotes striatal dopamine release via cholinergic interneurons and regionally distinct signaling pathways», *J Neurosci*, 42, 35 (2022), pp. 6668-6679.

Ousey, J.; Boktor, J. C.; y Mazmanian, SK., «Gut microbiota suppress feeding induced by palatable foods», *Curr Biol*, 33, 1 (2022), pp. 147-157.e7.

Tan, H. *et al.*, «The Gut-brain axis mediates sugar preference», *Nature*, 580, 7804 (2020), pp. 511-516.

Torres-Fuentes C. *et al.*, «The microbiota-gut-brain axis in obesity», *The Lancet Gastroenterol Hepatol*, 2 (2017), pp. 747-756.

Timper, K.; y Brüning, J. C., «Hypothalamic circuits regulating appetite and energy homeostasis: pathways to obesity», *Dis Model Mech*, 10 (2017), pp. 679-689.

Seong, J. *et al.*, «Hypothalamic inflammation and obesity: a mechanistic review», *Arch Pharm Res*, 42 (2010), pp. 383-392.

Sui, S. X.; y Pasco, J. A., «Obesity and Brain Function: The Brain–Body Crosstalk», *Medicina*, 56 (2020), p. 499.

13. Obesidad e hígado. Cuando nos volvemos paté

Adeva-Andany, M. M. *et al.*, «Liver glucose metabolism in humans», *Biosci Rep*, 36, 6 (2016): e00416.

Almpanis, Z.; Demonakou, M.; y Tiniakos, D., «Evaluation of liver fibrosis: "Something old, something new..."», *Ann Gastroenterol*, 29, 4 (2016), pp. 445-453.

Alves-Bezerra, M.; y Cohen, D. E., «Triglyceride Metabolism in the Liver», *Compr Physiol*, 8, 1 (2017), pp. 1-8.

Ampuero, J. *et al.*, «New therapeutic perspectives in non-alcoholic steatohepatitis», *Gastroenterol Hepatol*, 41, 2 (2018), pp. 128-142.

Berná, G.; y Romero-Gómez, M., «The role of nutrition in non-alcoholic fatty liver disease: Pathophysiology and management», *Liver Int*, 40, Suppl 1 (2020), pp. 102-108.

Bugianesi, E.; McCullough, A. J.; y Marchesini, G., «Insulin resistance: a metabolic pathway to chronic liver disease», *Hepatology*, 42, 5 (2005), pp. 987-1000.

Buzzetti, E.; Pinzani, M.; y Tsochatzis, E. A., «The multiple-hit pathogenesis of non-alcoholic fatty liver disease (NAFLD)», *Metabolism*, 65, 8 (2016), pp. 1038-1048.

Caballería Rovira, L., «Esteatosis hepática: diagnóstico y seguimiento», *FMC*, 24, 7 (2017), pp. 378-389.

Carr, R. M.; y Ahima, R. S., «Pathophysiology of lipid droplet proteins in liver diseases», *Exp Cell Res*, 340, 2 (2016), pp. 187-192.

Cobbina, E.; y Akhlaghi, F., «Non-alcoholic fatty liver disease (NAFLD) - pathogenesis, classification, and effect on drug metabolizing enzymes and transporters», *Drug Metab Rev*, 49, 2 (2017), pp. 197-211.

Day, C. P.; y James, O. F., «Steatohepatitis: a tale of two "hits"?», *Gastroenterology*, 114, 4 (1998), pp. 842-845.

Ekstedt, M.; Nasr, P.; y Kechagias, S., «Natural History of NAFLD/NASH», *Curr Hepatol Rep*, 16, 4 (2017), pp. 391-397.

Friedman, S. L. *et al.*, «Mechanisms of NAFLD development and therapeutic strategies», *Nat Med*, 24, 7 (2018), pp. 908-922.

Goh, G. B.; y McCullough, A. J., «Natural History of Nonalcoholic Fatty Liver Disease», *Dig Dis Sci*, 61, 5 (2016), pp. 1226-1233.

Golabi, P. *et al.*, «Hepatocellular carcinoma and non-alcoholic fatty liver disease», *Hepatol Int*, 13, 6 (2019), pp. 688-694.

Harayama, T.; y Riezman, H., «Understanding the diversity of membrane lipid composition», *Nat Rev Mol Cell Biol*, 19, 5 (2018), pp. 281-296.

Kalish, B. T. *et al.*, «Clinically Relevant Mechanisms of Lipid Synthesis, Transport, and Storage», *JPEN J Parenter Enteral Nutr*, 39, Suppl 1 (2015), pp. 8S-17S.

Katz, D. L., «Leveraging the exit of diabesity: we suffer from obesity and diabetes because we eat too much and exercise too little. Solving the problem is hard but not complicated», *IEEE Pulse*, 5, 3 (2014), pp. 18-21.

Kopelman, P. G., «Obesity as a medical problem», *Nature*, 404, 6778 (2000), pp. 635-643.

Krishna, M., «Patterns of necrosis in liver disease», *Clin Liver Dis* (Hoboken), 10, 2 (2017), pp. 53-56.

Lindenmeyer, C. C.; McCullough, A. J., «The Natural History of Nonalcoholic Fatty Liver Disease-An Evolving View», *Clin Liver Dis*, 22, 1 (2018), pp. 11-21.

Nguyen, P. *et al.*, «Liver lipid metabolism», *J Anim Physiol Anim Nutr* (Berl), 92, 3 (2008), p. 272-283.

Rinella, M. E.; y Sanyal, A. J., «Management of NAFLD: a stage-based approach», *Nat Rev Gastroenterol Hepatol*, 13, 4 (2016), pp. 196-205.

Rui, L., «Energy metabolism in the liver», *Compr Physiol*, 4, 1 (2014), pp. 177-197.

Safadi, R.; y Friedman, S. L., «Hepatic fibrosis-role of hepatic stellate cell activation», *MedGenMed*, 4, 3 (2002), p. 27.

Sibulesky, L., «Normal liver anatomy», *Clin Liver Dis* (Hoboken), 2, Suppl 1 (2013), pp. S1-S3.

Smith, R. L. *et al.*, «Metabolic Flexibility as an Adaptation to Energy Resources and Requirements in Health and Disease», *Endocr Rev*, 39, 4 (2018), pp. 489-517.

Trefts, E.; Gannon, M.; y Wasserman, D. H., «The liver», *Curr Biol*, 27, 21 (2017), pp. R1147-R1151.

Vargas Blasco, V., «Nuevos métodos diagnósticos de NASH», *GH continuada*, 9, 5 (2010), pp. 217-222.

Vernon, G.; Baranova, A.; y Younossi, Z. M., «Systematic review: the epidemiology and natural history of non-alcoholic fatty liver disease and non-alcoholic steatohepatitis in adults», *Aliment Pharmacol Ther*, 34, 3 (2011), pp. 274-285.

14. Obesidad y páncreas. El enemigo desconocido

Apte, M. V.; Pirola, R. C.; y Wilson, J. S., «Mechanisms of alcoholic pancreatitis», *J Gastroenterol Hepatol*, 25 (2010), pp. 1816-1826.

Brar, G.; y Tsukamoto, H., «Alcoholic and non-alcoholic steatohepatitis: global perspective and emerging science», *J Gastroenterol*, 54 (2019), pp. 218-225.

Chai, J. *et al.*, «MRI chemical shift imaging of the fat content of the pancreas and liver of patients with type 2 diabetes mellitus», *Exp Ther Med*, 11 (2016), pp. 476-480.

Clemens, D. L. *et al.*, «Alcoholic pancreatitis: New insights into the pathogenesis and treatment», *World J Gastrointest Pathophysiol*, 7 (2016), pp. 48-58.

Gaborit, B. *et al.*, «Ectopic fat storage in the pancreas using 1H-MRS: importance of diabetic status and modulation with bariatric surgery-induced weight loss», *Int J Obes* (Lond.), 39 (2015), pp. 480-487.

Gerst, F. *et al.*, «Metabolic crosstalk between fatty pancreas and fatty liver: effects on local inflammation and insulin secretion», *Diabetologia*, 60 (2017), pp. 2240-2251.

Gerst, F. *et al.*, «What role do fat cells play in pancreatic tissue?», *Mol Metab*, 25 (2019), pp. 1-10.

Gotoh, K. *et al.*, «Spleen-derived interleukin-10 downregulates the severity of high-fat diet-induced non-alcoholic fatty pancreas disease», *Plos One*, 7 (2012), p. e53154.

Hori, M. *et al.*, «Association of pancreatic fatty infiltration with pancreatic ductal adenocarcinoma», *Clin Transl Gastroenterol*, 5 (2014), p. e53.

Hui, D. Y.; y Howles, P. N., «Carboxyl ester lipase: structure-function relationship and physiological role in lipoprotein metabolism and atherosclerosis», *J Lipid Res*, 43 (2002), pp. 2017-2030.

Jia, D. M. *et al.*, «Troglitazone stimulates pancreatic growth in congenitally CCK-A receptor-deficient OLETF rats», *Am J Physiol Regul Integr Comp Physiol*, 280 (2001), pp. R1332-1340.

Khoury, T. *et al.*, «The clinical implications of fatty pancreas: A concise review», *Dig Dis Sci*, 62 (2017), pp. 2658-2667.

Kodama, K. *et al.*, «Expression-based genome-wide association study links the receptor CD44 in adipose tissue with type 2 diabetes», *Proc Natl Acad Sci*, 109 (2012), pp. 7049-7054.

Kurdziel, J. C.; y Dondelinger, R., «Fatty infiltration of the pancreas in Shwachman´s syndrome: computed tomography demonstration», *Eur J Radiol*, 4 (1984), pp. 202-204.

Kuruma, S. *et al.*, «Case-control study of diabetes-related genetic variants and pancreatic cancer risk in Japan», *World J Gastroenterol*, 20 (2014), pp. 17456-17462.

Majumder, S. *et al.*, «Fatty pancreas: should we be concerned?», *Pancreas*, 46 (2017), pp. 1251-1258.

Nuñez-Durán, E. *et al.*, «Protein kinase STK25 aggravates the severity of non-alcoholic fatty pancreas disease in mice», *J Endocrinol*, 234 (2017), pp. 15-27.

Palacios, O. M.; Kramer, M.; y Maki, K. C., «Diet and prevention of type 2 diabetes mellitus: beyond weight loss and exercise», *Expert Rev Endocrinol Metab*, 14 (2019), pp. 1-12.

Raeder, H. *et al.*, «Pancreatic lipomatosis is a structural marker in nondiabetic children with mutations in carboxyl-ester lipase», *Diabetes*, 56 (2007), pp. 444-449.

Ramkisson, R.; y Gardner, T. B., «Pancreatic steatosis: an update», *Curr Opin Gastroenterol*, 35 (2019), pp. 440-447.

Rasineni, K. *et al.*, «Recent advances in understanding the complexity of alcohol-induced pancreatic dysfunction and pancreatitis development», *Biomolecules*, 10, 5 (2020): 669.

Ray, I., Mahata; y SK., De, RK., «Obesity: an immunometabolic perspective», *Front Endocrinol* (Lausanne), 7 (2016), p. 157.

Redman, L. M.; y Ravussin, E., «Caloric restriction in humans: impact on physiological, psychological, and behavioral outcomes», *Antioxid Redox Signal*, 14 (2011), pp. 275-287.

Romana, B. S. *et al.*, «Non-alcoholic fatty pancreas disease (NAFPD): A silent spectator or the fifth component of metabolic syndrome? A literature review», *Endocr Metab Immune Disord Drug Targets*, 18 (2018), pp. 547-554.

Saisho, Y. *et al.*, «Pancreas volumes in humans from birth to age one hundred taking into account sex, obesity, and presence of type-2 diabetes», *Clin Anat*, 20 (2007), pp. 933-942.

Smits, M. M.; y Van Geenen, E. J. M., «The clinical significance of pancreatic steatosis», *Nat Rev Gastroenterol Hepatol*, 8 (2011), pp. 169-177.

Souza-Mello, V. *et al.*, «Pancreatic ultrastructural enhancement due to telmisartan plus sitagliptin treatment in diet-induced obese C57BL/6 mice», *Pancreas*, 40 (2011), pp. 715-722.

Takahashi, M. *et al.*, «Fatty pancreas: a possible risk factor for pancreatic cancer in animals and humans», *Cancer Sci*, 109 (2018), pp. 3013-3023.

Tariq, H. *et al.*, «Non-alcoholic fatty pancreatic disease: a review of the literature», *Gastroenterology Res*, 9 (2016), pp. 87-91.

Van Raalte, D. H.; Van der Zijl, N. J.; y Diamant, M., «Pancreatic steatosis in humans: cause or marker of lipotoxicity?», *Curr Opin Clin Nutr Metab Care*, 13 (2010), pp. 478-485.

Véret, J. *et al.*, «Role of sphingolipid metabolism in pancreatic β cell dysfunction induced by lipotoxicity», *J Clin Med*, 3 (2014), pp. 646-662.

Zhao, L. *et al.*, «Effects of berberine and cinnamic acid on palmitic acid-induced intracellular triglyceride accumulation in NIT-I pancreatic β cells», *Chin J Integr Med*, 22 (2016), pp. 496-502.

15. Obesidad y fertilidad. Amistades peligrosas

Bandel, I. *et al.*, «No association between body mass index and sperm DNA integrity», *Human reproduction*, 30, 7 (2015), pp. 1704-1713.

Barber, T. *et al.*, «Obesity and polycystic ovary syndrome», *Clinical endocrinology*, 65, 2 (2006), pp. 137-145.

Bellver, J. *et al.*, «Obesity reduces uterine receptivity: clinical experience from 9,587 first cycles of ovum donation with normal weight donors», *Fertility and sterility*, 100, 4 (2013), pp. 1050-1058.e2.

Cardozo, E. *et al.*, «Reproductive outcomes in oocyte donation cycles are associated with donor BMI», *Human reproduction*, 31, 2 (2016), pp. 385-392.

Carrageta, D. F. *et al.*, «Obesity and male hypogonadism: Tales of a vicious cycle», *Obes Rev*, 20, 8 (2019), pp. 1148-1158.

Chang, J.; Azziz, R.; y Legro, R., Rotterdam ESHRE/ASRM-Sponsored PCOS Consensus Workshop Group (2004), «Revised 2003 consensus on diagnostic criteria and long-term health risks related to polycystic ovary syndrome», *Fertil Steril*, 2004; 81, 01 (2004), pp. 19-25.

Clark, A. *et al.*, «Weight loss in obese infertile women results in improvement in reproductive outcome for all forms of fertility treatment», *Human reproduction*, 13, 6 (1998), pp. 1502-1505.

Corona, G. *et al.*, «Body weight loss reverts obesity-associated hypogonadotropic hypogonadism: a systematic review and meta-analysis», *Eur J Endocrinol*, 168, 6 (2013), pp. 829-843.

Craig, J. R. *et al.*, «Obesity, male infertility, and the sperm epigenome», *Fertility and sterility*, 107, 4 (2017), pp. 848-859.

Di Frega, A. S. *et al.*, «Secondary male factor infertility after Roux-en-Y gastric bypass for morbid obesity: case report», *Human reproduction*, 20, 4 (2005), pp. 997-998.

Durairajanayagam, D.; Agarwal, A.; y Ong, C., «Causes, effects and molecular mechanisms of testicular heat stress», *Reproductive biomedicine online*, 30, 1 (2015), pp. 14-27.

Esposito, K. *et al.*, «Effect of lifestyle changes on erectile dysfunction in obese men: a randomized controlled trial», *JAMA*, 291, 24 (2004), pp. 2978-2984.

Hammoud, AO. *et al.*, «Obesity and male reproductive potential», *J Androl*, 2006; 27, 5 (2006), pp. 619-626.

Håkonsen, L. B. *et al.*, «Does weight loss improve semen quality and reproductive hormones? Results from a cohort of severely obese men», *Reproductive health*, 8, 1 (2011), p. 24.

Isidori, A. M. *et al.*, «Leptin and androgens in male obesity: evidence for leptin contribution to reduced androgen levels», *The Journal of Clinical Endocrinology & Metabolism*, 84, 10 (1999), pp. 3673-3680.

Jo, J.; y Kim, H., «The relationship between body mass index and scrotal temperature among male partners of subfertile couples», *Journal of Thermal Biology*, 56 (2016), pp. 55-58.

Kahn, B. E.; y Brannigan, R. E., «Obesity and male infertility», *Current Opinion in Urology*, 27, 5 (2017), pp. 441-445.

MacDonald, A. A. *et al.*, «The impact of body mass index on semen parameters and reproductive hormones in human males: a systematic review with meta-analysis», *Hum Reprod update*, 16, 3 (2010), pp. 293-311.

Maheshwari, A.; Stofberg, L.; y Bhattacharya, S., «Effect of overweight and obesity on assisted reproductive technology—a systematic review», *Human reproduction update*, 13, 5 (2007), pp. 433-44.

Molina-Vega, M. *et al.*, «Prevalence of and risk factors for erectile dysfunction in young nondiabetic obese men: results from a regional study», *Asian journal of andrology*, 22, 4 (2020), p. 372.

Morales Clavijo, M.; Carvajal Garcés, C. F., «Obesidad y resistencia a la leptina», *Gaceta médica boliviana*, 33, 1 (2010), pp. 63-68.

Münzberg, H.; y Myers, M. G., «Molecular and anatomical determinants of central leptin resistance», *Nature neuroscience*, 8, 5 (2005), pp. 566-570.

Mushtaq, R. *et al.*, «Effect of male body mass index on assisted reproduction treatment outcome: an updated systematic review and meta-analysis», *Reproductive biomedicine online*, 36, 4 (2018), pp. 459-471.

«Obesity and Overweight», OMS, 2020, <https://www.who.int/news-room/fact-sheets/detail/obesity-and-overweight>.

Polotsky, A. J. *et al.*, «Association of adolescent obesity and lifetime nulliparity—The Study of Women's Health Across the Nation (SWAN)», *Fertility and sterility*, 93, 6 (2010), pp. 2004-2011.

Rich-Edwards, J. W. *et al.*, «Physical activity, body mass index, and ovulatory disorder infertility», *Epidemiology*, 13, 2 (2002), pp. 184-190.

Sermondade, N. *et al.*, «BMI in relation to sperm count: an updated systematic review and collaborative meta-analysis», *Human reproduction update*, 19, 3 (2013), pp. 221-231.

Sundaram, R.; Mumford, S. L.; y Buck Louis, G. M., «Couples' body composition and time-to-pregnancy», *Human reproduction*, 32, 3 (2017), pp. 662-668.

Van Der Steeg, J. W. *et al.*, «Obesity affects spontaneous pregnancy chances in subfertile, ovulatory women», *Human reproduction*, 23, 2 (2008), pp. 324-328.

Wise, L. A. *et al.*, «An internet-based prospective study of body size and time-to-pregnancy», *Human reproduction*, 25, 1 (2010), pp. 253-264.

16. Obesidad y gestación. El bollo está en el horno

Amir, L. H.; y Donath, S., «A systematic review of maternal obesity and breastfeeding intention, initiation and duration», *BMC Pregnancy Childbirth*, 7, 9 (2007).

Baz, B.; Riveline, J. P.; y Gautier, J. F., «Endocrinology of pregnancy: Gestational diabetes mellitus: definition, aetiological and clinical aspects», *Eur J Endocrinol*, 174, 2 (2016), pp. R43-R51.

Bellver, J. *et al.*, «Endometrial gene expression in the window of implantation is altered in obese women especially in association with polycystic ovary syndrome», *Fertil Steril*, 95, 7 (2011), pp. 2335-2341.e8.

Bellver, J. *et al.*, «Obesity reduces uterine receptivity: clinical experience from 9,587 first cycles of ovum donation with normal weight donors», *Fertil Steril*, 100, 4 (2013), pp. 1050-1058.

Bellver, J. *et al.*, «Similar morphokinetic patterns in embryos derived from obese and normoweight infertile women: a time-lapse study», *Hum Reprod*, 28, 3 (2013), pp. 794-800.
Bellver, J. *et al.*, «Day-3 embryo metabolomics in the spent culture media is altered in obese women undergoing in vitro fertilization», *Fertil Steril*, 103, 6 (2015), pp. 1407-1415.e1.
Bodnar, L. M. *et al.*, «The risk of preeclampsia rises with increasing prepregnancy body mass index», *Ann Epidemiol*,15, 7 (2005), pp. 475-482.
Cardozo, E. R. *et al.*, «Reproductive outcomes in oocyte donation cycles are associated with donor BMI», *Hum Reprod*, 31, 2 (2016), pp. 385-392.
Dashe, J. S.; McIntire, DD.; y Twickler, D. M., «Effect of maternal obesity on the ultrasound detection of anomalous fetuses», *Obstet Gynecol*, 113, 5 (2009), pp. 1001-1007.
Goldman, K. N. *et al.*, «Association of body mass index with embryonic aneuploidy», *Fertil Steril*, 103, 3 (2015), pp. 744-748.
Institute of Medicine (US), «Committee on Nutritional Status During Pregnancy and Lactation», *Nutrition During Pregnancy: Part I Weight Gain*, National Academies Press (1990).
«La relación entre donar óvulos y el Índice de Masa Corporal», IVI DONA. Equipo IVI, 2020, <https://www.ividona.es/indice-de-masa-corporal/>.
Leddy, M. A.; Power, M. L.; y Schulkin, J., «The impact of maternal obesity on maternal and fetal health», *Rev Obstet Gynecol*, 4 (2008), pp. 170-178.
Lopez-Jaramillo, P. *et al.*, «Obesity and Preeclampsia: Common Pathophysiological Mechanisms», *Frontiers in Physiology*, 9 (2018), p. 1838.
«Management of women with obesity in pregnancy», Centre for Maternal and Child Enquiries, 2010, <https://www.publichealth.hscni.net/sites/default/files/CMACE-RCOG%20Joint%20Guideline-Management%20of%20women%20with%20obesity%20in%20pregnancy.pdf>.
Metwally, M. *et al.*, «Does high body mass index increase the risk of miscarriage after spontaneous and assisted conception?

A meta-analysis of the evidence», *Fertil Steril*, 90, 3 (2008), pp. 714-726.

Phelan, S., «Pregnancy: a "teachable moment" for weight control and obesity prevention», *Am J Obstet Gynecol*, 202, 2 (2010), pp. 135.e1-135.e8.

Riley, L.; Wertz, M.; y McDowell, I., «Obesity in Pregnancy: Risks and Management», *Am Fam Physician*, 97, 9 (2018), pp. 559-561.

Seneviratne, S. N. *et al.*, «Exercise in pregnancies complicated by obesity: achieving benefits and overcoming barriers», *Am J Obstet Gynecol*, 212, 4 (2015), pp. 442-449.

Simjak, P. *et al.*, «The role of obesity and adipose tissue dysfunction in gestational diabetes mellitus», *J Endocrinol*, 238, 2 (2018), pp. R63-R77.

Talmor, A.; y Dunphy, B., «Female obesity and infertility», *Best Pract Res Clin Obstet Gynaecol*, 29, 4 (2015), pp. 498-506.

Waller, D. K. *et al.*, «Are obese women at higher risk for producing malformed offspring?», *Am J Obstet Gynecol*, 170, 2 (1994), pp. 541-548.

Watkins, M. L. *et al.*, «Maternal obesity and risk for birth defects», *Pediatrics*, 111, 5 Pt 2 (2003), pp. 1152-1158.

Werler, M. M. *et al.*, «Prepregnant weight in relation to risk of neural tube defects», *JAMA*, 275, 14 (1996), pp. 1089-1092.

Yu, CK.; y Teoh, T. G., Robinson, S., «Obesity in pregnancy», *BJOG*, 113, 10 (2006), pp. 1117-1125.

17. Obesidad infantil y obesidad genética. Olvidados pero presentes

American Academy of Pediatrics, American Public Health Association and National Resource Center for Health and Safety in Child Care and Early Education, *Preventing Childhood Obesity in Early Care and Education Programs*, American Academy of Pediatrics, EE. UU., 2019 (3.ª edición).

Azad, M. B. *et al.*, «Infant antibiotic exposure and the development of childhood overweight and central adiposity», *Int J Obes*, 38 (2014), pp. 1290-1298.

Foster, J. A.; Rinaman, L.; y Cryan, J. F., «Stress & the gut-brain axis:

Regulation by the microbiome», *Neurobiology of Stress*, 7 (2017), pp. 124-136.

García-Mantrana, I., «Distinct maternal microbiota clusters are associated with diet during pregnancy: impact on neonatal microbiota and infant growth during the first 18 months of life», *Gut Microbes*, 11, 4 (2020), pp. 962-978.

Larqué, E. *et al.*, «From conception to infancy — early risk factors for childhood obesity», *Nat Rev Endocrinol*, 15 (2019), pp. 456-478.

Liu, R. T., «The microbiome as a novel paradigm in studying stress and mental health». *American Psychologist*, 72, 7 (2017), pp. 655-667.

Lumey, L. H. *et al.*, «Cohort profile: The Dutch hunger winter families study», *Int J Epidemiol*, 36 (2007), pp. 1196-1204.

Mărginean, C. O.; Mărginean, C.; y Meliţ, L. E., «New Insights Regarding Genetic Aspects of Childhood Obesity: A Minireview», *Front in Pediatr*, 6 (2018), p. 271.

NCD Risk Factor Collaboration (NCD- RisC), «Worldwide trends in body-mass index, underweight, overweight, and obesity from 1975 to 2016: a pooled analysis of 2416 population-based measurement studies in 128.9 million children, adolescents, and adults», *The Lancet*, 390 (2017), pp. 2627-2642.

Ou-Yang, M. C. *et al.*, «Accelerated weight gain, prematurity, and the risk of childhood obesity: A meta-analysis and systematic review», *PLoS One*, 15, 5 (2020):e0232238.

Park, M. H. *et al.*, «The impact of childhood obesity on morbidity and mortality in adulthood: a systematic review», *Obes Rev*, 13 (2012), pp. 985-1000.

Ranadive, S. A.; y Vaisse, C., «Lessons from extreme human obesity: monogenic disorders», *Endocrinol Metab Clin North Am*, 37, 3 (2008), pp. 733-x.

Vidal, A. C. *et al.*, «Associations between antibiotic exposure during pregnancy, birth weight and aberrant methylation at imprinted genes among offspring», *Int J Obes*, 37 (2013), pp. 907-913.

Wallis, N.; y Raffan, E., «The Genetic Basis of Obesity and Related Metabolic Diseases in Humans and Companion Animals», *Genes* (Basel), 11, 11 (2020), p. 1378.

Yuan, Z. P. *et al.*, «Possible role of birth weight on general and central obesity in Chinese children and adolescents: a cross-sectional study», *Ann Epidemiol*, 25, 10 (2015), pp. 748-752.

18. Obesidad e hipoxia. Te dejará sin aliento

Bellot, G. *et al.*, «Hypoxia-induced autophagy is mediated through hypoxia-inducible factor induction of BNIP3 and BNIP3L via their BH3 domains», *Mol Cell Biol*, 29 (2009), pp. 2570-2581.

Chaillou, T., «Skeletal Muscle Fiber Type in Hypoxia: Adaptation to High-Altitude Exposure and Under Conditions of Pathological Hypoxia», *Front Physiol*, 9 (2018):1450.

Chan, S. Y. *et al.*, «MicroRNA-210 controls mitochondrial metabolism during hypoxia by repressing the iron-sulfur cluster assembly proteins ISCU1/2», *Cell Metab*, 10 (2009), pp. 273-284.

Corn, P. G. *et al.*, «Mxi1 is induced by hypoxia in a HIF-1-dependent manner and protects cells from c-Myc-induced apoptosis», *Cancer Biol Ther*, 4 (2005), pp. 1285-1294.

Dai, J. *et al.*, «Smooth muscle cell-specific FoxM1 controls hypoxia-induced pulmonary hypertension», *Cell Signal*, 51 (2018), pp. 119-129.

Elorza, A. *et al.*, «HIF2alpha acts as an mTORC1 activator through the amino acid carrier SLC7A5», *Mol Cell*, 48 (2012), pp. 681-691.

Engin, A., «Obesity-associated Breast Cancer: Analysis of risk factors», *Adv Exp Med Biol*, 960 (2017), pp. 571-606.

Favaro, E. *et al.*, «MicroRNA-210 regulates mitochondrial free radical response to hypoxia and krebs cycle in cancer cells by targeting iron sulfur cluster protein ISCU», *PLoS One*, 5 (2010), p.e10345.

Huang, Li T. *et al.*, «HIF-1-mediated suppression of acyl-CoA dehydrogenases and fatty acid oxidation is critical for cancer progression», *Cell Rep*, 8 (2014), pp. 1930-1942.

Iyer, N. V. *et al.*, «Cellular and developmental control of O2 homeostasis by hypoxia-inducible factor 1 alpha», *Genes Dev*, 12 (1998), pp. 149-162.

Kim, J. W. *et al.*, «HIF-1-mediated expression of pyruvate dehydrogenase kinase: a metabolic switch required for cellular adaptation to hypoxia», *Cell Metab*, 3 (2006), pp. 177-185.

Lin, Q.; y Yun, Z., «The hypoxia-inducible factor pathway in adipocytes: the role of HIF-2 in adipose inflammation and hypertrophic cardiomyopathy», *Front Endocrinol*, 6 (2015), p. 39.

Liu, J. *et al.*, «Hypoxia, HIF, and Associated Signaling Networks in Chronic Kidney Disease», *Int J Mol Sci*, 18, 5 (2017), p. 950.

Luo, W. *et al.*, «Pyruvate kinase M2 is a PHD3-stimulated coactivator for hypoxia-inducible factor 1», *Cell*, 145 (2011), pp. 732-744.

Papandreou, I. *et al.*, «HIF-1 mediates adaptation to hypoxia by actively downregulating mitochondrial oxygen consumption», *Cell Metab*, 3 (2006), pp. 187-197.

Pescador, N. *et al.*, «Hypoxia promotes glycogen accumulation through hypoxia inducible factor (HIF)-mediated induction of glycogen synthase 1», *PLoS One*, 5 (2010), p. e9644.

Rey, E. *et al.*, «Hypoxia-inducible factor 2α drives hepatosteatosis through the fatty acid translocase CD36», *Liver Int*, 40, 10 (2020), pp. 2553-2567.

Samuvel, D. J. *et al.*, «Lactate boosts TLR4 signaling and NF-kappaB pathway-mediated gene transcription in macrophages via monocarboxylate transporters and MD-2 up-regulation», *J Immunol*, 182, 4 (2009), pp. 2476-2484.

Soro-Arnaiz, I. *et al.*, «Role of Mitochondrial Complex IV in Age-Dependent Obesity», *Cell Rep*, 16 (2016), pp. 2991-3002.

Tello, D. *et al.*, «Induction of the mitochondrial NDUFA4L2 protein by HIF-1alpha decreases oxygen consumption by inhibiting Complex I activity», *Cell Metab*, 14 (2011), pp. 768-779.

Trayhurn, P., «Hypoxia and adipose tissue function and dysfunction in obesity», *Physiol Rev*, 93 (2013), pp. 1-21.

Ward, J. P., «Oxygen sensors in context», Biochim Biophys Acta, 1777 (2008), pp. 1-14.

Wang, G. L. *et al.*, «Hypoxia-inducible factor 1 is a basic-helix-loop-helix-PAS heterodimer regulated by cellular O2 tension», *PNAS*, 92 (1995), pp. 5510-5514.

Watts, M. E.; Pocock, R.; y Claudianos, C., «Brain Energy and Oxygen Metabolism: Emerging Role in Normal Function and Disease», *Front Mol Neurosci*, 11 (2018), p. 206.

19. Obesidad y cáncer. Alimentando al enemigo

Avgerinos, K. I. *et al.*, «Obesity and cancer risk: Emerging biological mechanisms and perspectives», *Metabolism*, 92 (2019), pp. 121-135.

Boroughs, L. K.; y Deberardinis, R. J., «Metabolic pathways promoting cancer cell survival and growth», *Nat Cell Biol*, 17 (2015), pp. 351-359.

Cani, P. D.; y Jordan, B. F., «Gut microbiota-mediated inflammation in obesity: a link with gastrointestinal cancer», *Nat Rev Gastroenterol Hepatol*, 15 (2018), pp. 671-682.

Fortner, R. T. *et al.*, «Obesity and breast cancer», en *Obesity and Cancer: Recent Results in Cancer Research*, vol. 208, Springer Publishing, EE. UU., 2016, pp. 43-65.

Kolb, R.; Sutterwala, F. S.; y Zhang, W., «Obesity and cancer: inflammation bridges the two», *Curr Opin Pharmacol*, 29 (2016), pp. 77-89.

Luo, Y.; y Lin, H., «Inflammation initiates a vicious cycle between obesity and nonalcoholic fatty liver disease» *Immunity, Inflamm and Dis*, 9, 1 (2021), pp. 59-73.

Pischon, T.; y Nimptsch, K., «Obesity and risk of cancer: An introductory overview», en *Obesity and Cancer: Recent Results in Cancer Research*, vol. 208, Springer Publishing, EE. UU., 2016, pp. 1-15.

Ros Pérez, M.; y Medina-Gómez, G., «Obesidad, adipogénesis y resistencia a la insulina», *Endocrinol y Nutr*, 58 (2011), pp. 360-369.

Saitta, C.; Pollicino, T.; y Raimondo, G., «Obesity and liver cancer», *Ann Hepatol*, 18 (2019), pp. 810-815.

Turnbaugh, P. J. *et al.*, «An obesity-associated gut microbiome with increased capacity for energy harvest», *Nature*, 444 (2006), pp. 1027-1031.

Zhou, B. *et al.*, «Obesity and pancreatic cancer: An update of epidemiological evidence and molecular mechanisms», *Pancreatology*, 19 (2019), pp. 941-950.

20. Tratamiento de fisioterapia en obesidad. *Shake, shake, shake. Shake your booty*

Batsis, J. A.; y Villareal, D. T., «Sarcopenic obesity in older adults: aetiology, epidemiology and treatment strategies», *Nat Rev Endocrinol*, 14, 9 (2018), pp. 513-537.

De Souza Vasconcelos, K. S. *et al.*, «Land-based versus aquatic resistance therapeutic exercises for older women with sarcopenic obesity: study protocol for a randomised controlled trial», *Trials*, 14, 1 (2013), p. 296.

Dias, K. A. *et al.*, «Effects of exercise intensity and nutrition advice on myocardial function in obese children and adolescents: a multicentre randomised controlled trial study protocol», *BMJ Open*, 6, 4 (2016), p.e010929.

Han, A. *et al.*, «Effectiveness of exercise intervention on improving fundamental movement skills and motor coordination in overweight/obese children and adolescents: A systematic review», *J Sci Med Sport*, 21, 1 (2018), pp. 89-102.

Landry, B. W.; y Driscoll, S. W., «Physical Activity in Children and Adolescents», *PM R*, 4, 11 (2012), pp. 826-832.

Milne, N. *et al.*, «Child obesity service provision: a cross-sectional survey of physiotherapy practice trends and professional needs», *Australian journal of primary health*, 22, 2 (2016), pp. 140-146.

Petroni, M. L. *et al.*, «Prevention and treatment of sarcopenic obesity in women», *Nutrients*, 11, 6 (2019), p. 1302.

Rajjo, T. *et al.*, «Treatment of Pediatric Obesity: An Umbrella Systematic Review», *J Clin Endocrinol Metab*, 102, 3 (2017), pp. 763-775.

Rocha Silva, D. *et al.*, «Efectos de los programas de intervención enfocados al tratamiento del sobrepeso/obesidad infantil y adolescente», *Rev Andal Med Deporte*, 1, 7 (2014), pp. 33-43.

Trouwborst, I. *et al.*, «Exercise and nutrition strategies to counteract sarcopenic obesity», *Nutrients*, 10, 5 (2018), p. 605.

Wasser, J. G. *et al.*, «Exercise benefits for chronic low back pain in overweight and obese individuals», *PM R*, 9, 2 (2017), pp. 181-192.

21. Tratamientos farmacológicos en la pérdida de peso. No, la tele no lo sabe todo

Alcalde, María Teresa; y Del Pozo, A., «Nuevos activos anticelulíticos. Glaucina», *OFFARM*, 8, 26 (2007), pp. 124-125 (Unidad de Tecnología Farmacéutica. Facultad de Farmacia. Universidad de Barcelona).
Alonso, M. José (Vocal de Plantas Medicinales del COF de Barcelona), «Centella asiática. Una planta con historia e interesantes propiedades», *OFFARM*, 5, 28 (2009), pp. 98-104.
Cisneros Elizondo, K. *et al.*, «Formulación de un gel anticelulítico a partir de la Hiedra Trepadora "Hedera Hélix"», *DocPlayer*, 2019, <https://docplayer.es/84787280-Formulacion-de-un-gel-anticelulitico-a-partir-de-la-hiedra-trepadora-hedera-helix.html>.
«Complementos para el tratamiento del sobrepeso», elfarmaceutico.es, 2016, <https://www.elfarmaceutico.es/tendencias/te-interesa/complementos-para-el-tratamiento-del-sobrepeso_107026_102.html>.
Consejo General de Colegios Oficiales de Farmacéuticos, *Catálogo de Plantas Medicinales*, Consejo Plus, Madrid, 2006.
Mahdieh, G.; Mahsa, O.; y Karamollah, T., «Effect of Garcinia cambogia supplement on obesity indices: A systematic review and dose-response meta-analysi», *Complementary Therapies in Medicine*, 52 (2020), p. 102451.

22. Tratamiento quirúrgico de la obesidad. Última llamada

Arguelles Argüello, A.; y Valverde Zúñiga, A., «Cirugía Bariátrica: Generalidades», *Med leg*, 33, 1 (2016), pp. 145-153.
Baltasar, Aniceto; y Domínguez-Adame, Eduardo, «Inicios de la

cirugía bariátrica y metabólica en España», *Cirugía española*, 7, 91 (2013), pp. 413-416.

Daza García, R. *et al.*, «Método pose como tratamiento endoscópico de la obesidad. Nuestra experiencia», *Endoscopy*, 45, 11 (2013), A30.

Espinet Coll, E. *et al.*, «Estudio comparativo de pérdida de peso a corto plazo entre tratamientos endoscópicos de la obesidad. Resultados preliminares», *Endoscopy*, 47, 11 (2015), p. 13.

González-González, J.; Sanz-Álvarez, L.; y García Bernardo, C., «La obesidad en la historia de la cirugía», *Cirugía Española*, 84, 4 (2008), pp. 188-195.

González Hermosillo-Cornejo D. *et al.*, «Cirugía bariátrica y metabólica, una perspectiva histórica desde sus inicios», *El Residente*, 8, 2 (2016), pp. 88-95, <https://www.medigraphic.com/pdfs/residente/rr-2016/rr162e.pdf>.

«La verdad sobre el Método POSE», *El Blog de la Obesidad*, 2019, <https://www.imeoobesidad.com/blog/la-verdad-metodo-pose/>.

Maluenda, G. F., «Cirugía bariátrica», *Revista Médica Clínica Las Condes*, 23 (2012), pp. 180-188.

Rubio, M. *et al.*, «Documento de consenso sobre cirugía bariátrica», *Rev Esp Obes*, 2004, pp. 223-249.